区域变迁的技术论研究

朱建一 著

知识产权出版社
全国百佳图书出版单位
——北京——

图书在版编目（CIP）数据

区域变迁的技术论研究/朱建一著. —北京：知识产权出版社，2020.5
ISBN 978-7-5130-6781-2

Ⅰ.①区… Ⅱ.①朱… Ⅲ.①区域经济—技术经济—研究—中国 Ⅳ.①F127

中国版本图书馆 CIP 数据核字（2020）第 029230 号

内容提要

区域是一国现代化建设和技术进步得以展开和实现的重要载体和空间，由此而形成的区域变迁不仅是宏观的经济社会变迁过程，也构成某种既为技术进步所驱动，又不断地建构着新一轮技术形成的自然历史进程。本书以历史唯物主义、辩证唯物主义为认识论和方法论，以技术和区域为核心概念，尝试对区域社会结构、生产方式、流动方式、消费方式等展开研究，通过系统揭示技术进步、效应、范式与区域变迁的相互作用和区域社会变迁的一般性规律，进一步发展和充实哲学在区域社会变迁研究领域中的运用实践，补强科学技术哲学在社会变迁领域研究的深度和厚度。

责任编辑：龚 卫 李 叶　　　　　　　　责任印制：刘译文
封面设计：韩建文

区域变迁的技术论研究
朱建一　著

出版发行：知识产权出版社有限责任公司	网　址：http://www.ipph.cn
电　话：010-82004826	http://www.laichushu.com
社　址：北京市海淀区气象路 50 号院	邮　编：100081
责编电话：010-82000860 转 8745	责编邮箱：laichushu@cnipr.com
发行电话：010-82000860 转 8101	发行传真：010-82000893
印　刷：三河市国英印务有限公司	经　销：各大网上书店、新华书店及相关专业书店
开　本：880mm×1230mm 1/32	印　张：12.25
版　次：2020 年 5 月第 1 版	印　次：2020 年 5 月第 1 次印刷
字　数：274 千字	定　价：60.00 元
ISBN 978-7-5130-6781-2	

出版权专有　侵权必究
如有印装质量问题，本社负责调换。

目 录

导 论 ··· 1
  第一节　研究背景与意义 ··· 3
    一、研究背景 ··· 3
    二、问题提出 ··· 5
    三、研究意义 ··· 6
  第二节　国内外相关研究综述 ·· 7
    一、技术变迁的相关研究综述 ··· 7
    二、关于技术与区域单维度变迁的相关研究文献综述 ··· 11
  第三节　本书理论基础 ·· 17
    一、STS 理论 ·· 17
    二、技术发展理论 ·· 19
    三、区域发展理论 ·· 21
  第四节　研究内容、研究方法和创新点 ···································· 23
    一、研究内容 ·· 23
    二、研究方法 ·· 27
    三、本书的创新点 ·· 29

第一章　概念辨析 ··· 31
  第一节　区域和区域变迁概念辨析 ······································· 33
    一、区域 ·· 33
    二、区域变迁 ·· 38

第二节 技术的概念辨析 ……………………………… 42
  一、技术的本质 ……………………………………… 42
  二、技术概念的界定 ………………………………… 48
  三、技术发展的历程概述 …………………………… 52
  四、技术进步与技术系统 …………………………… 55
第三节 技术作为区域变迁研究的分析要素的意义 …… 60
  一、技术与区域经济发展 …………………………… 60
  二、技术与区域秩序变革 …………………………… 63
  三、技术作为区域变迁研究的分析要素的意义 …… 68

第二章 技术进步与区域生产方式变迁 ……………… 73
第一节 技术进步与区域生产力变革 …………………… 76
  一、技术进步内含于区域生产力变革的本质之中 … 76
  二、技术进步是区域生产力发展的核心动力 ……… 80
  三、技术进步是社会发展的需要 …………………… 83
第二节 技术进步体系与区域的劳动分工演变 ………… 87
  一、技术进步体系及其区域性特征 ………………… 88
  二、技术进步体系作用下的区域劳动分工演变 …… 92
  三、技术进步体系与劳动分工的区域性整合 ……… 97
第三节 技术进步形态与区域生产组织的演变 ………… 100
  一、区域生产组织的结构和演变规律 ……………… 100
  二、技术创新、扩散与区域生产组织的聚集、
      扩散、转移的关系 ……………………………… 105
  三、技术进步形态与区域生产组织的演变 ………… 114
第四节 技术进步与区域生产方式变革的内在逻辑 …… 119
  一、技术进步的逻辑 ………………………………… 119
  二、区域生产方式的变革 …………………………… 122

三、内在逻辑 ………………………………………… 126

第三章　技术效应与区域流动方式变迁 ……………… 131
　第一节　区域生产要素流动的平衡与非平衡 ………… 134
　　一、区域生产要素流动的作用因子和机理 ………… 134
　　二、区域生产要素流动的平衡和非平衡 …………… 139
　　三、技术作为生产要素在区域流动中的作用和意义 … 142
　第二节　技术导向与区域劳动力流动 ………………… 145
　　一、劳动力的技术内涵 ……………………………… 145
　　二、劳动力流动的规律和影响因素 ………………… 147
　　三、区域劳动力流动的技术导向 …………………… 152
　第三节　技术社会运行与区域资本流动 ……………… 154
　　一、技术的发展与区域资本的流动 ………………… 155
　　二、技术的异化与资本的性质 ……………………… 159
　　三、技术的工具理性与资本的逐利性 ……………… 163
　第四节　技术的协同和溢出效应与区域
　　　　　空间结构的流动性 …………………………… 165
　　一、区域空间结构及其流动性 ……………………… 166
　　二、技术协同效应和溢出效应 ……………………… 170
　　三、区域空间结构的流动性与技术效应的关联 …… 174

第四章　技术变迁与区域消费方式变迁 ……………… 181
　第一节　技术理性与区域消费理念演变 ……………… 183
　　一、工具理性与消费主义兴起 ……………………… 183
　　二、技术伦理与消费伦理变化 ……………………… 186
　　三、突出技术理性建设，崇尚理性的区域消费理念 … 188
　第二节　技术形态与区域消费行为演变 ……………… 191

一、技术形态与消费行为的关联 …………………… 191
　　二、技术形态演变中的区域消费行为变化 ………… 193
　　三、优化的技术形态对区域消费行为的理性导向作用 …… 197
　第三节　技术结构与区域消费结构演变 ……………… 200
　　一、技术结构与区域消费结构 ……………………… 200
　　二、技术结构演变中的区域消费结构 ……………… 203
　　三、提升技术结构层次，优化区域消费结构 ……… 205
　第四节　技术环境与区域消费环境演变 ……………… 207
　　一、技术环境与区域消费环境理解 ………………… 208
　　二、技术环境演变中的区域消费环境 ……………… 212
　　三、技术环境与区域消费环境的理性建设 ………… 215

第五章　技术范式与区域社会结构变迁 ……………… 219
　第一节　技术范式的演变逻辑 ………………………… 221
　　一、范式、技术范式的系统理解 …………………… 222
　　二、技术范式的演变过程 …………………………… 225
　　三、破坏性技术的作用和意义 ……………………… 230
　　四、技术范式演变逻辑的意义 ……………………… 232
　第二节　区域变迁：分化与整合 ……………………… 234
　　一、分化与整合的经典释义 ………………………… 234
　　二、社会分化释义 …………………………………… 237
　　三、社会整合释义 …………………………………… 240
　　四、分化与整合的逻辑理解 ………………………… 243
　第三节　技术范式与区域社会的分化、整合 ………… 246
　　一、两种逻辑的相互关联 …………………………… 246
　　二、区域社会分化中的技术范式 …………………… 249
　　三、区域社会整合中的技术范式 …………………… 251

四、技术范式演变与区域社会形态的关系 …………… 253
　第四节　技术范式与区域文化 ………………………………… 257
　　一、文化的民族主体性与多元的民族文化 …………… 257
　　二、区域文化的内涵 …………………………………… 260
　　三、技术张力对区域文化的影响 ……………………… 263
　　四、技术范式：区域文化的整合方式之一 …………… 266
　第五节　技术范式与区域社会系统功能的演变 …………… 268
　　一、区域社会分化与整合过程中系统功能的演变 …… 268
　　二、技术系统与区域社会系统功能的关系 …………… 270
　　三、发展思路的变革与区域社会系统功能的走向 …… 275
　　四、技术范式的区域性功能 …………………………… 278

第六章　技术生态化与区域发展模式变迁 ………………… 281
　第一节　当前区域社会变迁面临的问题 …………………… 283
　　一、新质产生与扩散的困难 …………………………… 284
　　二、分化与整合的不适度 ……………………………… 287
　　三、范式选择的困难 …………………………………… 290
　第二节　技术和发展的生态化 ……………………………… 294
　　一、人类理性的回归 …………………………………… 294
　　二、技术系统的生态化 ………………………………… 298
　　三、发展的生态化 ……………………………………… 301
　第三节　高度区域化与高度全球化的融合模式：
　　　　　区域生态发展范式的建构 ……………………… 303
　　一、高度区域化和高度全球化融合的机理 …………… 303
　　二、区域生态化发展模式的建构 ……………………… 307
　第四节　生态化技术环境的建设与永续的发展 …………… 311
　　一、生态化技术环境的建设框架 ……………………… 312

二、生态化技术环境建设的意义 …………………… 315
　　三、永续发展的宏观技术外壳 …………………… 318

第七章　技术变迁视野下长江三角洲区域的变迁
　　（2004～2013 年） …………………… 321
　第一节　长江三角洲区域的概况 …………………… 323
　　一、长江三角洲区域的自然条件概况 …………………… 324
　　二、长江三角洲区域经济概况 …………………… 325
　　三、长江三角洲区域文化概况 …………………… 329
　第二节　技术变迁视野下长江三角洲区域所呈现的
　　　　　优势和问题 …………………… 333
　　一、长江三角洲区域技术变迁概况 …………………… 333
　　二、技术变迁视野下长江三角洲区域的优势 …………………… 345
　　三、技术变迁视野下长江三角洲区域发展的问题 …… 351
　第三节　构建生态型长江三角洲区域社会，
　　　　　强化国际型区域发展 …………………… 356
　　一、统一发展共识，构建生态化技术系统和技术环境 …… 357
　　二、以生态化技术为基础，构建高度区域化与
　　　　高度全球化融合的区域社会 …………………… 359

结　语 …………………… 365
参考文献 …………………… 370
后　记 …………………… 380

导 论

第一节 研究背景与意义

一、研究背景

（一）学科层面

一直以来，区域问题的研究是社会科学界所倍加重视和突出的课题。从研究视角看，区域经济、区域政治、区域文化以及区域环境等几个维度是最为普遍的，并且在这些研究中，学者以各自学科的理论和特点对区域问题进行分析，通过实证、案例的写作方式或者建构模型为基本手段来研究区域问题。目前，以技术论形式系统分析区域变迁的研究还相对较少，且体系化程度较弱。由于科技对区域社会的影响已经全面渗透到了生产、分配、交换、消费以及社会结构等领域，且科技作为极其重要的区域发展影响变量，直接作用于区域的变迁过程，因此，有必要以技术论形式对区域变迁的过程、现象、规律等问题进行研究，并深入分析技术与区域变迁之间的互动关系及作用机制，形成理论，以此为基础进一步开拓区域发展的思路和具体实践。

（二）实践层面

当前，"中国特色社会主义进入新时代，我国社会主要矛盾已经转化为人民日益增长的美好生活需要和不平衡不充分的发展之间的矛盾。""面对世界经济复苏乏力、局部冲突和动荡频发、全球性问题加剧的外部环境"❶，我国各区域的经济、文化、人民生活等都受到不同程度的影响。在全球化不断深入的过程中，我国得益良多的同时，也产生了一系列的问题和矛盾。全球化所倡导的是世界各区域的互联互动，形成宏观的发展格局，但就目前而言，全球化反而突出了区域发展的诸多矛盾和问题。区域自身特征在全球化中更为明显地展现，这也是区域区别于宏观社会的根本所在。

区域社会发展的不平衡不充分是我国宏观社会发展不平衡不充分的具象性体现之一。区域社会发展是我国建设现代化社会的重要组成部分，而区域社会发展不平衡不充分是我国当前区域社会发展问题之一。东部沿海与中西部发展问题、南北发展均衡问题、区域间发展协调问题等都是现阶段我国宏观层面的区域发展研究的重点。改革开放以来，科学技术高速发展、全球化进程不断深化，我国社会得到长足的发展，但社会问题也更为凸显，如区域发展不平衡、生态环境恶化等。区域发展从本质上看是区域生产力与生产关系协调，区域优势发挥和增强的过程。区域发展的研究需要从区域的概念、边界、结构、体系等多角度展开，观察区域社会发展、研析规律，并探寻符合区域发展的路径和模式。与此同时，技术变迁与各区域发展形态之间存在着极为紧密的作用关系，技术的发展思路及路径

---

❶ 习近平. 决胜全面建成小康社会 夺取新时代中国特色社会主义伟大胜利——在中国共产党第十九次全国代表大会上的报告 [N]. 人民日报，2017-10-28 (01).

直接影响着区域乃至宏观社会的发展前景。

二、问题提出

通过对大量文献和论著的搜集和分析得出,关于区域发展的研究很多。在这些论著中,大多数从经济学角度对区域经济、产业发展进行具体的研究分析,并构建经济、产业发展的模型,通过阐述该模型的结构和构建机理以及运行规律,同时结合具体的市场、企业、产业群等实证性分析研究来证明该模型的合理性和科学性。在技术方面也有大量的论著探讨了技术与产业、技术与经济、技术与政治、技术与文化等的相互关系,但宏观上分析整体区域变迁规律以及技术的具体作用的文献与论著几乎没有,且宏观上清晰阐释区域发展本质及整体内容的文献也不多。

那么,问题就产生了:第一,区域发展包括哪些内容;第二,区域发展中各要素之间的关系是什么,贯穿于这些要素的因子是什么;第三,区域发展中技术的角色到底是什么,技术在全球化过程中,它的本质和作用是什么;第四,技术与区域发展的具体关系在宏观上和微观上都表现为什么,区域发展对技术的影响是什么,它们之间的互动关系及特征如何体现;第五,在全球化过程中,什么样的技术发展路径能更为充分发挥区域比较优势和竞争优势,同时能更合理、有效地促进区域生态化发展。

三、研究意义

经过对以往相关学术领域文献较为系统全面地搜集和比较分析，与本书主旨最相近的有技术产业与区域经济发展、技术变迁理论模型及机制的探讨、高新技术产业的选择、技术变迁对中国贸易的影响分析、区域制度与区域发展、区域文化与区域发展、企业文化和产业集群对区域发展影响等，也有单独以具体地区或者县域为例对区域经济或者区域制度等方面进行典型性实例分析的文献研究，但未发现以技术为主线考察区域发展的相关文献。

技术论是以技术整体为研究对象，研究技术的特点、作用、性质及其发生、发展规律的学科。其主要对技术的形态、技术与自然、社会、科学等诸方面的相互关系以及技术体系内部各种技术形态之间的关系，同时对技术体系的逻辑结构、技术发展历史和规律进行分析和研究，并对技术史与科学史、社会发展史、思想史等的关系进行考察和研究。

本书以技术为主线，考察区域变迁与技术演化之间的关系和相互作用，通过对技术与区域变迁的关系研究来阐释区域变迁的本质所在以及技术在整个过程中的形态和作用。我国现阶段的主要任务是系统解决好"不平衡不充分发展"，以满足人民美好生活需要。区域发展是我国社会全面、平衡发展的基础和重点，系统地研究区域变迁与技术之间的关系是科学认识区域发展的重要基础。在国际层面上，国际政治格局发生深刻变化，各国各区域发展意愿越发强烈，但同时，区域间发展差异依然显著，全球化系列深层次矛盾和问题也不断凸显。通过系统考察技术与区域间的互动作用及关系,有助于人类科学认识社会进步规律和区域发展规律,有助于人类科学把握全球化、区域化发展的本质和运行机理。本书通过研究一般性区域变迁现象来探讨区域发展的过程和规律,并提出理想型的区域发展模型,且选择长三角区域变迁作为典型来进行实证性地研究和分析。本书写作的其中一个重要目的就是以技术论的方式和体系化形式研究区域变迁,进一步丰富 STS(Science、Technology and Society)理论和区域发展理论,为今后研究区域发展问题提供一个新的思路和方法以及相关的理论基础。

第二节　国内外相关研究综述

一、技术变迁的相关研究综述

(一) 国内技术变迁的相关研究综述

技术变迁是当代技术问题研究的一个重要课题。技术变迁直接影响社会变迁,技术与社会发展之间互动关系明显,每一次技术革命的到来都会影响着社会文明的更迭。对技术变迁问题的研究,有助于我们更为清晰地了解技术的本质、技术发展过程以及技术与社会之间的互动关系。

在技术变迁理论研究中,国内着重从技术发展形态、特征和影响因素等角度进行阐释。我国清华大学吴贵生教授对技术成长过程进行了研究,用 S 形曲线来描述产品性能与时间或技术投入之间的关系，认为"在技术发展初期，性能提高速度相对较慢；随着技术越来越易于理解、控制和扩散，技术改进速度加快；到成熟阶段，技术会逐渐逼近自然或物理极限，要获得性能改进，需要更长的时间或者更多技术投入"[1]。杨勇华博士对国外技术变迁理论进行了综合性的梳理，并对马克思的技术演化思想进行了深入的阐释。[2] 姜晨、刘汉民、谢富纪[3]从演化博弈理论视角阐释了技术"锁定"的内涵及效应。周彩霞[4]对技术演变的成本进行了考察（环境、文化、心理等）。姜晨、谢富纪[5]探讨了渐进式和变革式技术变迁的形态。熊鸿军、戴昌钧[6]以演化经济学为基本背景，对技术的市场选择的分析。

(二) 国外关于技术变迁的相关研究综述

1. 经典基础

马克思是技术演化思想的先驱代表，《资本论》第一卷和《机器。自然力和科学的应用》中充分展现了其技术演化的观点和分析方法。在马克思的技术演化思想形成过程中，达尔文的生物进化思想起了很大的作用，诺曼和卡莱斯图就曾经这样论述："达尔文及其追随者成了马克思敌意的牺牲品……但是，他将达尔文的进化概念应用于技术进步分析。"因而，"达尔文对

---

[1] 吴贵生，王毅. 技术创新管理 [M]. 2版. 北京：清华大学出版社，2009：29.
[2] 杨勇华. 马克思关于技术变迁的演化经济思想 [J]，经济学家，2007 (4)：65.
[3] 姜晨，刘汉民，谢富纪. 技术变迁路径依赖的演化博弈分析 [J]. 上海交通大学学报，2007 (12)：2012–2016.
[4] 周彩霞. 技术变迁中的停滞与退化 [J]. 科技政策与管理，2008 (8)：24–28.
[5] 姜晨，谢富纪. 组织演化的复杂性研究 [J]. 管理评论，2008 (10)：51–56.
[6] 熊鸿军，戴昌钧. 技术变迁中的路径依赖与锁定及其政策含义 [J]. 科技进步与对策，2009 (11)：94–97.

经济思想的影响在马克思发展的技术进步概念范围内特别有意义"❶。马克思的技术演化思想着重于积累性和渐进性,认为技术的演变是历史的过程,是技术不断积累和进步的过程,这是十分客观、科学的论断,也是当代技术演化理论发展的根基性理论基础。在马克思的论著中早已阐释了科技发展对社会变迁的重要影响,科技通过生产力作用于宏观的社会发展。

技术史学家巴萨拉认为,技术的进化就是人工制品的发展和功能等多方面因素的不断进步。❷ 这里,巴萨拉纯粹以技术的物质属性为研究对象,并未考察技术的其他属性。进化思想一直以来都被诸多学者引入到技术变迁研究领域,技术进化不仅是技术的物化形态进化,还包含了技术的意识形态进化,如理性、理论、文化等。且技术进化需要从其内外生动力来进行其进化过程的研究和分析,这是社会进化的重要组成部分,或者说重要变量之一。技术的生产力属性决定着技术对社会变迁的重要性。

作为著名的经济学家和社会科学家,熊彼特❸通过分析技术在经济和社会中的作用,来研究创新和技术进步对经济发展的影响,从而揭示技术变迁对经济变迁和社会变革的作用。他将创新理论引入经济理论和技术理论研究领域,以创新作为重要变量,研究社会变迁问题,从技术内涵的视角对经济、社会进行分析研究,但创新这个概念是相对微观的,特别是"技术创

---

❶ G. 多西,C. 弗里曼,R. 纳尔逊,等. 技术进步与经济理论 [M]. 钟学义,沈利生,陈平,等,译. 北京:经济科学出版社,1992:246.

❷ BASALLA G. The Evolution of Techinology [M]. London:Cambridge University Press,1988:33.

❸ 约瑟夫·阿洛伊斯·熊彼特. 经济发展理论 [M]. 叶华,译. 北京:中国社会科学出版社,2009.

新",只有创新扩散,才能真正对经济、社会产生显著影响。

技术经济学家纳尔逊和温特[1]则着重考察了技术的社会条件。他们以技术的被选择性为特征(这种思想与技术的社会建构论思想相近),从技术发展的社会条件角度出发,认为技术是被选择的,其实也就是社会因素对技术的影响,技术发展是社会综合作用的过程。纳尔逊和温特认为技术发展受四种选择环境因素影响,其中,着重考量的是技术创新的成本、技术成果的收益、组织之间的强弱关系以及学习、模仿的能力。

2. 个案类

在研究技术变迁的过程中,艾伯纳西和厄特巴克[2]提出了A-U模型;图什曼和罗森科普夫[3]提出了技术生命周期理论;克里斯滕森和克莱顿[4]用一系列S曲线描述了技术进步的过程;福特和赖安[5]通过对技术变迁中渗透性的研究,将技术生命周期分为六个阶段:开发期、应用期、上市期、成长期、成熟期和衰退期;温琴蒂[6]教授对"达尔文式"和"拉马克式"选择模式进行了研究,认为技术选择存在这两种可能性,另外还有部

---

[1] 理查德·R. 纳尔逊,悉尼·G. 温特. 经济变迁的演化理论 [M]. 北京:商务印书馆,1997:18-22.

[2] ABERNATHY W J, UTTERBACK J M. Patterns of Industrial Innovation [J]. Technology Review, 1978 (7):40-47.

[3] TUSHMAN M L, ROSENKOPF L. Organizational Determinants of Technological Change [J]. Reserch in Organizational Behavior, 1992 (14):311-347.

[4] CHRISTENSEN C M. Exploring the Limits of the Technology S-curve [J]. Production and Operations Management, 1992 (4):334-357.

[5] FORD D, RYAN C. Taking Technology to Market [J]. Havard Business Review, 1981, March-April.

[6] VINCENTI W G. What Engineers Know and How they Know It: Analytical Studies from Aeronautical History [M]. Baltimore: Johnes Hopkins University Press, 1990.

分专家学者对技术发展的选择方式和技术进步的形态及过程进行了探讨。

结合以上文献的分析和研究，技术变迁其实是技术的内容、结构、形态、功能等整体体系的演变，从而产生一系列的技术发展模式和规律，并与人、社会、自然之间形成强烈的互动关系，本质上就是人类通过理论和实践的发展不断推进技术发展和人类社会发展的综合性过程。

二、关于技术与区域单维度变迁的相关研究文献综述

关于区域变迁的相关文献通过中国知网等有关搜索平台，共计约51 185篇，基本从经济、政治制度、文化、环境等单一角度分析区域变迁，而从哲学视角对区域变迁展开整体分析的文献尚未发现，多数是从技术演化角度，围绕经济、文化、政治制度或环境单一维度，对区域变迁进行了分析。

(一) 国内相关研究文献综述

关于技术与区域变迁方面的研究，国内学者主要从技术与区域经济发展、政治制度变化、文化变化、环境等单维度进行分析研究。针对中小企业发展的研究，分别从技术、政策、组织网络角度等进行剖析。

1. 经济维度

我国著名经济学家吴敬琏通过对经济增长模式与技术进步之间的关系问题，运用实例进行剖析，并认为科技发展是内生的，社会经济发展水平以及技术进步水平与国家制度、政策、

环境的直接关系。❶ 张雄辉博士❷对技术进步、技术效率和经济增长三者之间的关系进行了研究，并对中韩两国经济发展的事实和成功经验进行比较研究。刘凌博士❸则从专利角度探讨技术进步与经济增长方式转变之间的关系，论述我国经济增长的主要方式、专利制度和专利转化对技术进步的影响，对国内外在华申请专利的情况比较分析等，探讨我国对专利制度设计中的若干关键问题。刘津汝博士❹研析了自主创新、国外技术扩散和制度变迁对区域经济增长的影响，通过对技术进步指标的测算、企业主体因素分析、区域初始条件差异性研究来分析我国东西部地区技术发展的差异问题，并提出相应政策建设的建议。

2. 政治维度

龚炜博士❺从地缘政治理论的基本概念、核心内容和发展历程入手，主要采用历史分析的方法，对科技发展引发工业革命的历史过程及其成果进行分析，认为科技进步不断推动着人类社会发展，改变着世界的面貌，推动国际格局变化，从而将地缘政治理论的研究推向纵深领域。新技术的产生意味着新的地缘政治空间产生的同时，也意味着新的地缘政治理论研究内容和研究范围的扩大。科学技术因素在地缘政治理论发展过程中

---

❶ 吴敬琏. 经济增长模式与技术进步 [J]. 中国科技产业, 2006 (1): 23-29.
❷ 张雄辉. 技术进步、技术效率对经济增长的贡献研究 [D]. 济南: 山东大学, 2010.
❸ 刘凌. 论专利·技术进步与经济增长方式 [D]. 乌鲁木齐: 新疆大学, 2012.
❹ 刘津汝. 制度变迁下的技术进步与区域经济增长 [D]. 兰州: 兰州大学, 2011.
❺ 龚炜. 科学技术进步与政治理论发展研究 [D]. 武汉: 华中师范大学, 2008.

扮演着重要且关键的角色,作为显性因素甚至在一定程度上决定了国际关系的发展。董金华博士❶对第二次世界大战以来的美国科学技术与政治之间的社会关系进行分析,探讨了两者之间契约关系的产生和发展过程,展现了在美国市场经济和民主政治条件下,科技与政治之间所呈现的一种物质经济关系——契约关系,这种契约关系一般表现为委托与代理。科技与政治的和谐发展需要四方力量的支持:科技、政治、产业、民众,这四种力量的汇合更能保证科技与政治之间和谐契约关系的实现。程宇博士❷则是对虚拟技术及网络对现代社会、政治的影响进行了分析研究,从政治学和技术哲学两个角度探析虚拟网络技术与政治的各自边界及本质关系,以政治学的角度来把握虚拟网络的政治效应,以技术哲学的角度来把握虚拟网络政治效应的技术本质,从而明确各自的边界及限度,且重点研究了网络政治效应的限度。卫才胜博士❸以技术与政治的关系为主题,通过对兰登·温纳技术政治哲学思想的分析来阐释人类面临的技术困境与技术危机。袁春红❹、丁小萍❺等则对参政党的参政技术进行了研究,内容主要围绕技术进步,特别是信息技术的发展,互联网技术在参政过程中所起的作用进行了分析和研究,从而

---

❶ 董金华. 科学、技术与政治的社会契约关系研究 [D]. 杭州:浙江大学,2008.

❷ 程宇. 虚拟技术与政治 [D]. 长春:吉林大学,2008.

❸ 卫才胜. 技术的政治 [D]. 武汉:华中科技大学,2011.

❹ 袁春红. 参政党参政技术的完善和创新 [J]. 天津市社会主义学院学报,2013 (2):17 – 20.

❺ 丁小萍. 和谐政党关系的法治化路径研究 [J]. 探索与争鸣,2008 (12):41 – 43.

突出技术对当前政治活动的影响和作用。戴永翔[1]、方盛举[2]则从技术角度政治现代化的影响进行了分析和研究,着重于科学、技术、理性等问题的研究,突出技术在人类社会各个方面的应用和作用,并对政治技术与政治艺术之间的关系进行分析研究。

3. 文化维度

吴虹博士[3]认为,技术作为一种文化现象,技术与政治是人类生存与延续的两个必需工具。技术负荷政治的场域主要体现在技术的产生、进化、转移和扩散等环节。技术负荷政治也要受到政治、经济和文化等多方面制约。技术是政治的载体,政治是技术的灵魂,技术具有亲和政治的属性,政治具有偏好技术的倾向。叶娇博士通过对当今国际企业技术合作和技术创新的模型——跨国技术联盟的考察研究,分析文化差异在知识转移不同阶段的作用机理,重新审视文化差异在跨国组织间知识转移的作用。叶娇认为,文化差异在知识转移发生阶段可以视作促进知识转移发生的资源或动力;在知识传导阶段,文化差异的存在会加大对转移机制的投资和建设以提高知识转移量;在吸收阶段,文化差异对知识吸收的影响较小,且还可能阻碍知识的吸收。[4]

---

[1] 戴永翔. 现代氛围中的政治技术和政治技术化 [J]. 政治学研究, 2007 (2): 120-126.
[2] 方盛举. 论政治技术与政治艺术的关系 [J]. 求索, 2007 (5): 131-134.
[3] 吴虹. 技术负荷政治的哲学追问 [D]. 沈阳: 东北大学, 2006.
[4] 叶娇. 文化差异对跨国技术联盟知识转移机制的影响 [D]. 大连: 大连理工大学, 2012.

4. 生产组织维度

在中小企业发展方面,国内学者集中在企业的技术创新能力和企业的创新环境以及企业的技术路径、发展策略方面展开研究。郑海航博士通过比较美国、日本、德国、意大利四国中小企业发展促进措施,结合我国国情,对我国发展中小企业方面在立法、机构设置、融资、技术创新、人才培养、社会服务六个方面提出建议。❶ 朱岩梅博士和徐江博士分别对我国中小企业发展的主要障碍和国际化影响因素进行了分析研究。朱岩梅博士对我国创新型中小企业发展的主要障碍进行了五个方面的总结:公平性问题、融资环境问题、法规政策的缺位和可执行性问题、税负过重问题、政策服务问题。❷ 徐江博士分别从企业内部因素、外部因素、技术创新能力、国际化程度、国际化绩效等方面对中小企业的发展进行研究,并定性分析竞争强度对国际化绩效和国际化程度的直接作用,从而为我国企业开展国际化运作提供借鉴。❸ 陈莎莎、张海戈、周立、罗淑君、池仁勇、涂良钢、黄熙熙等人则对浙江省中小企业进行了分析研究,分别从技术创新视角、发展策略视角、创新网络视角、技术路径视角着手进行分析和研究。

(二) 国外关于技术与区域单维度变迁的相关研究

朱克、达比认为,知识、技能和企业家才能凝聚于核心个

---

❶ 郑海航. 国外中小企业发展促进措施比较及借鉴 [J]. 首都经济贸易大学学报, 2006 (5): 13-18.

❷ 朱岩梅. 我国创新型中小企业发展的主要障碍及对策研究 [J]. 中国软科学, 2009 (9): 23-31.

❸ 徐江. 我国中小企业国际化影响因素及其对国际化绩效的影响研究 [D]. 长春: 吉林大学, 2012.

体的人力资本和蕴含于潜在企业家之中，创业行为推动科学知识的商业化，企业家与熟练工人、高级技术人员共同构成地方化的智力资本，构成知识溢出的区域界限。❶ 欧蕊指出，科研机构提供了创业机会的一个重要来源，知识扩散的一个重要手段是科技人员创业而不是依赖已有企业之间的联系。相反，一些传统计划经济国家中的创新系统缺乏创业、竞争和承受风险的能力，结果导致区域创新能力降低。❷ 赫克曼指出，企业的成功与区域发展是内生互动的，创业活动的累积效应在区域层次上显示为真实的增长。❸ 纳尔逊和温特断言："现代经济学家都承认，技术进步是多种经济现象背后的中心力量。"❹ 亨德森通过比较新产业进入者和原有企业之间的能力来探索技术上的重要变化，发现新产业进入者能够从外部环境中获取知识，更可能完成激进式创新的市场化过程，但激进式创新却可能损害原企业的生产能力。❺

在区域竞争力研究领域，理论界都从技术、产业、区位等方面展开分析，如迈克尔波特创立的"竞争位势"理论、潘罗斯创立了"资源基础"理论和提斯创立了"动力能力"理论。在制度与技术相互关系研究领域，以道格拉斯·C. 诺斯为代表

---

❶ ZUCKER L G, DARBY M R. Star scientists and institutional transformation: Patterns of invention and innovation in the formation of the biotechnoligy industry [J]. Proceedings of the National Academy of Sciences, 1996 (23): 12709 – 12716.

❷ AUDRETSCH D L. Doses the Knowedge Spillover Theory of Entrepreneurship Hold for Regions [J]. Research Policy, 2006 (34): 1191 – 1202.

❸ 凤凰卫视. 世纪大讲堂：经济卷 [M]. 沈阳：辽宁出版社，2007.

❹ 纳尔逊，温特. 经济变迁的演化理论 [M]. 胡世凯，译，北京：商务印书馆，1997：33.

❺ 莫厄里，纳尔逊. 领先之源 [M]. 胡汉辉，沈华，周晔，译. 北京：人民邮电出版社，2003：278 – 280.

的一批经济学家认为,制度发展的不足使技术进步成果的积累和潜在的巨大市场不起作用。❶ 在经济发展过程中,制度的作用首先在于提供了一个秩序框架,或更确切地说一种经济秩序的合作与竞争关系。❷ 在技术活动对企业发展作用研究领域,图斯曼等人认为,技术是影响环境变化的关键力量,环境中影响企业资源获取能力的关键要素是技术的变化。❸ 格罗斯曼和赫尔普曼认为,国际贸易活动中的知识溢出能够帮助不发达经济获得工业化必需的现代工业生产技术。❹

第三节 本书理论基础

一、STS 理论

STS 理论是以科学、技术与社会为对象研究和分析三者之间相互关系的一门综合性学科理论。这门学科主要探讨科技的发展与社会的相互作用和影响,包含科技对社会发展的正面效应,也包含科技对社会带来的负面作用,同时还包含社会对科技发

---

❶ 柯武刚,史漫飞,韩朝华. 制度经济学 [M]. 北京:商务印书馆,2000:22.

❷ 道格拉斯·C. 诺斯. 经济史中的结构与变迁 [M]. 陈郁,罗华平,等,译. 上海:上海三联书店,1991:225.

❸ TUSHMAN M L, SMITH W. Organizational Technology [J]. Blackwell Companion to Organizations,2002:386 - 402.

❹ GROSSMAN G, HELPMAN E. Innovation and Growth In the Global Economy [M]. Cambridge:The MIT Press,1991:213.

展的作用和影响,着重从科学技术的社会功能和科技发展的社会条件两个角度进行阐释。

(一) 科技的社会功能

首先,科技发展对人类认知能力的促进和提升作用。一方面,科技可以作为一种实现人类对自然和社会发展规律探索和发现的手段,变革人类的理论水平和素质;另一方面,科技作为一种意识,逐步强化人类的理性,以特有的科学精神促进人类精神文明的发展。其次,科技对生产力发展的作用。通过科技的发展阶段性地推进生产力的进步、变革,从而促进社会经济、政治、文化等方面的发展。这也是马克思所认为的社会变革的过程,以生产力变革推动生产关系的变革。最后,科技对生态的作用。技术的"双刃剑"属性在人类的实践中不断被展现。物质、精神的发展与生态环境的变化,两者共同作用,既有正面的效益,同时也带来了负面的效应。

(二) 科技发展的社会条件

首先,是人类的发展需要,从生产角度看,即物质和精神生产的需要。人类的生产活动依赖于科技,但科技也源于人类的实践,并作用于实践,因此,这是双向互动的关系。科技本身所体现的是自然与社会的规律,那么科技也就是受自然与社会发展的规律所支配的。其次,科技手段的发展直接由理论和实践决定,宏观上也就是科技水平的展现,同时科技手段的层次也决定了科技的层次。最后,经济水平对科技发展有影响,科技的研究和探索都需要依赖一定的物质支撑,这也是经济对科技发展重要性的体现。从生产关系角度看,科技与社会发展之间的关系,即科技发展与政治、经济制度等方面的互动关系。政治与经济制度通过其手段促进或者遏制科技的发展,一方面是统治阶级意识的体现,另一方面是科技作为社会要素被统治阶级所利用的。从社会文化角度看,科技与社会文化之间的互动关系则是科技在实践中与社会思维、道德理念、价值观等层面的相互作用。一方面科技活动受文化所制约,另一方面科技发展也进一步推动文化的进步,是社会文明在精神领域的发展。

系统地看,科学技术与社会是研究和分析科技与社会其他组成要素之间相互关系的学科理论,两者之间既相互促进也互有抑制,从而能够全面呈现社会发展的过程和规律。

二、技术发展理论

技术发展理论包含技术进步与技术系统理论。技术进步是技术正向发展、社会化的发展,侧重于技术进步的过程、形态、功能及其与社会之间的互动关系研究。技术系统理论是以系统观考察技术的结构、形态、功能及其与社会其他组成要素之间关系的理论方法。

(一) 技术进步理论

技术进步理论以技术进步为研究对象,运用系统论研究方法,全面地考察技术正向演变的过程、影响因素、经济效益和社会效益。技术进步是一种复杂的社会技术现象,同时也是复杂的系统演变过程,它是在多种因素的作用下发生的,其中包含内生因素和外部因素,内生因素主要是技术开发、创新、扩散等，外部因素主要是经济、政治、制度、文化、自然资源、人口、国际环境等。技术进步系统由研究与开发机构、企业、市场和政府四个子系统构成。资源配置的有效性和合理性是技术进步的重要因素，合理的资源配置能极大地促进技术的进步。技术进步系统有客观性、整体性和自组织性这些基本性质，主要功能是促进经济增长。在技术进步过程中，研究和开发是技术进步的动力之源，技术创新是技术进步的核心，创新的扩散是技术进步成果的社会实现。技术进步在产业形态中体现为产业结构和生产模式的正向演变，在宏观的社会形态中，技术进步有序运行也需要政府有效地宏观调控作为根本保证。技术进步系统理论，是一套研究技术正向演变的系统理论，是系统考察技术进步内在逻辑以及社会和自然因素对技术进步的影响和作用、分析技术与社会变迁的方法。

（二）技术系统理论

技术系统理论以技术为考察对象，用系统观对技术进行全面地分析和研究，提出了技术系统的概念和内涵。技术系统是他组织与自组织系统结合而成的，由输入、运作、输出三个子系统构成，具有自组织性、层次性、动态性、整体性特征，是一个时空性概念。技术系统理论强调以系统思维、逻辑思维、数学思维、概念思维和创造性思维等作为主要思维方式。技术系统功能由技术系统的结构决定，同时还和系统环境和系统自身的特性或者性能等有关。与技术系统关系最为密切的他系统是科学系统，同时还与经济、政治、军事、教育等系统相互影响，社会大系统对技术系统有整体的塑造作用。技术系统理论还考察了技术系统的演化思想，技术会在扩散过程中产生变异，且文化系统和自然系统都会对技术系统的演化产生作用。在技术系统演化的历史过程中,技术系统理论将技术分为自然技术、社会技术、思维技术、数学计算技术和复杂的系统技术。复杂的系统技术理论是建立在复杂系统理论之上的技术理论,强调的是技术在不同领域的相互配合、协同、组织,实现整体性系统功能的发挥。技术系统理论从技术预见、评估、创新、政策等角度阐释技术与社会之间的相互关系,通过对技术系统的社会性分析,形成全面、系统的社会变迁分析方法。

三、区域发展理论

区域发展理论是致力于研究区域社会发展的理论体系,主要包含区域经济、区域政治、区域文化、区域人口、区域自然环境以及科技等的发展,是一门多学科交叉、系统化的发展理论。区域发展理论是用于分析和规划区域社会发展的理论和方法,是宏观社会发展理论的组成部分。

早期的区域发展理论有韦伯的工业区位论[1]、杜能的农业区位论[2],以及克里斯塔勒和廖什的中心地理论[3]等。区域发展理论的盛兴在第二次世界大战后的欧洲,由于战后重建,全球各

---

[1] 阿尔弗雷德·韦伯. 工业区位论[M]. 李刚剑,陈志人,张英保,译. 北京:商务印书馆,2010.
[2] 约翰·冯·杜能. 孤立国同农业和国民经济的关系[M]. 吴衡康,译. 北京:商务印书馆,1986.
[3] 沃尔特·克里斯塔勒. 德国南部中心地原理[M]. 常正文,王兴中,等,译. 北京:商务印书馆,2010.

区域都进行切合自身实际的区域重建规划,因而呈现出了差异性区域发展实践。同时,由于早期的区域发展理论具有静态和均衡的特征,而现实的区域变迁是动态的和非均衡的,两者有较大差异。因此,全球范围内形成了不同的区域发展理论流派,有以发达西方国家区域发展的历史进程为基础的历史经验学派,如部门理论(Sector Theory)、输出基础理论(Export Base Theory)、区域发展的倒"U"字型假说(Inverted "U" Hypothesis)等;有以城市化和工业化为核心的现代化学派,如增长极理论(Growth Pole Theory)及其变体"核心-外围理论"(Core-Periphery Theory)等;有以发展中国家发展需求为依据的,强化乡村区域发展,实现发展公平和消除贫困为目标的乡村学派,如选择性空间封闭(Selective Spatial Closure)理论、地域式发展理论(Territory Development Theory)等;还有以经济学为背景,突出经济在区域(空间环境变化)变迁中的作用和意义的主流经济学流派,如波特的产业集群理论(Industrial Clusters Theory)❶、克鲁格曼的新经济地理学(New Economic Geography)❷等。

但任何一个流派的区域发展理论都是以自身研究目标和特定区域为基础和背景的,所以流派之间的差异明显,但我们可以从中得到宏观把握区域发展的一定的共性,即在区域发展中需要全面考察区域内部和外部因素,着重在特定的历史阶段抓住区域发展的瓶颈和实质,强化区位优势的同时,更多地关注区域整体性平衡。在我国区域社会发展中,需要吸收不同流派

---

❶ 迈克尔·波特. 国家竞争优势 [M]. 李明轩, 邱如美, 译. 北京: 中信出版社, 2007.
❷ 保罗·克鲁格曼. 发展、地理学与经济理论 [M]. 蔡荣, 译. 北京: 北京大学出版社, 2000.

的区域发展理论的精华,结合我国不同区域的具体情况,进行差异性地区域发展。同时,国家在宏观层面上进行调控和平衡,从而实现社会的全面发展。

第四节 研究内容、研究方法和创新点

一、研究内容

除去导论与结语部分,本书共有七章,分别是概念辨析、技术进步与区域生产方式变迁、技术效应与区域流动方式变迁、技术变迁与区域消费方式变迁、技术范式与区域社会结构变迁和技术生态化与区域发展模式变迁以及案例分析:技术视野下长三角区域的变迁。

(一) 概念辨析

第一章首先对技术本质、技术发展以及概念进行界定和分析,着重从技术进步与技术系统两个角度,客观、辩证地对技术的演变进行理解和认识,这也是本书以技术为研究主线的一个最为根本的理论基础。其次,对区域与区域变迁的概念进行界定和分析,着重于对区域概念的梳理,并对区域性与非区域性两者的区别进行阐释,以界定区域的本质,并对区域社会由传统形态向现代形态演变的总体历程进行系统的梳理,提出区域变迁的概念和界定,这是本书的创新点之一。最后,再次论证技术作为研究区域变迁的分析要素的合理性和意义,认为技

术是区域经济发展的动力，同时也是区域秩序变革的动力，从其合理性和意义上，论证本书写作的科学性和创新性。

（二）技术进步与区域生产方式变迁

第二章以技术进步、技术进步体系、技术进步形态等概念为基础，着重从区域生产力变革、区域劳动分工、区域生产组织演变等角度分析区域生产方式变迁的过程，以辩证法为基本研究方法，论述技术进步与区域生产方式变迁之间的相互关系和相互作用。技术进步是技术的正向变动，技术进步的核心是技术创新，而创新的扩散是技术进步的社会化、成果化的实现途径。在技术进步的同时，生产力发生变革，社会劳动分工也发生了变化，在提升生产效率和经济效率的同时，也为劳动者和自然环境带来了不同程度的负向效应，这需要我们全社会极为关注。或者说，技术的进步为区域生产秩序的演变带来的正向与负向的作用，都需要我们更为客观和理性地认识，防止因过分强调生产水平的提升而忽视其对劳动者的影响和自然环境的承受能力。

（三）技术效应与区域流动方式变迁

第三章主要以区域生产要素流动为主要研究对象，包括劳动力流动、资本流动、技术流动等，区域空间结构的流动则是针对当前我国区域间与区域内梯度性发展而提出的，这与技术效应有着直接的关系。区域流动的相对平衡性和非平衡性，也是区域差异性存在的原因之一。劳动力、资本的流动是我国区域乃至全社会生产要素流动的重要方式，技术流动则是受内部和外部因素的影响所造成，三者之间关系十分紧密，因为劳动力、资本本身就有技术的内涵，在流动过程中自然包含了技术的流动。区域的发展极为依赖资源的优化配置，区域流动的合理性和科学性，就是资源优化配置的重要体现。通过技术的理性选择和应用，能有效地促进区域资源的优化配置，同时，区域资源的优化配置又能促进技术的进步，并形成正向的技术效应，使技术的社会运行更为科学和有效地服务于区域的发展。

（四）技术变迁与区域消费方式变迁

在第四章研究中，主要通过形成技术理性、技术形态、技术结构、技术环境与区域消费理念、区域消费行为、区域消费结构、区域消费环境相对应的方式进行分析研究。从人的理念到人的实践、从结构到环境，形成整体性的分析架构，探讨区域社会消费方式的演变过程以及相应的规律。通过分析技术理性与消费理念之间的相互关系、技术形态在消费行为中的体现、技术结构与消费结构之间的内在联系以及技术环境对消费环境的影响等，阐释技术演变对区域消费方式变迁的影响。同时，由于不同区域的社会消费需求变化及差异性的存在，直接影响着技术演变的内质和方向，因而需要我们在这些差异中找到共性，把握区域消费的趋势与技术演化的规律，使我们的消费与技术在理性和生态下得到发展。

（五）技术范式与区域社会结构变迁

第五章主要以技术范式的内涵与演变的逻辑以及区域变迁的逻辑为主体而展开，通过区域社会的分化与整合来体现技术范式的作用。同时，通过考察技术范式与区域文化演变之间的关系，探讨技术范式与文化、价值观之间的相互关系。社会发展最为根本的内质是文化的演变，从而形成一定的发展范式，技术范式是更为直接体现发展思路和技术体系的一种共同理念，是文化内涵的一部分。从技术系统与技术范式的双重角度分析区域社会系统功能的演变方式和规律，从而强调区域发展思路和技术体系的理性选择，这是实现区域社会系统功能正向发展和有效发挥的重要基础和实现途径。

（六）技术生态化与区域发展模式变迁

第六章主要对当前区域社会发展中所存在的问题和瓶颈进行分析展开。首先，强调发展的生态认同，发展理念的统一化需要我们从技术的理性认知开始，从而规避技术活动失范对区域发展带来的危机和问题，消除我们对发展和破坏现实的矛盾认识，形成相对统一的区域发展理念，即生态发展理念。其次，在社会实践中强化技术环境的建设，在区域社会中形成高度融合的分化与整合模式。最后，通过构建理性的技术环境，形成整体性的人类活动规范和框架，从而促成区域社会的和谐、生态的发展，以此全面推进全社会的永续发展。

（七）案例分析：技术视野下长江三角洲区域的变迁

第七章是实证案例，以2008年9月7日国务院颁布的《国务院关于进一步推进长江三角洲地区改革开放和经济社会发展的指导意见》（国发〔2008〕30号）中界定的长江三角洲区域（上海、浙江、江苏）为对象，以技术为观察角度，分析长三角区域变迁的内质和过程。首先，对长三角区域的基本情况进行综合性分析，包括长三角的自然条件、经济状况、文化状况等。其次，以此为基础，直接分析在技术演变下长三角区域所呈现出来的区域优势和问题,在区域优势进一步加强和区域发展带来的矛盾与问题之中,探讨技术发展的思路与方向。最后,通过理想型区域社会发展模型来强化长三角区域优势的发展。同时,阐释解决发展瓶颈和问题的路径,以理性和优化的技术环境促成长江三角洲区域一体化的发展,确保其和谐、可持续的发展。

二、研究方法

本书以区域变迁为背景,以技术为核心概念,以技术论形式进行全面的阐释,以辩证的视角对技术演化与区域变迁之间的关系进行研究,以系统论的方法对技术与区域生产方式、流动方式、消费方式以及社会结构和文化、价值观进行综合性分析和研究,是跨学科性的综合性研究。本书主要采用了系统分析法和文献分析法,以及定性和定量分析法、个案实证研究法等研究方法。通过对以往区域变迁现象的分析,以更为辩证和客观地的视角对区域变迁的共性进行提炼,从而得出一定的规律。本书的研究方法是认识技术演化、区域变迁和指导技术发展、区域发展的一个可靠方法,同时全书的分析方法也是研究区域乃至社会宏观变迁的一套方法体系。

(一)系统分析法和文献分析法

区域变迁概念的系统性必然要求本书写作运用系统分析法,且需要结合大量的文献进行分析,从实践和文献中有效地提炼出观点、相应的技术演化规律和区域变迁的规律,同时还要全面结合区域经济、区域制度、区域文化、区域人口以及区域环境等多角度进行整体性剖析和把握。只有采用系统分析法与文献分析法才能全面、深刻地认识研究的内容,为本书深入分析和归纳提供有效和准确的认识基础。

(二) 定性和定量分析法

定性和定量分析是社会各界普遍使用的分析方法,三大产业的研究中就离不开定性和定量分析法,自然科学界也极为广泛地应用这两种分析方法,社会科学界同样在统计和研究相关宏观、微观的对象中,都要使用定性和定量分析法。定性和定量分析法是互补的两种分析方法。本书首先采用的是定性的分析法,对概念和对象进行定性界定和分析,同时本书以区域为研究对象,这也就直接涉及必须采用定量分析法进行研究的经济数据、人口数据等。只有结合定性和定量分析,才能客观地反应研究对象的情况,通过比较得出相应的结论。

(三) 实证案例研究法

实证案例研究法是社会学研究方法中重要的方法之一。通过案例的实证研究,可以清晰地认识案例中的对象和案例发展的过程;通过对象的特性、发展的过程和影响因素的分析,有助于我们对问题实质的把握,这也是我们科学、正确解决问题的重要基础。本书考察的是区域变迁和技术两个主体,研究区域就离不开具体的案例,研究技术也离不开具体的案例,两者相互关系的体现也必须借助具体的案例来阐释。这也是本书选择实证案例研究方法的根本原因。

此外,本书还运用概念分析法、宏观、中观、微观相结合的研究方法和信息研究法等,这些研究方法有助于有效地组织和充实本书内容,且能更为全面地分析和研究本书的主体。一切事物的研究都需要系统性地进行,只有借助于大量不同性质、不同角度的研究方法才能准确和客观地反应事实和其本质。

三、本书的创新点

(一) 研究视角

本书从技术哲学视角研究区域变迁的总体概况,并得出相应的区域变迁规律,通过技术论的形式探讨技术演化、技术形态、技术范式等与区域生产方式、流动方式、消费方式、区域社会结构以及文化等变化的相互关系,且以动态和静态相结合的方式突出哲学思维的综合性和系统性。

(二) 研究对象

本书以技术与区域为研究对象,主要讨论的是区域变迁与技术演化两者的关系。区域变迁的概念是首次在本书作出系统的阐释,并且本书也是首次运用技术哲学的思维研究区域变迁整体过程的书籍。本书研究的对象是中观层面与微观层面相结合的整体,是一种新型研究思路的尝试。

(三) 研究内容

本书以技术为核心概念,同时以技术为主要线索贯彻全书,通过系统、哲学的方法研究了区域变迁与技术演化的相互关系及过程,并且在研究中用一一对应的方式,将技术进步、技术演化、范式等概念融入到区域生产、流动、消费方式变革以及社会结构和文化等维度的变化研究之中,从而突出技术的作用和价值,同时反向考察区域变迁对技术演化的作用,形成双向线索。本书研究的内容弥补了技术哲学在社会变迁研究中的一个空白。

第一章

概念辨析

第一节 区域和区域变迁概念辨析

一、区域

区域这个词在英文中有几种表述,分别是 Region、Area、District、Limit、Scope、Range。按照词义的理解,前三者基本意思是按土地、地理划分的区域,有一定的政治色彩,指的是地区;后三者基本意思是界限、范围。

区域的概念一直以来存在着争议,不同领域的研究者往往都从各自学科和研究角度去界定区域的概念和性质,服务于其研究的内容。客观来看,区域的概念是多维度的。例如,地理单元是地理学研究领域由研究者们所界定的一个具体的地球表层区块,有明显的界线,是以地质外貌为特征的地理学意义上的区域。经济单元是经济学研究领域研究者们所界定的一个相对完整的经济活动区块,是对区块进行分析、管理的一个整体,以其空间经济组织为基本特征。区域经济学家胡佛认为,区域是"为了叙述、分析、管理、规划或制定政策等目的,视为客观实体来加以考虑的一片地区,它可以根据内部经济活动的同质性或者功能同一性加以划分"[1]。安虎森认为,"区域概念的核

---

[1] HOOVER E M, GIARRATANI F. An Introduction to Regional Economics [M]. 3rd ed. New York: Alfred Abraham Knopf, 1984: 264.

心变量为专业化分工、均质性、分层结构（交易、城市及监管的分层结构）、自组织能力"❶。其对区域概念的理解强调区域的特性和功能，并且明确指出"区域不同于一般意义上的经济组织，是具有空间维度的经济组织"❷，这是从经济学角度去理解区域，着重于区域的经济功能和经济特性。行政单元是政治学研究领域研究者们所界定的国家行政管理单位，是一个政治学意义上的区块。聚居社区是社会学研究领域研究者们所界定的具有人群某种共同特征的生活、工作区块。

从宏观维度来说，区域是属于空间范畴的一个概念，且以人类活动的空间为主要内容进行界定。但是，区域的概念还有着一定的时间维度，任何一个区域都是在一定时间维度内存在的，与我们社会发展史是相吻合的。因此，对区域的概念，我们必须从动态和静态两个角度进行把握和界定，动态地分析区域组织运行系统和运行方式，静态地描述区域结构、形态和组成要素及特征。区域发展其实就是一个动态的概念，发展具有时间属性，并且呈现出区域的形态、特征、属性的变化。

区域是否客观存在，这个问题也是很多学者所热于争论的。就当前国际社会所热衷于倡导的全球化问题而言，全球化是从世界范畴出发，对各个国家、地区进行统一化过程或者说是消除区域界线的过程，从而实现地球扁平化，经济、文化统一化，近乎等同于消除世界内异质性的存在，从而建立同质性，地球就成为一个单一文明的生物聚集时空场所。对于全球化这个国

---

❶ 安虎森，等. 新区域经济学 [M]. 2 版. 大连：东北财经大学出版社，2010：4.

❷ 同上：7.

际性问题，笔者认为消除人类社会的异质性是否会给人类带来毁灭性的灾难，值得当下广大学者深思。

区域的客观存在是人类活动和自然环境的异质性所共同决定的，而且这种客观存在也是人与自然相互作用的结果。区域的客观存在是建立在地域差异性基础上的，这也可以理解成是地区间地理环境的不同，或者说是地球表层的不均一性以及生物种群的地区差异性特征，同时还包括人类实践的地区差异性即人类发展的不均衡性。地理区间有其明确的界线、特定的性质和功能与其他地理区间相区别。区域的划分是人类主观的行为，是按照不同的要求和标准体系对地理空间进行界定，且一旦区域进行界定后，地理边界就会在较长的一段时间内保持稳定，形成其区域形态，呈现出特有的时空属性特征。区域的划分一方面是客观自然环境的存在方式，另一方面其实是人类主观上对客观自然的一种反应。区域具有双重属性，即客观性和主观性，也是自然属性和社会属性的体现，是一个综合性的概念。

本书所讨论的区域以经济、政治、文化和社会形态为根本依据来界定的地理空间，并且有着相对独立的自组织单元：社会组织单元、行政管理单元、经济活动单元等，可以自行组织有效的内部经济活动和外部经济联系，有其特征性的自组织能力、生产方式、文化生活方式和价值体系。因此，在研究区域问题时，要更为注重区域内单元的分析和自组织结构、功能的分析。区域构成要素是研究区域单元和自组织结构的基础，区域构成要素包括区域自然环境、区域经济、区域政治制度、区域文化和区域社会结构及形态。当前国际上通过各种模式建立的合作，可以在一定程度上认为是为特定的目标而消除国际间的区域性，从而实现共同的发展，同时建立这种合作主要用于区域间组织单元的相互合作与协同。研究区域自组织单元是区域形态与功能问题研究的逻辑起点。

通过以上对区域概念的梳理和界定，可以归纳区域的几个主要特征：多维度性、等级层次性、相对差异性、统一整体性和开放可变性。其中，后三者是区域性与非区域性的根本区别。

（1）区域的多维度性。多维度性是指区域这个综合性概念的不同维度和范畴，如前文所言的地理单元、经济单元、政治单元等。区域是一个包含经济、政治、文化、环境等多种社会要素的综合载体。在区域问题分析中，也必须进行多维度的分析和研究才能宏观准确地把握问题实质。与此同时，在区域自身内部，其要素之间也是多维度相互渗透、相互作用。

（2）区域的等级层次性。区域概念可分为宏观、中观和微观三个等级层次。例如，从横向角度看，在全球视野下的亚洲区域、欧洲区域、美洲区域等；在各大洲的视野下看，就有美国区域、中国区域、英国区域等。从纵向角度看，在国家层面则是省级区域、地级市区域、县级区域；在县级层面上还可以分为开发区域、乡镇区域、村队区域。在这些等级层级关系中，横向角度划分的区域可以组成更为高级的区域，而纵向角度划分的区域是在区域内部划分出低一层级的区域。但无论区域划分以哪种标准或者方式为依据，都有着其自身的形态和功能特征，也有着其共同的属性。

（3）区域的相对差异性。主要体现在区域内组成要素、形态、结构和功能的相对性和差异性。任何区域都是自然和人类社会所共同组成，都有着共同的自然属性和社会属性，但都存在着差异化的社会结构和形态及其自然环境和生物结构。区域的划分是以主客观共同作用为基础的一种划分方式。在区域之间，区域的差异性是客观存在的，但同时这种差异性是相对的，一个区域有着其独特的地理环境和特征，但也存在与其他区域相类似的地理面貌。同时，社会结构和形态，包括人的生活方式和形态也如同地理环境一样，有着相异与相似的地方。由此可见，区域问题的研究其实是对区域特性和共性的研究。

（4）区域的统一整体性。就物质世界本身来说，似乎只能在某个维度上存在着这种统一整体性，或者说，只是化学元素的普遍统一性，而组成、形态以及功能也就千差万别了。区域的统一整体性是从区域组成要素和要素间相互作用以及区域由来自外部环境作用的影响而呈现的演变过程和特征，强调的是内部的同质性或者说功能的同一性特征。

（5）区域的开放可变性。从严格的意义上讲，任何区域都不是完全封闭的，但在一定程度上，区域可以在某些领域实行封闭，以此区别于非区域。区域的这种特性是突出的，也是相对的。区域的这种相对开放性在于其与外界因素的相互作用，如耗散结构理论中，一个开放的系统与另外一个系统之间物质、能量、信息的交换，从而使系统达到一个新的平衡。区域的开放性，从自然属性角度看，就是生物圈中大气、水、土壤、生物种群这些要素的流动；从社会属性角度看，就是区域内社会物质、文化、人、信息等要素的流动。区域的可变性在于区域划分的可变性和区域自身指标的可变性。对于区域划分而言，特别是针对区域边缘，区域划分的界线会随时间更迭而发生模糊化；对于区域自身标准而言，区域自身标准必然会随着区域自身的发展和演变，其标准和特征都会逐步发生变化。当代世界变化就是一个大范畴概念的区域变化，是人类活动、社会形态和自然环境变化共同作用的结果，区域发展就是典型的区域开放可变性的表现。

二、区域变迁

区域变迁是当前所提及的频率较高的词汇，但经笔者通过各种途径进行收集、查证，到目前为止，区域变迁概念还尚未有人对其进行界定。在这里，首先要提及社会变迁的概念，因为社会变迁涵盖了区域变迁，但不能完全反映区域变迁的特征和规律。从宏观角度分析社会变迁，研究的是社会结构、形态的变化。

有社会学家将社会变迁定义为社会现象的变化。这种理解是从现象学角度对社会变迁进行界定，从社会制度、经济形态、社会文化、自然环境、人类生活方式、科学技术所呈现的现象和形态等综合角度阐释社会的变化。就如我国当前的城市化问题。城市化是我国社会变迁的一个重要现象，人口的迁移、社会制度的变化、经济活动的形式和形态的转变、人们生活方式的改变等，都是社会变迁的基本现象。

对区域变迁概念进行界定，可以通过比较其与社会变迁的相互关系，借助社会学研究方法进行把握和分析。首先，区域变迁是社会变迁的局部体现，有着与社会变迁的共性，同时区域变迁也凸显其自身区域特征，包括区域社会形态、结构、功能等的特征。区域变迁是区域内外部各种要素共同作用的结果，是区域空间组织结构和功能变化的结果，即旧的区域形态被新的区域形态所取代的过程。根据区域变迁过程和结果来看，区域变迁有着正向变迁和负向变迁。其次，区域变迁有其突出的特征，是社会变迁及其宏观变迁规律所不能涵盖的部分。社会变迁是宏观的社会变化，区域变迁是特定时空内社会的变迁，是中观层面的变迁。社会变迁与区域变迁之间的关系也就是普遍性和特殊性的辩证关系。最后，区域变迁有着空间和时间双重维度的内涵，因此，区域变迁的概念界定还需要我们从这两个角度进行把握，即静态与动态两个角度。静态分析，即对区域变迁过程进行横向截面，研究其区域结构和组成；动态分析，即通过考察区域系统演变和发展的过程（纵向过程）来分析区域形态、功能变化的运行机制和机理以及与其相对应的运行内外部环境。只有通过动、静态双向结合考察区域的变化，才能系统把握区域变迁的实质。

区域变迁的本质是什么呢？分析和研究区域变迁的本质，需要从以下几个方面逐步展开，从而进一步把握区域变迁的本质和内涵，以便区域变迁概念的综合界定。

首先，区域变迁本质可以从社会变迁的本质中得到一些共性的内容。社会变迁是指一切社会现象发生变化的动态过程及其结果。社会学范畴中对于社会变迁有其较为综合的阐述："社会变迁是社会系统的结构和功能生成变化的过程。"[1] 但是，社会学中也明确提出："社会变迁不等于社会进步，它不是一种价值判断，而是一种事实的陈述。因此，应该根据科学分析而不是'常识'来认识社会变迁问题。"[2] 研究社会变迁其实就是研究社会结构和功能变化过程，以及在该过程中社会要素的变化和它们之间相互关系的变化，即社会变迁的要素、实体、动力

---

[1][2] 陆学艺，苏国勋，李培林. 社会学 [M]. 北京：知识出版社，1995：344.

和规律的研究,从而揭示社会变化表象下所蕴含的事物本质和规律。区域变迁其实也就是特定时空下社会结构、形态和功能的演变,其本质是区域内人类活动方式和内容的演变,是区域生产力与生产关系矛盾运动的展现。

其次,区域变迁区别于宏观社会变迁的特性。区域变迁强调区域性的社会变迁,着重区域的特性,是区域空间范畴下的社会变迁规律,突出时空双重维度下的社会结构、形态、功能的变化。区域变迁的内在动力是区域物质生产和人们生活方式改变的需求,但是区域变迁的外部影响也往往对区域变迁产生重要作用。从宏观层面理解,区域变迁是马克思认为的生产力和生产关系、经济基础与上层建筑之间的矛盾运动结果。从中观层面理解,是区域内要素组成、形态、结构的变化,即区域自组织结构的分化与整合,其中包含自组织单元的解体和重组,技术产生、发展、传播的方式,区域文化环境的整体适应性以及区域空间组织结构的变化和功能演变。微观层面上,考察和研究区域变迁是着重考虑在特定的区域环境下,自组织单元的内部结构、形态与功能的变化以及自组织单元与其他单元之间的外向联系和运作规律,是区域行动研究的逻辑起点,也是区域变迁的最终落脚点,包括自组织运作模式的转换、自组织角色的变化、自组织成员结构的变动等分析要素。

最后,区域变迁的维度性分析。第一,区域变迁的层次性。区域变迁过程明显呈现出层次性,这是由区域结构所决定的。在区域变迁中会出现核心区、过渡区、边缘区。核心区即区域结构的主体区块,是自组织单元系统最为集中、整体功能相对最完善的区块,也是区域变迁的核心地带。边缘区即相对处于边缘化的区块,自组织单元相对较少,且经济活动方式、能力薄弱，组织功能弱化的区块。过渡区即处于核心区与边缘区的中间地带，是核心区向外的延伸地带。第二，区域变迁的相对差异性和系统性。理解这种相对差异性，首先要理解这种差异性的本质，即生产活动和生活方式的差异。比如，以农业发展为主导的区域发展和以工业发展为主导的区域发展，两者的生产活动和生活方式是不同的，同时发展形态、秩序是不同的，但同时也存在一定的共性，这也是区域变迁的相对差异性。从结构功能理论视角考察区域整体性特征变化与系统性功能的演变，可以发现在区域变迁过程中各个要素之间的相互渗透和作用的运动过程，是区域整体性特征变化与系统性功能演变的重要过程。区域变迁的系统性其实是由区域自身的系统结构和功能所决定的，这好比社会的有机团结理论，高度发达的社会分工之间紧密的联系由社会系统所决定，即相互高度的依赖性。第三，区域变迁的多元开放性。区域首先是一个系统，相对独立的运行组织。从自组织理论角度出发，区域显然就是一个结构复杂、组成多元、功能系统的自组织体系。区域变迁，自然也具备自组织结构运行的特性。区域系统的形成、演变，即区域系统与外界之间物质、能量、信息的交换；区域系统内各个要素和自组织单元之间的协同运作机制；区域系统内新要素的形成而导致的突变，从而形成新的稳定系统的循环。从简单到复杂、线性到非线性、一元到多元、平衡到不平衡等这些都是区域系统的变迁过程。

  由上述关于区域概念和区域变迁本质及其内涵的阐释，笔者认为，区域变迁是特定时空维度下，区域系统的结构、形态、功能变化的过程，区域变迁的层次性、相对差异性、系统性、多元开放性是区域变迁的特征，区域内自组织单元是区域变迁分析的基本单元，自组织单元演变的机制与规律是区域变迁规律研究的基础和内容，也是区域变迁问题研究的最终归宿。揭示区域系统的运行机制和结构、功能演变规律是区域变迁问题研究的最终目的。研究区域变迁，其本质是研究在特定时空内，人类活动变化与区域社会变化的相互关系和作用，那么从人类活动变化的角度着手，研究区域变迁是一个较为合理的方式，从人类的劳动生产、人和资本的流动、人的消费以及区域社会的文化、价值等物质、精神层面的变化来宏观反应区域的变迁过程，从而推导出部分一般性区域变迁规律，这是符合马克思经典理论的要求，同时也符合社会现实。研究区域变迁问题，需要借助系统论、自组织理论、区域经济学理论、STS 理论等相关科学理论。

第二节 技术的概念辨析

一、技术的本质

技术本质认识的多样性和丰富性源于技术本质客观的复杂性和认识主体的观察维度及研究层次的差异，它既是实践的又是认识的。技术本质也是技术哲学领域研究的逻辑起点，随着社会变迁，人们对技术本质的认识和理解也不断地得到深化和发展。

技术本质的考察是近现代西方哲学研究的一个重要主题，包括马尔库塞、哈贝马斯、埃吕尔、温纳、安德鲁·费恩伯格、海德格尔等著名哲学家,都对技术本质进行过研究和阐释。

马尔库塞在著作《单向度的人》中,从工业社会中人的异化角度去研究生产力发展与人之间的关系问题,并且以独特的视角分析和描述了人随着科学技术的发展而逐步成为技术人的过程。❶ 技术成为了工业社会控制人类的重要手段是其对技术批判的重要观点,他从社会批判的角度分析工业社会和科学技术之间的关系,从人的本质需求(包括意识自由)方面来批判科学技术所带来的异化作用:人的异化、社会的异化、自然的异化。

哈贝马斯认为:"科学的进步同反思、同偏见的毁灭相同步;技术的进步同摆脱压迫、同摆脱自然和社会的压制成了一回事。"❷ 哈贝马斯对现代技术文明与技术理性进行了批判性反思,对于如何认识科学技术的社会作用、科学技术应用的积极意义与消极后果的关系、西方工业化以来日趋严重的"物支配人""人的物化"等问题做了探讨。他认为技术不仅是生产力,而且还是一种意识形态,这就如我们所批判的技术理性(工具理性)一样,它是我们人类随着技术文明的发展而产生的一种意识形态。如埃吕尔认为技术的本质就是效率,绝对效率是技术本质的内涵,"在人类活动的各个领域通过理性获得的(在特定发展阶段)有绝对效率的所有方法"❸,"技术明显地根据其起源,按照其隐含着的最重要的特征—效率来定义,人们现在

---

❶ 赫伯特·马尔库塞. 单向度的人:发达工业社会意识形态研究 [M]. 刘继,译. 上海:上海译文出版社,2006.

❷ 尤尔根·哈贝马斯. 理论与实践 [M]. 郭官义,李黎,译. 北京:社会科学文献出版社,2004:358.

❸ ELLUL J. The Technological Society [M]. New York:Alfred Abraham Knopf,1964:xxv.

可以说技术是在给定时刻最有效的方法组合"[1]。这种认知为一种强化的工具理性，极端地强调效率，而忽视其他不能被忽视的相关重要因素。

温纳从政治学角度理解技术的本质，认为："技术对人类活动而言不仅仅是辅助工具，而且是重塑人类行为及其意义的强大力量。"[2]技术不仅改变着人类的生活方式和社会秩序，而且还是政治的一种特殊表现形式。相比较下来，埃吕尔从效率的角度分析了技术的本质，但他过分强化了技术对"绝对效率"的追求，而忽视了技术与社会其他组成要素之间的关系和影响。温纳则从另外一个视角揭示当代社会中技术本质的一个重要特征——政治性，却忽视了技术本质中技术价值取向的多维性和多重属性。温纳片面地将技术的本质理解成单一的政治指向。

安德鲁·芬伯格[3]认为技术的本质是"Place""Milieu""Niche"等，他是从技术的功能角度分析技术的本质，并认为技术的本质应该分为两个层次，一个层次是解释主客体功能的构成，另一个层次是该功能的实现，即解释结构与功能实现，并以"工具化理论"为其技术本质观。

海德格尔[4]将现代技术的本质规定为"座驾"，技术是一种解蔽或者展现方式。这里，他所认知的技术类似于技术是世界

---

[1] ELLUL J. The Technological Society [M]. New York：Alfred Abraham Knopf，1964：26.

[2] WINER L. The Whale and the Reactor：A Search for Limits in an Age of High Technology [M]. Chicago：University of Chicago Press，1986：6.

[3] 安德鲁·芬伯格. 技术批判理论 [M]. 韩连庆，曹观法，译. 北京：北京大学出版社，2005.

[4] 马丁·海德格尔. 演讲与论文集 [M]. 孙周兴，译. 北京：生活·读书·新知三联书店出版社，2011.

的构成方式，强调技术的创造和构建功能，即强调其对世界的构造作用。海德格尔的"座驾"概念的特征是：展现或解蔽、限定或摆置、强求或促逼、预定或订造、持存物或储备物。

在我国，对技术的本质问题的争论也一直存在。在《哲学大辞典》中，"技术一般指人类为满足自己的物质生产、精神生产以及其他非生产活动的需要，运用自然和社会规律所创造的一切物质手段及方法的总和"❶。陈昌曙认为："技术是人类社会需要与自然物质运动规律相结合的产物；技术是主体要素和客体要素的统一；技术本身有一个从潜在形态到现实形态的发展过程；技术是生产力的构成要素。"❷ 吴贵生认为："技术是科学理论、实践经验和物质设备在社会生产中动态的产物。"❸ 马克思认为：技术在本质上体现的是人对自然的实践关系，"工艺学揭示出人对自然的能动关系，人的生活的直接生产过程以及人的社会生活条件和由此产生的精神观念的直接生产过程。"❹ 在这里，马克思所指的工艺学即我们现代所说的技术。马克思还认为社会生产力不仅是以物质形态的生产力存在，而且还以知识形态存在，自然科学就是以知识形态为特征的生产力。马克思从历史唯物主义角度对技术进行了本质上的分析，强调技术是人类的实践活动，也是人对自然的关系。技术不是单纯的物质手段、劳动工具或劳动资料体系，还是人类最基本的感性活动形式、历史的存在方式或文化形式。技术本质的理解应该取

---

❶ 哲学大辞典 [Z]. 上海：上海辞书出版社，1992：7.
❷ 陈昌曙. 自然辩证法概论新编 [M]. 沈阳：东北大学出版社，2001：7-8.
❸ 吴贵生，王毅. 技术创新管理 [M]. 2版. 北京：清华大学出版社，2009：19.
❹ 马克思，恩格斯. 马克思恩格斯全集：第23卷 [M]. 中共中央马克思恩格斯列宁斯大林著作编译局，译. 北京：人民出版社，1972：409-410.

决于其自身的属性,即自然属性和社会属性。马克思的论著中从未提到过"技术"这个词,但马克思的技术本质观点一直贯穿于其对生产力与生产关系、经济基础与上层建筑等矛盾问题的论述中,并且在具体的劳动力、劳动过程、资本、生产及其分工、机器等问题的论述中充分体现。

笔者认为,必须以系统论观点对技术的本质进行认知和理解。首先,需要明确一点,技术、人类、社会、自然四者构成了整个系统,要分析和研究技术的本质也必然离不开讨论技术与其他三者的关系本质。技术源于人类的劳动,劳动的进化也就是技术的进化过程。理解和认知技术的本质必须从人类的劳动实践出发,人类创造出技术来服务于人类自身,其目的在于改造和利用自然,同时也发展和完善人类自身。从历史唯物主义视角看,技术属于劳动资料,是生产力,是人们改造自然以获得物质生活资料的实际能力;生产关系是人们在生产过程中所形成的人与人之间的关系,包括生产资料归谁所有,在生产过程中人与人之间的地位和相互关系如何,产品(消费品)的分配、交换、消费关系这三项内容。生产力决定生产关系,社会发展的内生动力就是生产力与生产关系的矛盾运动,即由人类活动所产生的矛盾关系的发展与变化。

技术本质是人类的实践活动,是人类自身之间、与自然之间发生的关系,也可以认为是人与物、物与物之间的作用关系。技术由人创造,而且是人类有目的性的创造和使用,是人类本质需求的一种客体化表现,有知识形态、经验形态的技能,也有实体形态的技术设备、工具。可以这样理解技术的本质:人类应自身的需要去创造出来的人对自然以及人类自身的改造和利用的活动的综合,同时,也是自然和人类之间相互作用的客体展现形式，它既包含人类的主观意识，也涵盖人类运用的知识和实体，同时还有相互作用的结果。

技术是人类改造和利用自然的中介，技术由人类创造也被人类使用，用于人类的生产活动，是劳动的产物。技术是人类在不断满足自身需要的实践活动中所创造而来，并且这种实践活动具有双重的产出：物质和精神，即物质形态的产物和意识形态的产物。对技术本质的认识还必须是一个动态的认识过程，随着人类不断地发展和更为深刻地认识自然和人类本身，对技术本质的认识需要从人类自身的本质出发，因为技术是人类劳动的产物，是人类所创造的客体，只有系统把握和认清技术的目的和技术的作用以及技术活动过程所产生的影响和结果，才能更为准确和科学地认识技术的本质。

马克思把技术当作实践范畴来理解，把技术放到劳动过程中加以考察，"在马克思眼中的技术，从来就不是一个死物，而是人的一种现实的积极的活动"❶。对于我们这个现代性的社会，技术已然是世界的构成方式，技术源自我们人类的需求和对自然改造的欲望，是我们的实践。或者可以这样去理解技术的本质，技术为什么要存在？技术存在形态是什么？首先，人类需要生存和发展，而人类生存和发展的前提是人类能获得和利用其生存和发展的资源，而如何获得资源呢？那就是人类使用技术去获得资源，技术存在的作用是人类运用技术去改造和利用自然，同时也不断完善人类自身。如果没有这个前提，那技术也就不需要存在了。那么技术存在的形态是什么呢？恩格斯在

---

❶ 乔瑞金. 马克思技术批判思想的精神实质简析［J］. 哲学研究，2001 (10)：21.

《自然辩证法》中认为，技术要素存在形态有三种：知识形态的技术要素、实体形态的技术要素、经验形态的技术要素。知识形态的技术要素是指以科学为基础的技术知识，它是现代技术的主要构成部分；实体形态的技术要素是指以生产工具为主要标志的客观性技术要素；经验形态的技术要素是指以经验、技能为主的主观性的技术要素。这些形态的技术要素涵盖了我们现代社会中的所有技术：自然技术、社会技术和思维技术，这也就是我们所熟知的技术三角形结构组成部分，并且技术以其不同的形态和组合方式贯穿于我们社会生活的每个角落，渗透到我们人类的所有领域，深刻地影响着我们人类自身和整个社会、自然的形态，这就是技术本质的体现。

二、技术概念的界定

一直以来，对于技术概念的界定也和对技术本质的认识一样，整个学术界都存在大量的争论，这里也许存在着一个较为直接的原因：每个研究者都从不同的角度去理解和界定技术的概念，从而为其所研究的内容服务，并通过社会具体的现象解释其界定的概念。这样的分歧是十分明显的，美国著名哲学家米切姆曾犀利地进行了分析："技术的现有解释多种多样，如把技术说成是'感觉运动技巧'（费布里曼提出）、'应用科学'（本奇提出）、'设计'（工程师们自己提出的）、'效能'（巴文克和斯考利莫斯基提出）、'理性有效行为'（埃卢尔提出）、'中间方法'（贾斯珀斯提出）、'以经济为目的的方法'（古特尔-奥特林费尔德和其他经济学家提出）、'实现社会目的的手段'（贾维尔提出）、'适应人类需要的环境控制'（卡本特提出)、'对能的追求'(芒福德和斯潘格勒提出)、'实现工人格式塔心理的手段'(琼格提出)、'实现任何超自然自我概念的方式'(奥特加提出)、'人的解放'(迈希恩和马可费森提出)、'自发救助'(布里克曼提出)、'超验形式的发明和具体的实现'(德塞尔提出)、'迫使自然暴露本质的手段'(黑德格提出)等,某些解释在字面上都明显不同。但即使把这些都考虑在内,也还有很多其他的定义,其中每一种定义——这样假设是合理的——都在技术的普遍含义上揭示了某些真实方面,但却又都是暗中运用有限的几个中心点。因此,关于这些解释的真假常常要看这个狭窄观点的排他性而定。"❶ 由此可以明显地发现,不同领域的研究者对技术认知会明显呈现出其领域范畴的特征,并且很多研究者对彼此研究的领域的了解也往往是一片空白或者知之甚微,因此就更难以在技术概念界定上产生共识,或者说难以用简单的词句去涵盖和修饰。另外,由于技术本身词义的多样性,以及广大研究者对技术理解的片面性和主观性的存在,这又进一步让我们更加无法对技术这个概念形成统一的共识。

对技术概念进行准确的界定,到目前为止还是一个极为困难的问题。广大的科学工作者更加明白一点:我们所认识的一切事物都存在太大的不确定性,这就是我们的宇宙奥秘、生物奥秘,是我们当前的科学理论知识所不能准确把握的事实。在国际上,曾有很多研究者对技术进行了概念的界定。在技术的定义史上,基本可以分为四类。

第一类,将技术定义为知识与方法的综合。亚里士多德这

---

❶ 邹珊刚. 技术与技术哲学 [M]. 北京:知识出版社,1987:247.

位古希腊的哲学大师认为，技术是人类的技能。他对技术的定义即为我们现在理解的知识形态和经验形态的技术，是人类所积累的意识形态，强调的是人类的一种能力，一种运用性的能力。加拿大哲学家马里奥·邦格将技术定义为：按照某种有价值的实践目的用来控制、改造和创造自然的事物、社会的事物和过程，并受科学方法制约的知识总和。他强调的是技术的目的性和知识的总和性。1977年，德国的贝克曼将技术界定为指导物质生产过程的科学或工艺。这里，贝克曼更为清晰地对技术进行界定，即知识与方法。美国学者埃吕尔认为，技术是"在人类活动的每一个领域完全合理有效的（在一定的发展阶段）方法的总和"[1]。

第二类，将技术定义为手段和方法的系统。狄德罗，法国著名的科学家，在其主编的"百科全书"里就明确的将技术定义为"技术就是为了完成某种特定目标而协作动作的方法、手段和规则的完整体系"[2]。很多人认为该定义是较为理性的一种技术定义。但技术作为人类活动，它不仅仅是一种组织结构体系，而且还是一个过程。技术属于活动的范畴，这在马克思主义经典理论中十分明确，在现实社会中，技术的具体展现也是如此，类似于工程活动。

第三类，将技术定义为具体的实物。这是最为普遍的一种认识，认为技术是劳动的产物，如技术产品、劳动的工具（机器、设备等）。这点在古代的哲学中较为明显，技术即为人造

---

[1] 卡尔·米切姆. 技术哲学概论 [M]. 段登祥，曹南燕，译. 天津：天津科学技术出版社，1999：35.

[2] 狄德罗. 狄德罗的《百科全书》[M]. 斯·坚吉尔，英译. 梁从诫，中译. 广州：花城出版社，2007.

物，并且将这种技术客体进行分类。机器、机械的概念就是古代最具代表性的技术描述方式，而人作为机器、机械设备的操作主体，对这些人造物进行操作而改造和利用自然。这里割裂了技术自身的实物性、知识性和经验性，将技术纯粹理解成实物，而不是人的主观意愿的体现，强调技术客体的绝对独立性。这样的定义无法解释非实体性技术活动的内涵，从而失去其意义。

第四类，将技术定义为人类主观意识与手段的结合。这种认识是人类主观能动性的体现，人类的动机和方法的结合，且人类所使用的方法也是在人类主观动机的产生状态下所创造出来的。这种定义的缺陷在于忽视了技术本身的规律——技术具有的独立性，从而在理解技术活动时会过于强调人的主观意识而忽视客观规律存在。

结合上述观点，笔者认为应该从系统论角度对技术概念进行界定和理解。技术是一个弹性的体系（这里的弹性指征的是体系的内容和形式的变化），是动态与静态双重形态并存且相互作用的过程性系统，含有实体和非实体的组成要素，并且所有要素是按照一定组成秩序形成其特定的内部结构，呈现出其体系特征，体系的运行有着其一定的目标性和规律性。

或者可以借助技术系统的理解来认知技术：技术系统是由既相互联系和相互作用，又相互区别的技术实践、技术产品、技术方法、技术科学、技术建制、技术文化、技术精神等要素共同组合而成的、具有特定结构和功能的有机整体，即知识形态、实体形态、经验形态的技术表现形式的综合系统，该系统由技术（自然技术、社会技术、思维技术）与宏观的技术运行环境共同组成。当前，社会任何的运行形态、结构、特征及功能都是自然技术、社会技术、思维技术共同作用的结果。它包含主体、中介、作用对象三个要素。技术一方面体现的是人类主观的能动性，另一方面体现的是客观规律。在人类改造和利用自然的过程中，很多情况下人类无法直接作用于自然，必须通过人类有意识地劳动，先创造出技术，然后再通过技术作用于自然，这是人与物、物与物之间作用的关系。与此同时，人类的劳动也离不开人与人之间的相互作用，或者说是劳动分工中，人作为主体的相互关系。人与人之间的关系最普遍的是交往，交往中也存在技术，这种技术是人与人之间的相互作用。技术的客体性、人的主动性、社会和自然的本身规律性这三者形成我们世界的整体。技术发展的规律必然符合社会与自然的规律，也受到自然规律和社会因素的支配和制约，人的主观能动性在于根据规律而创造出最为合理的技术，并发挥技术的最大效用。

三、技术发展的历程概述

根据众多技术史研究者的观点，笔者认为，世界技术发展史基本可以分为石器时代，青铜器、铁器时代，第一次工业革命，第二次工业革命，第三次工业革命。这种划分是根据具体的技术变革，以对社会历史发展的重要影响为依据，来界定技术的发展历程。

在石器时代，以人类学会打制和磨制石器，会使用火的技术烤烹食物，还学会了设置陷阱扑捉猎物为主要标志。在石器时代后期，人类已经学会了制作陶器、农牧技术，开始了早期较为稳定的定居生活。其中值得一提的就是纺织技术的发明，这为后期我们人类的生活和服装业奠定了基础。这个时期的工具都较为简易，而且是直接用于日常的生活，制作工具的材料也都直接源于自然，如石头、动物的骨头、植物的枝干叶片等。

青铜器和铁器大约出现在公元前 4000 年，但世界各地出现青铜器和铁器的时间维度有所不同。青铜器和铁器的出现明显改变了人类的生产劳动作业，生产力水平明显地提高。在这里值得一提的就是冶金技术的使用，其是人类跨入一个新文明的标志。在这个时代，农业和手工业都得到了长足的发展，青铜器和铁器在这个时代里被用作生产工具、生活用具、兵器，是一个时代的特征标志。

关于第一次工业革命，恩格斯曾经说道："英国工人阶级的历史是从 18 世纪后半期，从蒸汽机和棉花加工机的发明开始的。大家知道，这些发明推动了产业革命，产业革命同时又引起了市民社会中的全面变革，而它的世界历史意义只是在现在才开始被认识清楚。"❶ 蒸汽机的发明是第一次技术革命在技术层面上的标志，推动了社会的产业变革。这次产业的变革对于英国的意义是非常重大的，极大地推动了英国工业发展。随后，由于蒸汽机的广泛应用，也全面变革了生产力的发展路径。此后，英国工业的蒸汽动力化十分显著，运输工具和主要的生产机械都以蒸汽为动力。英国的经济在 1830 年后取得大发展，与此同时，技术也随着经济的发展而进入一个新的发展时期。

第二次工业革命在技术层面上以电气化为标志，电力技术、电机、电子管的出现为主要特征。我国学者焰康年认为第二次工业革命从 1856 年开始至 1906 年止，共经历 50 年时间。其中，

---

❶ 马克思，恩格斯. 马克思恩格斯全集：第 2 卷［M］. 中共中央马克思恩格斯列宁斯大林著作编译局，译. 北京：人民出版社，1965：278.

电机的发明历程为：1820年，电流的磁效应被丹麦的著名物理学家奥斯特发现，这是电磁场理论的开始；1831年，法拉第发现电磁感应现象，同时也进行永磁电机试制；1832年，皮克西发明了用永久磁铁制造的发电机；1834年，克拉克制造了一台带有整流子的手摇永磁发电机；1837年，惠斯通制造了第一个磁电机；1865年，维尔德制成激磁电机；1866年，西门子也制成激磁电机；1867年，格拉姆完成交流电机的制作。这里需要进一步地指出，交流电机的发明还不能使各种机械均以电力为动力，到1888年，特斯拉发明了交流马达，才使机械的电动力化得以基本实现。1906年，三极管制造成功。第二次工业革命推动了第二次产业革命的发生，使资本主义国家进一步发展成为垄断资本主义，同时也催生了社会主义制度。这对人类历史的发展起着重要的作用。

第三次工业革命在技术层面上以信息技术为标志，电子计算机技术、宇航技术和核技术的发明利用是该阶段的重要特征。在该阶段，由相对论、量子力学、分子生物学等相应理论为基础，产生了一系列的技术，分子生物技术、新材料技术、激光技术、新能源技术等，都是该阶段技术体系中重要的部分。科学研究领域的多元化，进一步催生了技术的多元化。在该阶段，电子计算机技术是生产自动化控制的一个重要基础技术和前提技术。这里需要提到在第二次技术革命和产业革命时，已经大量出现了半自动化的机床和机械化生产线，但尚不由计算机控制。只有在第三次工业革命阶段，电子计算机技术应用到生产过程的时候，才是自动化生产控制的开始。而电子计算机技术、分子生物技术、核能技术都有赖于信息技术的产生和发展。可以这么说，信息技术是第三次工业革命所产生的一系列技术的母体。第三次工业革命极大地推动了社会的发展,特别是人类对自然界认识和生产劳动过程的改变。当时有学者认为,第三次工业革命将会让世界的农业与工业文明走向融合,形成统一的产业文明。这种观点在当今的生态文明体系下,是可以理解的。生态发展地需要让工业的发展符合自然规律,农业的发展更加回归自然生态。在生态文明体系的宏观建构下,生态产业将是这些产业融合的统一产业。

在当代的技术发展中,随着生态文明观的普及化,人们更加注重人与自然关系的和谐与共融。因此,人类对于技术的发明和应用更多地形成生态的认知和价值的考量,对技术的自然效应、社会效应进行综合地评估,在技术发展路径地选择上,更为理性和客观。笔者认为,有必要针对技术建立其自身的生态位,即技术生态位,界定技术的发展和应用的范畴,系统、充分地认识技术、人、社会、自然这四要素之间的相互关系和世界有机体的运转规律。结合自然科学和社会科学的发展,将技术作为生态有机体中的要素,进行系统地管控和运用,特别是当前一些涉及人类生存安全和自然安全的技术,规避技术理性与资本趋利性地盲目,同时遏制人类自身的非理性需求欲望,系统化建立生态技术体系。明确界定生态技术的标准,进一步推进生态理念地普及和深化,通过对技术发明和应用体系的严格全球性管控,将人类与自然的发展引向更为和谐的方向。

四、技术进步与技术系统

技术进步这一概念有广义和狭义之分,广义的技术进步在西方新古典学派中,"是用生产函数 $Q = F(K, L, t)$ 来定义的。

其中，K 和 L 分别代表资本和劳动投入，Q 代表产出，t 代表时间"❶。这样看来，技术进步就是一种经济概念，"是用经济信息描述的经济活动中的投入产出关系"❷。狭义上，技术的进步是"物质生产的技术基础，以及与此相适应的组织与管理技术的改进与提高"❸。技术进步不仅是投入与产出关系的体现，其中包含了更多的组织管理以及丰富的技术内容，并且，技术进步是技术与经济的结合，即动态的技术经济学概念。同时，技术进步也是社会演变过程中的一个变量要素，是一个过程的同时也是一种技术与经济相结合的现象。技术进步有着其自然属性的同时，也有着其社会属性；有着其客观的技术发展规律的同时，技术进步也是社会发展的需要。技术进步对整个世界而言，意义在于其带来了人与自然的关系改变，为人类带来了经济、社会等领域的效益。

"技术进步系统由研究与开发机构、企业（厂商）、市场和政府四个子系统构成。"❹ 这是从技术进步的过程对该系统进行描述。从技术的发明到技术成果的物化，再到技术的市场化和商业化，以及在这个过程中政府的统筹和管理。在这里，技术进步系统需要在特定的外部环境中进行，这个外部环境包含了社会和自然的其他因素，包括文化、科学、自然条件等。因为外部环境的不同，技术进步系统的运行过程和效果也就存在不同。但是，技术进步系统本身是客观的，构成要素与结构的客观性、外部环境的客观性以及运行过程的客观性，并且呈现出

---

❶❷　刘满强. 技术进步系统论 [M]. 北京：社会科学文献出版社，1994：4.
❸　同上：5.
❹　同上：8.

明显的系统性和自组织性，能自动地适应环境，并且具有自我调节能力。

技术进步的核心是技术创新，而其主要的实现途径是创新的扩散。技术本身是生产力，且是生产力诸多要素中极为关键和重要的变量要素。技术进步是社会、经济发展的主要动因，通过技术的创新发展，变革生产方式，推动产业结构变革，促进社会发展。吴贵生认为："技术创新是指由技术的新构想，经过研究开发或技术组合，到获得实际应用，并承受经济、社会效益的商业化全过程的活动"；"技术进步的实现手段很多，如提高教育水平和劳动者素质，实现规模经济等，但实现技术进步的根本途径则是技术创新。在这个意义上，可以说技术创新是手段，技术进步是结果。"[1] 其实，从技术进步的整个过程及结果看，技术创新的核心作用是十分明显的，技术进步不仅仅是一个现象和结果，而且是一个技术正向变动的过程，技术进步有着自身发展规律的同时，也受到社会和自然双重的制约和支配，是一个复杂的变化过程。

李喜先教授对技术系统的组成和特性进行了描述："技术系统是由相互作用的输入、运作、输出三个子系统结合成特定的结构，从而具有独自的功能并在自然和社会环境中进化的整体"，"技术系统又可陈述为由他组织（Heter - organition）系统与自组织（Self - organition）系统相结合的系统。"[2] 从系统角度看，系统的变化是一个复杂的过程，而技术系统是针对技术这

---

[1] 吴贵生，王毅. 技术创新管理 [M]. 2版. 北京：清华大学出版社，2009：2, 4.

[2] 李喜先. 技术系统论 [M]. 北京：科学出版社，2005：14.

个客体而建构的一个系统概念。从系统论的观点看,技术系统也就必然有着其整体性、层次性和动态性,并且其与科学系统之间存在着紧密的联系,两者共同组成了现在所熟知的科学技术系统。科学系统着重于知识的探索、规律的揭示以及相关理论的建构,技术系统则着重于人类具体的实践,技术的发明、应用和扩散,是具体的手段和路径的建构。随着科技的发展,两者的一体化更为明显,高度的科学的技术化与技术的科学化是当代乃至未来科技的宏观形态。

技术系统的结构和功能也可以从一般的系统结构和功能中得到推导。一般的系统结构其实所表现的是各个构成要素之间的相对稳定和规律的联系,从而形成的有序的、相对固定的结构体,或者说是集合体,那么技术系统的结构也就是各种技术以及相关的构成要素之间,相互相对稳定和规律的作用和联系,并且有着其基本构成方式的一个集合体。宏观上看,技术系统由三个子系统构成,自然技术系统结构其实所表现的是各个构成要素之间的相对稳定和规律的联系,从而形成有序的、相对固定的结构体,或者说是集合体。技术系统的结构也就是各种技术以及相关的构成要素之间相互相对稳定和规律的作用和联系,并且有着其基本构成方式的一个集合体。宏观上看,技术系统由三个子系统构成,自然技术系统、社会技术系统和思维技术系统,并且技术系统的结构会在不同的时空下呈现出不同的形式。我们从空间结构、层次结构以及时间结构角度简单分析一下技术系统结构。从李喜先教授对技术系统的描述中看,技术系统的空间结构也就是输入、运作、输出三个子系统的空间组合构成方式。从宏观的角度看,输入、运作、输出整个系统过程,事实上是能量、物质、信息等要素在该过程中的相互作用和联系。而技术系统的层次结构，即作为子系统的输入、运作、输出三个系统也同样由低一级的子系统和元素组成。从自然技术系统、社会技术系统和思维技术系统角度而言，最基础的是自然技术系统，社会技术系统和思维技术系统相对是处于较高的层次。技术系统的时间结构，也就是输入、运作、输出三个子系统在技术系统运行的过程中时间的秩序和序列，这些子系统自身也同样存在着空间结构、层次结构和时间结构。技术系统的功能，可以从人、社会和自然三个角度进行理解，首先是对人的作用，技术系统本身是人对自然实践的客体系统，是人类实践的工具和载体，技术系统的运行会改变人的生产、生活方式的同时，也通过其特性来影响人的行为理念；技术系统的运行对社会的作用则主要体现在社会分工和产业结构的变化之上，技术系统的结构以及技术系统运行的规律必然要求社会根据其结构和规律特点来实行新的社会分工以及管理方式，从而也就自然导致产业结构的变化；技术系统的运行对自然的作用主要体现在自然资源利用和产生的环境问题之上，技术系统与自然的关系在一定程度上可以认为是人工自然与天然自然之间的作用关系。技术系统的运行是人与自然关系的一个体现，同时也是人与自然相互作用的过程，人类通过技术系统对自然进行利用和改造，同时也产生了种种环境的破坏问题。

技术进步在一定意义上就是技术系统的正向演变，是客观世界存在的现象，也是人类实践手段和载体的进步过程，两者共同作用于整个世界，改变着世界的形态和人类的发展，这也是两者的共性所在。但是，技术进步与技术系统都会在不同的时空下有着自身的形态和特征，这也是技术的社会建构理论在不同区域内的具体体现，也可以认为是技术进步和技术系统的区域性。技术进步与技术系统的区域性差异也就间接地反映了区域的差异，并且技术进步、技术系统与区域三者之间相互作用、紧密联系，形成一个动态的整体。

第三节 技术作为区域变迁研究的分析要素的意义

一、技术与区域经济发展

区域经济一直以来是区域发展问题研究的重点，也是区域变迁问题中一个重要的显性要素。根据马克思主义经典理论：经济基础决定上层建筑，那么区域经济的发展状况，也是研究区域变迁其他要素的重要基础和前提。区域经济即是块状经济，根据区域经济学理论，区域经济研究中有几个核心概念：专业化分工，即社会生产、交换活动的社会性分工；分层结构，即交易、管理、组织结构的分层；自组织性，即活动单元的自组织能力的体现；均质性，即在区域内人力结构、资本结构、发展程度、收入水平差异度较小。区域经济是特定空间维度下的经济状态。不同地区的专业化分工程度不同，经济组织的效率不同；层级组织结构不同，从而管理和组织模式不同；自组织性不同，生产和交易活动的组织形式和结构不同，从而自组织系统功能存在差异性；区域间资本、发展程度、生活水平也同样存在差异。以上这些就是区域经济的特征表现。区域经济在众多经济现象中，最明显的特征是非连续性，即区域内部劳动力、资本、自然资源等在空间上非均匀的分布而导致的经济活动的非连续性以及强度和密度的差异。

我国著名经济学家吴敬琏在谈论技术进步与经济增长模式之间的关系问题时运用实例对其进行剖析，谈论了后进国家的技术引进到世界各国发展水平的大致趋同以及技术进步与国家制度、政策、环境的直接关系。吴敬琏的观点十分明确，即技术进步是我国经济增长模式转变和持续的关键，科技发展是内生的，取决于我们自己的制度和环境。❶ 毋庸置疑，技术作为社会变迁动力，是社会经济发展和社会发展的关键，但技术发展同时也受到自然和社会因素的制约和支配。马克思曾经指出，技术在本质上"揭示出人对自然的能动关系，人的生活的直接生产过程，以及人的社会生活条件和由此产生的精神观念的直接生产过程"❷。物质与精神的生产，技术是经济活动进行的基础和直接动力。劳动是人的实践过程，技术也是人类的实践，人通过劳动，借助劳动工具、方法和技能，改造和利用自然资源，从而将劳动的价值注入到产品之中，形成其自然价值和劳动价值的结合，这也是商品剩余价值产生的前提。这些劳动工具是我们人类智力的物化，是意识物化的产物。技术不仅在劳动生产中体现其作用和价值，同时在分配中也同样体现出其作用和价值。随着技术的发展，人类生产、流通、消费的方式都得到不断的改变，简捷化、效率化是当代生产、商品贸易的典型特征。数据化时代，通过数据库和互联网的操作，商品在全

---

❶ 吴敬琏. 经济增长模式与技术进步 [J]. 中国科技产业，2006 (1)：23-29.
❷ 马克思，恩格斯. 马克思恩格斯全集：第 23 卷 [M]. 中共中央马克思恩格斯列宁斯大林著作编译局，译. 北京：人民出版社，1972：410.

球范围内进行网上贸易、流动，高速发达的运输技术给全球运输系统提供强大的技术支撑，扁平化的地球村概念随即产生。技术在整个劳动生产、流通、消费领域都成为至关重要的因子。对于区域内经济活动，技术的影子更是无处不在，而且都植根于每一个劳动环节。

各个区域自身的生产分工和组织单元会呈现出各自的特征，但是，这些社会分工和组织单元都离不开专业化分工和技术部门。这可以从区域产业结构中得到明确的体现。区域因为自身经济结构的不同，产业比重也各有不同，技术构成和生产模式也不同。

以农业为主导的区域，以农业生产技术为主，结合现代工业技术改造农业生产模式，形成现代农业机械化模式。例如，安徽黄山地区以茶叶生产闻名于国内外，其茶叶种植、制作技术是该区域产业技术的重要支撑，也是经济发展的直接动力。以工业为主导的区域，则以现代工业技术为核心，且现代工业技术中也分不同的技术类型。比如，安徽芜湖地区以汽车制造业为主要产业，则汽车制造技术为其核心技术支撑，形成完整的产业技术和产业链；马鞍山以钢铁产业为主要产业，以金属冶炼技术为支撑，形成完整的产业系统。与此同时，其所在区域其他产业的布局和发展也围绕主导产业而进行。

再以黄山为例。旅游业是黄山地区的重要产业之一，同时，其自然生态环境决定了黄山的农业生产——茶叶生产的先赋条件优于安徽省内其他区域，并且生产区域面积巨大，气候环境适宜，这样就极大地推进了茶叶产业的发展。在产业形成之前，有个较为重要的因素就是技术积累。黄山地区茶叶生产历史悠久，制茶技术也是黄山技术发展史中重要的技术之一，且不断地进步发展，从手工制茶技术到半手工制茶，再到现代自动化流水线茶叶生产技术。2005年，由安徽黄山市与安徽农业大学联合研制的中国首条自动化茶叶生产线就在安徽黄山研制成功，这是我国制茶技术史上一次重大的突破。从此，茶叶自动化、流水线研制在全国各个茶叶产区快速展开。由此一来，我国制茶技术发展迈上一个新的台阶。对于黄山而言，茶叶生产方式的改变直接驱动其经济的发展。同时，黄山地区茶叶机械以及相应的包装、营销、运输、服务产业等快速发展，从而改变了黄山地区的产业结构，形成新的产业格局。

技术是直接生产力，是区域经济发展的内生动力。不同的区域有着不同的技术类型和不同的区域主导产业。同类产业区域之间，也因为技术结构的不同，而呈现出区域产业不同的特征和相对的技术差异性。技术是直接形成区域经济特征的重要因素之一，自然禀赋、人文环境、技术类型三者决定着区域经济的模式和生产方式。

二、技术与区域秩序变革

秩序，对于人类社会和生物世界都是存在的，特别是群居生活的动物，例如蚂蚁就有着严格等级秩序和分工秩序，每只蚂蚁都严格按照秩序进行活动。"分工"和"秩序"是这种群居动物得以延续的核心，并且这种秩序是通过生物遗传而继承下来。我们人类社会的秩序，"是人类有目的的、有意识的自觉活动的产物，即文化传承和文化创造的结果"[1]，是人类劳动实

---

[1] 陆学艺，苏国勋，李培林. 社会学 [M]. 2版. 北京：知识出版社，1995：516.

践的产物。

所谓区域秩序，是指区域的社会秩序，即区域内社会系统在运行过程中，各个内在子系统和外部因素共同作用的相对平衡、稳定和协调状态即有序状态，包含区域经济秩序、区域政治秩序、区域文化秩序、区域人口秩序和区域自然环境。区域经济秩序，即区域社会中经济活动的秩序，生产劳动、交换分配中的组织、互动秩序，是劳动生产实践中人与人之间的共同规范和经济关系体系。政治秩序，即区域社会中政治活动的秩序，政治主体与政治客体之间的规范和互动关系体系。区域文化秩序，即区域社会中文化活动的秩序，主流文化与边缘文化、城市文化与农村文化、传统文化与现代文化之间的规范和互动关系体系。区域人口秩序，即区域社会内人口流动和人口管理所形成的规范和体系。区域自然环境，即区域内自然因素，包括资源、气候、水、植物、土壤等，但该自然环境是指围绕人类活动的自然环境，区别于非人类活动外的自然。区域秩序变革是区域社会秩序从旧的秩序向新的秩序变化的过程，是区域内经济、政治、人文、自然环境共同作用的结果，是区域整体变革的宏观体现。技术作为生产力，直接影响着区域的生产方式。同时，技术作为劳动工具和手段，也直接改变着区域内社会生活模式和生产关系，即区域内社会行为、互动模式和秩序的改变，包括组织模式和秩序、交往模式和秩序等。

区域秩序是一个综合性的概念，是区域内组织系统有序运行的状态，即各个自组织单元稳定、有序运行、相互协调的综合。区域内，经济生产自组织单元的有序性、政治自组织单元的有序性、文化自组织单元的有序性、社会团体自组织单元的有序性、自然环境的和谐性是区域有序性的综合体现。对于区域秩序，秩序中心的作用影响着整个区域，秩序中心往往起着政治中心、价值中心、行动中心等作用，从而形成等级化的区域秩序结构。这种秩序结构在一定程度上与技术体系的结构是相吻合的，在技术体系中，核心技术是该技术体系的主导，对技术体系的运行和功能的发挥起到关键性的作用。随着城市化进程不断地推进，城市秩序由城市中心往边缘扩散，以往城镇、农村秩序逐步从城市退出。在每个城市中，都有其明确的功能区划分：工业区、生活区、行政区、商业区等，各自形成自身的秩序，而城市的整体秩序是这些功能区秩序的综合体现，形成其区域性的特征。

技术作为区域秩序的变革动力，在历史上是早有先例的，技术作为变革动力，改变社会的经济关系、阶层结构、政治结构。马克思曾经提道："火药、指南针、印刷术——这是预告资产阶级社会到来的三大发明。火药把骑士阶层炸得粉碎，指南针打开了世界市场并建立了殖民地，而印刷术则变成新教的工具，总的来说变成科学复兴的手段，变成对精神发展创造必要前提的最强大的杠杆"[1]；"我们视为社会历史的决定性基础的经济关系，是指一定社会的人们用以生产生活资料和彼此交换产品（在有分工的条件下）的方式说的。因此，这里面也包括生产和运输的全部技术装备。这种技术装备，照我们的观点看来，同时决定着产品的交换方式以及分配方式，从而在氏族社会解体后也决定着阶级的划分，决定着统治和从属的关系，决定着国家、政治、法律等"[2]。技术作为贯穿于区域劳动生产，产品

---

[1] 马克思，恩格斯. 马克思恩格斯全集：第 47 卷 [M]. 中共中央马克思恩格斯列宁斯大林著作编译局，译. 北京：人民出版社，1979：427.

[2] 同上：505.

流通、交换、分配、消费中的重要因子，无论是物质生产还是精神生产，社会分工都不断被细化、专业化，社会秩序也随着社会分工的不断细化而呈现出复杂性和多元化。

技术作为社会分工的核心要素之一，直接影响着区域秩序的状态。区域自组织单元成员组成的结构和层次决定着该组织单元在区域社会中的角色和功能，同时也直接影响着该单元与其他组织单元之间互动关系的方式。区域秩序作为一个三维立体式结构，技术贯穿其中，在一定程度上起决定作用。

如工业区，工业区秩序是根据工业区规模和管理技术的应用程度所决定的。现代化管理体系，特别是信息技术在社会、生产管理方面的应用，对该区域的整体秩序变革和管理起着决定作用。生产体系的数字化管控模式、工业区内技术研发中心的成果、区内视频监控、电子眼网络覆盖，都极大地推进了工业区的生产秩序和社会管理秩序。现代工业技术的应用，进一步提升了工业生产效率，提高区域内经济增长水平和改变经济增长方式，这是技术变革生产方式的典型现象。

再者，区域内工业秩序进一步渗透到区域社会秩序之中，并逐步得到强化，区域内其他产业结构布局也会随着工业布局和人口结构组成秩序而进行变革。以劳动密集型产业为主的工业区，其区域秩序更为复杂多元。应用于区域社会管理中的技术是区域管理的重要支撑，特别是针对该区域的治安和人口数据的采集和数字化处理；对于以知识密集型产业为主的工业区，其区域秩序会更为组织化、现代化，技术应用着重于产业发展、产业数据和信息的收集处理，并且，该工业区内以人才和高技术设备为主导，更强调的是现代化的生产秩序和生活秩序，这些都是严格遵循现代化技术体系功能实现的要求而建立起来的。

专业化的分工，紧密的相互依赖，高度专业化的生产、生活部门，使区域秩序得到强化。对于人们日常的生活秩序而言，技术的应用不断地为人们生活提供新的模式。

互联网时代的来临，人们特别是年轻人的交际方式发生了极大地变革，人与人之间的交流模式、交流的内容都发生极大的变化。同时，人们也通过信息网络实现种种互动，这就是我们当代而言的网络行为，并且这种行为逐步延伸到人们生活的各个领域，形成一种特有的网络秩序。一则广告、信息或者一个节目也许会改变人们原有的生活习惯，或者改变人们的原有认知，从而改变人们的生产生活。

技术体系的建构是不断推进生产专业化和分工专业化的重要基础，能让社会劳动生产体系更为细化。而各个分工部门之间只有相互高度依赖，才能实现其功能，这就是社会运行系统，一个高度紧密联系的体系。技术作为一个系统，任何一个子系统都不能单独完成整体的功能，缺乏任何一个子系统都会导致技术体系功能的消失或者变异，从而无法实现技术体系本身的功能。这犹如迪尔凯姆所强调的"有机团结"，强调集体意识。但在今天的社会分工状态下，一个自组织单元发挥其功能的前提是自组织结构的完整性和外部环境的适应性。

例如，一个企业作为单独的经济生产自组织单元，在其内部有确定的生产部门、管理部门、营销部门，这是最为简单的构成方式。在传统企业中，技术往往在生产过程中起到至关重要的作用；在现代企业中，现代化管理系统和营销系统已经逐步占据更为重要的位置。数字化管理体系和互联网营销体系是当代众多企业的管理和营销模式，并且往往会在某种程度上决定着企业的命运。数字化和信息化技术是该管理体系和营销体系的支撑技术。然而仅有企业内部的这些子系统发挥作用，该经济生产自组织单元不能完全发挥其功能，必须依赖于该企业所在区域其他组织单元才能实现其经济生产的功能。对于区域内企业而言，区域制度和政策导向往往是企业生存的前提，包括企业用地的审批、企业产品的质量监控和当地区域文化的认可。阿里巴巴就是一个实例，一个最初只靠互联网平台而建立的综合性营销网站，其能发展到如今的规模，一方面是信息技术的支撑，另一方面是国内政策允许网络营销的存在和广大消费者对网络贸易的认可，以及相关物流服务业的配套，这些是该营销系统得以全面运行的基础和保障。

三、技术作为区域变迁研究的分析要素的意义

（一）合理性分析

1. 技术作为分析要素贯穿于区域变迁各个领域环节，即具有全面渗透性

技术作为分析要素，既包含实物形态的技术，又包含经验形态和知识形态的技术，即技术设备、工具和技艺技能，既是静态分析要素，又是人类活动过程的动态分析要素。区域变迁是区域结构、形态、功能的变化，其本质是区域内生产生活方式、组织结构、文化和自然环境的变化。研究区域变迁这个大问题，需要客观、科学地选择易于把握和界定的分析要素，并且该要素对区域变迁本身具有直接的影响，甚至在某种程度上有决定性作用。综合考察区域变迁其他因子，唯有技术能全面贯穿于区域变迁的每个领域，其他因子都不能完全渗透到每个

领域环节。经济因子不能涵盖除经济活动外的社会关系;文化因子不能全面涵盖所有的经济活动;制度因子往往表现为滞后性,不能全面解释区域内创新的实践活动。而技术作为人类实践活动的具体中介,从劳动生产角度看,区域变迁是劳动生产、人员、资本和产品流动、分配交换、消费等具体实践活动方式的变化和区域内自然环境的变化。从文化、价值角度看,技术对生产和生活方式的作用会直接影响区域内社会文化和价值的变化,同时技术的演变也直接受到区域内文化与价值判断的影响,这些都直接体现在技术跟劳动、生产、流动、分配交换、消费等之间的关系之中。技术是直接生产力,并且技术在作为人类活动实践的同时,也是主观能动性和客观实践性的综合。因此,研究区域变迁问题,可以根据技术在生产力与生产关系、经济基础与上层建筑这对矛盾运动关系中的具体特征和作用过程对区域变迁展开分析。

2. 技术作为分析要素,其客观性和显著性是分析区域变迁问题的基本前提

技术本身具有自然性和社会性、物质性和精神性、中立性和价值性、主体性和客体性、跃迁性和积累性。区域变迁过程也有与其相类似的特性。区域变迁过程本身就是自然和社会共同变化的综合过程和结果;区域变迁是一个客观性、中立性的事实描述,其涉及价值取向为正向的区域发展和负向的区域退化以及区域停滞;区域变迁,一方面是人类主观意愿的劳动实践,另一方面是作为客体的自然和社会环境的变化。技术作为区域变迁问题研究的分析要素,还在于其客观性易于考察和分析,技术变迁和社会变迁之间的互动关系也适用于技术变迁与区域变迁,技术革命、产业革命、社会变革三者之间关系也是

相互作用、相互影响的。历史上技术革命和产业革命是紧密联系的，同时社会变革也与产业革命、技术革命一样，是量变与质变共同作用的结果，技术的跃迁性和积累性和区域的跃迁性和积累性是基本相似的，也就是质变与量变的过程。区域变迁也是质变与量变共同作用的过程和结果，技术的客观性可以避免在区域变迁问题研究中其他主观因素和不确定因素的干扰和影响。

3. 技术变迁与区域变迁互动关系紧密，相互嵌入性和作用性显著

技术与区域变迁之间是相互作用的，什么样的技术模式造就什么样的生产模式，自然也就形成一定形态的产业和社会关系，从而形成具备该特征的区域社会；同样，什么样的区域社会就会影响该区域内产业和社会的形态，从而影响区域内技术发展的模式。区域中技术的变迁直接影响着劳动生产、流动、分配、交换、消费的模式，从而改变区域的形态、结构、功能。然而，技术变迁的路径也受到区域的经济模式、政策制度、文化、自然环境的支配和制约。技术与经济、政策制度、文化、自然环境是相互嵌入、相互作用的。宏观经济模式决定了技术的发展路径，宏观的政策制度决定了经济生产模式，文化则是社会对技术应用的认可和约束，自然环境则是经济生产的基本前提和最强约束因素。区域变迁是从旧的区域秩序向新的区域秩序不断转化的过程。区域系统作为一个自组织系统，其自组织能力越强，维持和产生新功能的能力越强。技术作为其内生动力，同时也是一种外部因素，当技术创新和新技术引入某个区域时，区域系统会根据新技术的功能和功能发挥条件进行自我调节，使区域系统的功能得到提升和改变，并且有助于新技

术在系统内进一步地发展和变迁。

（二）意义

作为分析要素，首先，技术是区域变迁问题研究的客观考量对象，其实践性和可行性强，能较为客观地反应区域变迁现象，揭示区域变迁的规律，并可以根据 STS 理论剖析变迁的要素组成和机制。其次，区域变迁是个中观性问题，与宏观社会变迁有共性的同时也有自身特性，技术作为一个灵活的分析因子，可以在各种区域内找到，并且技术作为研究客体能较为准确地反应区域的自身特性，相应的技术模式、技术结构、技术范式，都能较为全面地反应区域的生产、流动、消费方式以及区域的整体形态和发展模式，这些也就直接体现了区域的特征。再次，研究区域变迁必须有一条明确的研究线索链，即研究分析问题的内容和逻辑及切入点。技术作为一个重要的渗透因子贯穿于区域变迁的整个过程，是研究分析区域变迁的较好切入点，并能从生产、流动、消费角度对整个区域经济变迁进行分析研究，再结合人们生活方式的演变以及文化和价值的变化，来整体的反应区域变迁的形态和规律。最后，技术的自主发展规律和技术的社会建构思想可以较为系统地考察技术与区域变迁两者的相互影响和作用，这样就可以回避很多主观偏好的干扰，较为完整和综合地解释区域变迁的现象，从而归纳出区域变迁的一般性规律。

技术作为分析要素的另外一个重要意义在于，通过技术作为切入点，研究区域变迁的同时，可以寻找一条更适合区域发展的技术变迁路径。随着社会发展，科技的进步是所有一切进步的前提，并且科技的内涵已经涵盖了当今社会的本质和人类的实践。技术作为直接生产力，是人类发展进步的直接动力。对于区域社会而言，选择和设计一条合理的技术发展路径将会极大推动区域社会的进步甚至是跃迁发展。结合当代生态文明观，区域社会的发展必须更加注重区域的发展模式和道路，最为重要的是区域经济发展模式，技术的进步如何更为有效和科学地促进当代社会可持续发展，是每个国家和区域都极为关注的问题。从技术角度切入，通过技术进步与区域发展的合理结合，构建一个符合生态文明理念的区域发展模式，是当代各国和各地区所努力追求的路径模式，也是人类社会发展的重要内容。

第二章

技术进步与区域生产方式变迁

区域生产方式变迁的研究主要包括区域生产力和生产关系两方面，其中，前者主要对劳动者、劳动工具和劳动对象进行分析研究，后者主要对劳动分工、生产组织及结构、形态进行分析研究。科技是第一生产力，也是生产方式变革的主要动力，且科技的进步发展直接作用于生产实践过程。从技术进步视角考察区域生产方式变迁，是从生产实践出发，围绕区域生产力变革、生产关系革新与技术进步之间的相互关系展开研析，并就技术进步对区域生产力与生产关系之间矛盾运动的作用进行研究，阐明技术进步与区域生产方式变迁的互动关系，或者说是阐释其一般性规律的。

技术进步是一个极为广泛和被普遍使用的概念，但却没有一个准确、统一化的定义。技术进步作为人类社会发展的客观现象和过程，既可以从经济学视角进行具体的效率、效益的研究和分析，同时也可以从社会学视角进行具体的结构、形态、过程的考察和把握。技术进步作为客观的现象和过程，具备着社会性和经济性双重特征，并呈现出双重范畴。"技术进步的内容包括劳动者生产技能的提高、生产方法的改进、劳动手段的变革以及技术知识的丰富和发展"[1]，同时技术进步是技术、社会和自然共同作用的结果，是客观的运动过程。一方面，技术进步是技术知识不断积累、改进、变革的过程，属于技术本身

---

[1] 刘满强. 技术进步系统论［M］. 北京：社会科学文献出版社，1994：5.

的运动,且"实现技术进步的根本途径是技术创新"[1];另一方面,技术进步对经济和社会发展的具体作用,即技术创新、技术扩散、技术转移等所带来的经济效益和社会效益,并且是一个社会化的过程。

第一节 技术进步与区域生产力变革

区域生产力,即区域性的劳动工具、劳动对象和劳动者三者的总和,是区域内人们生产能力的综合。区域生产力的变革与技术进步都是变化的过程,并且技术进步极为紧密地与区域生产力的变革相联系,是区域生产力变革的主要动因和内质。在分析技术进步对区域生产力变革的作用时,需要从几个方面进行切入。首先,两者都是劳动实践,并且有着本质上的联系;其次,技术进步是区域生产力发展的核心动力;最后,从社会发展的现实需求考察其对技术进步的要求。

一、技术进步内含于区域生产力变革的本质之中

社会乃至人类的发展史,即是人类的劳动发展史。人类存在和发展的基础是物质,而人类最基本的实践活动就是物质的生产,人类通过劳动获得物质资料,这是从劳动的一个层面阐释人类活动的本质含义:物质生产活动。关于劳动,马克思认

---

[1] 吴贵生,王毅. 技术创新管理[M]. 2版. 北京:清华大学出版社,2009:4.

为："首先是人和自然之间的过程，是人以自身的活动来引起、调整和控制人和自然之间的物质变换的过程。"[1] 劳动具有两层本质含义，第一层：劳动是人类创造物质与精神的具体实践，是一个过程性现象，是人类活动的重要范畴，也是核心范畴；第二层：劳动是我们人类对自然界改造过程和结果的综合，是人对自然的能动作用体现。同时，人类的劳动也是根据具体的自然条件和具体的人的自身需求而进行，即劳动的条件和目的，并且在人类活动中，劳动会呈现出多种形态和特征，即多样性的劳动和多元化的劳动过程。

生产力反映的是人与自然的关系，生产关系反映的是人与社会的关系，区域生产力反映的是区域中人与自然的关系，或者说是人改造自然的能力的总称，且有着区域性特征。构成区域生产力的基本要素是区域性的以生产工具为主的劳动资料、引入生产过程的劳动对象和具有一定生产经验和劳动技能的劳动者。区域生产力变革的实质是区域内生产力要素结构、形态以及运行机制的变革，即生产工具、劳动对象、劳动者在生产系统、生产过程中总体的聚合匹配程度。那么，要推动区域生产力变革，就需要生产工具、劳动对象以及劳动者在技术上进一步实现匹配性和聚合性。这不仅直接涉及物化的技术、组合的技术、过程的技术，还包括劳动者的知识积累、技能掌握和技术运用能力。

区域生产力变革的本质中蕴含技术进步。纵观世界发展历史，生产力发展是一个极其复杂的系统过程，是从区域性的生

---

[1] 马克思，恩格斯. 马克思恩格斯全集：第 23 卷 [M]. 中共中央马克思恩格斯列宁斯大林著作编译局，译. 北京：人民出版社，1972：201 - 202.

产力变革开始，逐步向世界扩散，从而促使生产力整体发展，如英国工业革命、欧美发达国家的信息革命，技术进步都呈现出由区域逐步向整个世界延伸的历史进程，具有明确的阶段性和层次性。从当代世界区域发展的过程看，技术进步在具体的区域变迁中，技术赶超现象明显。通过区域间的贸易开放，技术转移与引进等活动普遍化，区域技术自主研发能力不断提升，区域产业结构升级，特别是后发展区域，通过技术赶超直接进入高新技术领域，并且结合区域自身特有的资源、环境等，不断推进技术发展，通过设立开发区和高新区，有效设计和实行区域性政策，优化资源配置，从而推进区域的产业水平提高和产业结构升级，逐步显现其后发优势和规模经济，占据产业链、经济链高位，从而实现跨越式发展。技术赶超是技术进步的一种典型方式，也是典型的技术进步推进区域发展的模式，是技术进步实现区域生产力变革，全面推进区域社会发展的过程。

区域生产力变革的主要内容包括区域社会内劳动对象、劳动者、劳动工具等的变革。从技术进步看，区域内劳动工具的革新是技术在物质形态方面的革新，同时还包括技术组合方式的更新以及技术过程的优化；区域劳动者能力的提升则是技术进步对劳动者知识和经验层面的提升作用的体现：一方面是劳动者技能的提升；另一方面是劳动者综合素质的提升，这是通过劳动者有目的地不断学习和训练来实现的。区域劳动对象，即我们通常理解的产品，产品本身就是技术和知识的结合体，是技术活动产物。产品品质提升和种类增多，也是技术进步的结果之一，是技术的多元化和技术水平的升级等综合结果的体现。

从区域整体看，区域生产力变革的本质中还包含了技术系统的发展，技术进步就是技术系统发展的重要体现。区域生产力的变革离不开自然技术、社会技术和思维技术三者的变化以及相互作用。自然技术毫无疑问是最为广泛的生产技术，包括能量技术、信息技术、物质技术等；社会技术则是所谓的组织技术、交易技术和学习技术等；思维技术是思维方式、语言逻辑、逻辑推理与数学计算等技术。技术进步即是自然技术、社会技术和思维技术的发展以及相互作用、关系的发展，是三者正向作用的体现。而所谓的区域化则是技术进步在区域特定空间下根据区域的自身环境所展现的形态、程度和特征。区域生产力水平的差异，在一定程度上就是技术进步的区域差异性的直接体现。

在宏观的经济体制变革下，技术进步得到较大范围的实现，生产力水平和经济水平都得到了长足的发展，目前，影响区域技术进步综合指数的因素主要包括：

（1）区域的经济发展模式和经济水平。区域经济发展模式逐步从速度型向效益型转变，经济效益与民生建设同步发展，技术进步与现代化进一步融合。在当代人口、环境、自然资源、资金等因素的刚性制约下，技术经济竞争已然成为国际、区域最为主要的竞争。此外，技术进步是技术经济发展的重要基础和动力。

（2）区域教育文化体制和水平。两者是宏观软实力发展的基础，技术进步离不开先进的教育文化这个母体，人力资源和知识资源的孕育之地，技术进步是人的实践，是人在相应的文化中发挥潜能的体现。

（3）国际环境。相对于区域发展而言，国际环境是区域发展的宏观环境，并且是区域发展的一个重要影响变量。从技进步与经济发展这两个角度看，表面上区域间的差异集中体现在这两个层面，区域的竞争也主要集中在技术与经济之上；从世界科技中心与经济中心发展看，科技中心的转移也伴随着经济中心的转移。历史上不少国家都在一定的历史阶段扮演过世界科技中心和经济中心的角色，并且推动着世界格局的变化。

技术进步和区域生产力变革都是系统过程。用系统观点看，技术进步是在各种因素和组织结构的相互作用下产生的，并且具有一定的阶段性和交互性。一方面，技术进步在特定时期内呈现出相对稳定的结构、形态和特征，呈现出一定的阶段性；另一方面，技术进步在不断推动社会发展的同时，也受到社会种种内外部因素的制约和支配，从而呈现出交互性。区域生产力变革也是诸多自然因素和社会因素共同作用的过程和结果。区域生产力的变革直接推动区域经济的发展，从而推进区域社会的发展。同时，区域间的生产力水平差异会进一步促进区域间技术发展的竞争，从而提升技术的进步和生产力水平的发展。由此，技术进步也在不同的区域和阶段呈现出自身的特征，这也是技术进步的区域性。随着技术不断地扩散，技术进步同生产力变革一样得到逐步延伸，从而形成全面的技术变革。

二、技术进步是区域生产力发展的核心动力

从唯物史观的角度看，推动人类社会进步发展的根本动力是社会主要矛盾运动，即生产力与生产关系的矛盾运动、经济基础与上层建筑之间的矛盾运动。在这两对矛盾中，生产力决定生产关系，经济基础决定上层建筑。其中，生产力是最活跃、最革命的因素。在生产力的要素体系中，技术进步发挥着越来

越大的作用。技术进步正在使整个生产力体系发生革命性的变化，并且推动着整个社会发生革命性的变化。从这个意义上看，技术进步不仅是经济增长的主动因，还是推动整个社会发展的基本力量。生产力发展的目标就是促进经济和社会的发展，是宏观发展的根本，是人类社会不断进步发展的关键。

从经济增长的角度看，经济的增长是人们通过劳动、技术和资本的投入，且对三者进行有效结合，得到产出增加的过程。从社会发展的角度看，社会发展是在经济发展基础上，社会其他各个因素的全面发展，其基础也是生产力的发展。从宏观层面看，技术进步是生产力发展的核心动力，它变革着生产力体系的同时也变革着社会的整体面貌。但结合实际来看，技术进步对生产力发展的变革性作用都呈现出区域的特征，并逐步地通过扩散而变革整个社会，且呈现出区域间不同的发展深度和广度。

一方面，考察劳动工具的变革对区域生产力发展的作用。劳动工具是劳动与劳动对象之间的媒介，是将劳动传导到劳动对象上的物质，也是劳动借以实现的载体。历史上，生产力的空前发展和变革都源于区域性的工具变革，从青铜器、铁器时代，人类对劳动工具的创造和改良完全改变了人类的劳动方式；英国工业革命的发展，机械技术、机器的大量参与到人类劳动实践中，以及蒸汽机的发明到机器动力蒸汽化，这些都极大地推动了人类产业的革命，也推进了社会的变革。在人类技术的进步史上，由于不同区域的政治、经济、文化和环境的不同，在同一时期，其所应用的工具都有着较为明显的差异，这也是生产力水平存在区域性差异的根本原因之一。即便对于当代，信息技术的广泛应用，特别是计算机、网络、手机作为数据、信息收集、分享和处理的工具，极大地改变了人类劳动、生活的方式，甚至已经逐步成为人类的习惯和社会运行的一个基本要素，但在不同的国度，甚至同一国度的不同区域，都还存在明显着差距。例如，非洲人们的生产活动与欧美发达国家的生产活动有差别；我国东西部的生产实践也存在着明显的差距，这也是我国区域发展的东西部差距。

另一方面，从劳动者生产技能的提高、技术知识的丰富来考察技术进步对区域生产力发展的作用。作为使用工具的主体，人需要掌握使用工具的具体技能和手段，同时，也需要主体能对工具的属性和使用范畴有充分的认识，这也就是技术内涵中劳动者的技能和素质，这些来自于实践的积累和学习。一定意义上，人类的文化就来自于这种不断的劳动实践。劳动者生产技能的提高一方面是通过经验的积累，另一方面则是通过学习模仿使之成为自身的素质和能力，还有就是在经验的基础上逐步形成的创新能力的发展。此外，理论和实践相互作用又逐步地发展着理论自身，使知识得以进一步发展。

从表面上看，作为技术实体形态的种种设备、工具的诞生和产生的效益成为了某一特定时代的标志，但从深层次看则是作为劳动主体的劳动者，在某一特定区域环境下，由于科技进步、理论与实践综合作用，使劳动者一方面提升自身的生产技能的同时，另一方面就是劳动者将理论知识及实践经验等运用于生产实践中，就好比一台极为先进、高端的设备，必然需要具备较高素质和相关专业知识的操作者才能有效地对其进行使用，反之，如果将一台先进、高端的设备给予一个既没有学习能力也不具备相关知识的操作者而言，这台设备就毫无意义。这也是当前我国部分地区在引进高新技术和设备时，往往会由于缺乏相应的理论、专业知识和操作人才导致其生产效率低下或者不当而造成极大地浪费和损失。因此，劳动者的素质和生产技能的提升对于生产力的发展有着极为重要的作用和意义。

无疑，技术进步极大地拓展了劳动对象的深度和广度，同时不断推动着劳动者、劳动工具的质和量的发展，多元化、科技化、专业化等都是技术进步对劳动实践形态、过程、结果的作用体现。技术进步的系统性，也就决定了区域生产力变革的系统性。技术进步对区域生产力变革的核心作用，一方面是对区域劳动者素质和生产技能的提升，另一方面是劳动工具的变革和生产方法的改良，再者，是技术知识的不断丰富和发展，这些都是区域生产力发展的基础。劳动者在生产能力上的提升以及相应的劳动工具的革新，两者共同作用极大地促进生产效率提升以及产业的发展。技术进步的功能在于对区域生产力全面提升，促进经济增长的同时，也极大地推动了社会的发展，这是技术进步作为区域生产力发展的核心动力和具体实践的根本体现。

三、技术进步是社会发展的需要

社会发展是人类自身发展与人类活动环境发展的综合体现，社会发展的需求是人类发展需求的重要内涵。社会发展的需求基本可以从两方面加以概括，即物质发展需求和精神发展需求。随着社会的发展，人类在物质和精神两个层面都得到了极大的丰富和长足的发展，这都离不开人类劳动实践的创造性作用。生产力的发展是社会物质和精神共同发展的重要动力。

人类的发展是人类主观能动性与自然客观实在性共同作用

的结果。人类的需求分为人类个体需求和社会需求，是人的主观因素与自然、社会的客观因素共同作用的结果，同时，它也是由特定区域内的文化、自然环境所决定，有着特定的价值取向，即需求的区域性。随着人类对自然和社会认识的深入，人类实践的能力和智慧得到不断提升和拓展，人类对自然的改造和利用的欲望越发强烈，由于人类这种欲望式的需求不断攀升，人类只有通过不断地探索、认识和积累经验，发明新的工具、积累新的知识，利用知识和工具进一步发现和改造自然和社会……这是一个不断攀升、循环的过程。而作为宏观的社会需求，则是人类需求的综合化、普遍化、社会化，这些也都离不开技术实践作用。物质需求和精神需求，是人类本质的需求，是人类生存和发展的前提和基础。这两个维度的需求，从技术角度看，就是个体与社会通过技术进步不断地满足自身发展的需求；从社会角度看，就是宏观生产力水平提升对个体与社会发展的作用，宏观的社会发展以生产力水平的提升为基础，而生产力水平的提升又必然依赖于技术的进步，这就形成了一个逻辑：技术进步→生产力水平提升→社会发展。

人类劳动工具的进化史，就是一部鲜明的技术进步史，也是一部社会发展史。从人类劳动实践开始，人类就开始了对劳动工具的探索、改造，并在特定的时代中，劳动工具具有时代特征，从而形成了劳动工具的发展历史。人的躯干和四肢，其劳动能力也随着人类劳动实践不断地进化，这也就是我们所说的人类的躯干和四肢具备先赋性和后致性的双重属性。就像我们人类的手，就是典型的从原始状态逐步地演变成多项功能的集合工具。劳动工具的演变是人类发展需求变化的时代性、过程性表现，有着鲜明的时代特征。人类生产活动注重生产效率问题，并且在整个人类生产实践中，生产效率一直以来就是人类所追求的重点，工具作为直接产生该效率的手段、中介，其功能和形态也必然要符合人类需求。

从整个社会而言，人类对生存和发展的物质基础的追求是人类劳动、生产方式进化的内生动力，工具理性在人类理性的演变中占据着重要的地位，工具理性强化也是当代很多企业、工厂和个体经营者的突出体现。对于区域社会而言，工具形态及结构是区域发展的显性特征。一般来说，在宏观的社会建构中，基本的价值观是一致的，但在各个区域内，也会呈现出自身特色的区域文化和价值取向。这种特色的区域文化和价值取向就成为该区域发展的需求，人类的劳动自然就朝着满足该发展需求进行实践，劳动工具也就自然要为这种发展提供服务。在人类劳动实践过程中，劳动工具呈现出的是显性特征，而文化与价值则是隐性的。

例如，就作为一个整体的江南而言，文化开放程度较高，对新事物具有较高的接受度。相对多元化的价值观是江南区域重要的特征，就浙江、江苏、福建三个省份的文化和价值观而言，还是有较大差异的。

浙江以吴越文化为特征，浓厚的工商文化传统是浙江文化和价值观的典型体现。在这片土地上，多元化的生产方式、多样化的产业模式是该区域比较明显的社会现象，该区域内的经济组织以民营、个体为主。在技术和工具创新发展上，地方特色较为突出，多元化、多样化的特征较为显著，如永康的五金制造技术和设备，宁波的轴承制造技术和设备，温州的纺织技术和设备等。

江苏以吴楚越文化为主要特征，水文化、智文化、开放、活跃、士农工商同道、义利兼顾、善变通、多元性、交融性、互补性是江苏文化的特色。江苏全省经济组织也南北有别，北方相对以集体经济为主，南方则是有着较多的个体、民营经济组织，但整体上江苏经济组织以集体组织为主。在技术和工具发展上，北方以大宗型整体技术设备为主导，南方则更注重精细化、专业化小型技术设备，且多元化明显，如徐州的重型工程机械制造技术和设备、镇江的陶冶技术和设备、溧阳的眼镜技术和设备等。

福建以闽南文化为底蕴，百越文化、中原文化、海洋文化、土楼文化等为特色，文化的包容性和多元性是其重要特征。福建的经济组织分为内向型和外向型两种。如福建的茶叶产业发展国内闻名，福建铁观音、大红袍是国内的著名茶叶品牌，由于区域内不同茶叶产区的种植技术和制茶技术不同，也就呈现出了不同品质和形态的茶叶。福建泉州是中国著名的服装品牌之都，七匹狼、匹克、劲霸、柒牌、九牧王等都是全国知名的服装品牌，服装文化是泉州重要的文化，服装制造技术、工艺以及产业体系是泉州区域社会发展的特色，并且也由此形成了泉州区域社会发展模式，系列技术的不断进步极大地推动着泉州区域社会的发展。

由此可见，区域间的差异往往是区域间技术形态、结构的差异，是区域社会在生产力和生产方式上的差异，同时区域间的差异还是技术进步的动力来源。区域间相互竞争与合作的重要基础同样也源自于区域间发展的差异、技术的差异，并且区域间的竞争与合作是动态、多元的，是区域社会发展模式的根本体现，技术进步则是竞争与合作的具体展现。

概括来看，工具的演变与社会的需求直接相关，而且往往是相互影响的，工具特征也往往体现着的是区域社会的特征，这是显性的技术进步的具象化。然而，在任何一个区域也都存在着隐性的技术进步，这包括劳动者的素质和生产技能以及当地所形成的知识结构与发展思路。这种隐性的技术进步往往只能在具体的环境中才能得到体现，或者说在相应的条件下，这种隐性的技术进步才能发挥其促进经济增长和社会发展的功能。如以纺织、服装业为主的区域，其劳动者在长期的生产劳动中，必然形成较为固定的关于纺织服装方面的生产技能和知识结构，而相对以金属制造业为主的区域，劳动者则更多的是对机械制造和金属锻造技能和知识的掌握，两个区域内这种隐性的内质也自然决定了各自区域生产力发展的方向。从区域的比较优势和竞争优势角度看，在各区域中较为成熟的产业往往会通过战略和结构技术性优化来强化其竞争优势，同时充分发挥其比较优势，这也就是当代区域发展的一种较为普遍的模式。技术进步与区域生产力的变革在一定的程度上具备着同样的内涵，区域社会的发展需求也必然需要技术的进步，通过区域生产力水平的提升，全面推进社会的发展，这也是马克思经典理论的具体实践。

第二节 技术进步体系与区域的劳动分工演变

技术进步体系是技术体系的正向变迁与演化，由技术体系及其运行环境共同组成，且技术进步体系具有区域性特征。技术进步体系通过具体的功能实践作用于劳动分工，对劳动主体和劳动客体产生影响。一定时空下的技术体系的正向演变推动着该时空下劳动主体和劳动客体的整合与发展，即区域内的技术进步体系是区域内劳动分工重要的整合和发展手段。

一、技术进步体系及其区域性特征

技术进步体系是技术体系的正向变迁和演化。从技术体系着手，理解技术进步体系，将更为客观和准确，有助于了解技术进步体系的真实形态及其特性。

从宏观角度看，技术体系"是各项技术之间根据自然规律、社会规律和社会条件，以一定的方式相互联结而组成的系统，也就是说，技术体系是由相互依存、相互作用的各项技术组成的"❶。技术体系是一个具有特殊结构和功能的技术系统，且由先导技术、主导技术和辅助技术三者共同组成。技术体系本身具有自然和社会双重属性，并且受到自然和社会双重制约。技术体系的建构有结构层次性、功能整体性，且有一定的目的性。离开具体的目的，技术体系会失去构建的意义；失去完整的结构，技术体系的整体功能就得不到实现。技术进步体系是技术进步系统在社会宏观环境下的运行和发展，有自然和社会双重属性，是技术体系与宏观环境相互结合的正向变迁和演化，体现的是新旧技术体系更迭以及相应环境演变的过程。

我国学者刘满强从系统论角度定义了技术进步系统，认为"技术进步系统由研究与开发机构、企业（厂商）、市场和政府四个子系统构成"❷。并且较为详细地阐释了各个子系统的具体

---

❶ 黄顺基. 自然辩证法概论 [M]. 北京：高等教育出版社，2004：195.
❷ 刘满强. 技术进步系统论 [M]. 北京：社会科学文献出版社，1994：8.

地位和功能。研究与开发机构作为科研和技研中心，其主要功能是产生新技术；企业（厂商）作为技术创新主体，其主要功能是实现技术成果转化；市场作为企业（厂商）的生存竞争的场所和检验创新成果的场所，其主要功能是发挥资源配置作用和激发主体的竞争活力；政府作为宏观的管理者和服务者，其主要功能一方面是规范着各个子系统的运行，另一方面是实现宏观调控，确保整个系统的运行和功能的实现。但作为技术进步体系，除上述所涉及的内容外，它还包括技术进步系统运行的环境及条件，即其他的自然和社会因素，如自然资源、经济模式、发展方式、教育、文化、国际环境、政治以及人口等。技术进步体系的基本性质是客观性、整体性、自组织性，区域性是技术进步体系的重要的特性之一。

从历史维度考察，技术体系的演进历程总体上可以分为三个典型的阶段。第一个技术体系形成在英国。以蒸汽动力技术为主导技术，将人类社会带到了机械动力蒸汽化时代，随后英国的纺织业得到了空前发展，并为资本主义的发展提供了技术层面的重要支撑。第二个技术体系形成在欧洲。以电力和内燃机技术为主导技术，极大推进了人类社会在动力能源使用手段及方式上的发展，并逐步取代了以蒸汽动力技术为主导技术的技术体系，使人类社会进入了电气化时代。第三个技术体系形成在20世纪四五十年代，在系列技术空前发展的基础上，以原子能技术、电子计算机技术、空间技术和生物技术为主要特征的技术体系在特定的区域内形成，并取代了以电力和内燃机技术为主导技术的技术体系。第三个技术体系在第二次世界大战期间为军事发展提供了强大的动力。在世界范围内，一系列尖端技术群出现，形成了新的技术中心，一系列旧的技术中心被取代。技术进步体系是技术体系形成、更迭的过程，也是旧技术中心被新技术中心取代的过程，三次技术体系的形成和更迭，都是在特定的区域内发生，之后才逐步推向全球，从而形成新的宏观的技术体系，完成新旧技术体系的交替。在特定的区域内，旧的技术体系的消亡到新的技术体系的形成，都深刻地与区域内在的价值观、文化基础、经济模式、自然环境等相关联，这就是技术进步体系区域性的完整展现。

从技术要素分布及形态考察技术体系的演进历程，可以发现技术体系的形成和发展具有区域依赖性。在全球范围内，科学原理和技术原理是可以共同拥有和分享的，但是具体的技术要素在各国、各地区的分布以及形态却存在着一定的差异。这种差异可以通过分析技术体系的形成与发展对区域的依赖性得到论证。以汽车制造技术为例，德国的汽车技术、美国的汽车技术和日本的汽车技术，在技术构思、制造材料和整车外观结构上都有着明显的区别。德国汽车技术注重精密度和效能，务实性、安全性、平衡性是其构思的重点，功能和质量至上是德国的汽车设计制造的核心理念，体现的是德国制造业文化中精密性、原则性、专业性特征；美国汽车技术注重豪迈和大气，动力感、舒适度、外观大方是其构思的重点，美观和大气是美国汽车设计制造的重要理念，体现的是美国制造业文化中美学、实用特征；日本汽车技术注重精致务实，外观优美、油耗少、内置精致是其构思的重点，实用和精致是日本汽车设计制造的核心理念，体现的是日本制造业文化中精工细作、务实效能的特征。从汽车技术分布的区域性特征、形态以及技术体系的形成、演变历程，可以发现汽车技术的形成和发展离不开区域的技术基础、人文取向、思维模式，区域间市场需求的不同也决定着技术体系的发展方向。技术作为人类劳动实践的重要组成部分，技术要素配置以及技术体系的形成发展都会根据人类劳动实践活动所在的区域的现实基础、文化以及发展思路、方式进行选择，且技术应用的程度和效果也往往是很不相同的。这也就是说，技术要素配置和技术体系在不同的区域中其模式和路径以及发展的方向都存在着差异性，从宏观角度看，即技术进步体系的区域性对技术体系的形成和发展的影响和作用。

技术进步体系功能的整体实现，更为重要的基础是区域内的整体文化、知识水平和经济能力。区域内人们的文化知识水平直接影响着技术的使用效率，相对较低文化水平的区域，在使用先进技术时候，往往会造成技术效率的低下、产品质量不高、技术设备因操作不当而造成非正常损耗、损耗过度等现象。从技术投入产出角度看，经济水平和发展能力是技术体系发展的先决条件。在市场经济中，经济主体对技术体系建设的投入往往优先考虑投入产出比例。如目前的石油化工行业，燃烧火焰就是能源浪费的一个突出表现，但要回收利用这部分能量，则需要通过复杂的技术措施才能实现，即便现今已有相关回收技术，却由于技术投入的经济费用巨大，且投入产出比严重倒挂，因此绝大多数采取放弃回收，直接排放形式。诸如此类的现象还很多，许多技术体系的形成和发展都直接受到技术经济性理念的制约，技术先进性的前提往往是经济性。技术进步体系在不同的区域人文和经济状况下，也就呈现出了差异性，这种差异性在一定程度上就是区域性，并且这种特征极强地作用于区域的技术进步和技术体系的演变，也同样作用于区域内社会发展和生产活动。

二、技术进步体系作用下的区域劳动分工演变

劳动分工作为组织生产活动的方法，分为自然分工和社会分工，是人类在经济领域中的实践，具有双重属性，即经济学属性和社会学属性，其目标是通过劳动分工协作，提高劳动生产率，包括主体的划分和客体的划分。主体是指劳动者，客体是指劳动工具及劳动过程本身。

劳动分工是社会生产力发展的反映，同时，劳动分工也是生产力得以渗透到社会各个领域和环节的具体途径。生产活动通过劳动分工形成系统，推动着社会发展和进步。正如有学者指出的那样，"社会分工实质上是一种劳动分工，即各种劳动的专业化与协同发展，在一定意义上讲，社会劳动分工及其不断发展正是整个社会文明的历史缩影"，"人们由于社会分工造成的差别性而以自己的活动赋予历史时间以具体的质料，从而使自己在实践活动中走向了不同的历史时间维度，因而使人们处于一定的社会结构之中"❶。

劳动分工作为社会发展的结果和产物，不仅是人对自然的关系体现，而且还直接体现了人与人之间的关系，这也就是生产力与生产关系、经济基础与上层建筑所深刻体现的社会基本矛盾内涵。劳动分工取决于生产资料形态、配置以及劳动者素质和技术水平。在生产资料中，劳动工具的性质和形态很大程度上取决于其技术的水平、结构和形态。劳动者自身素质和劳动技能也直接

---

❶ 杨建华，等. 分化与整合——一项以浙江为个案的证实研究 [M]. 北京：社会科学文献出版社，2009：120 - 121.

与技术知识的掌握和运用程度相关。技术作为生产要素和社会组成要素,其对劳动分工的特殊作用的体现,主要是劳动者根据自身素质和劳动技能水平,进入到特定的劳动环境之中,并配合相应的劳动工具实现劳动的专业化,从而提高劳动生产率。"在斯密看来,劳动分工是技术进步的主要内容,劳动生产率的提高主要归因于劳动分工的发展,而劳动分工的发展,又会促进能'简化劳动和缩减劳动'的新机器的发明。一旦机器被用于生产,劳动生产率就会按与劳动分工程度相应的水平提高。"❶ 同时,劳动分工还决定着生产关系的形式和内容,马克思认为,"分工发展的各个不同阶段,同时也就是所有制的各种不同形式。这就是说,分工的每一个阶段还决定个人与劳动资料、劳动工具和劳动产品有关的相互关系","在分工的范围内,私人关系必然的、不可避免的发展成阶级关系,并作为这样的关系固定下来"❷。科技进步使劳动分工进一步细化,并且在劳动分工不断细化的过程中,实现更高水平的专业化,从而不断提升劳动生产率。技术进步体系是科技发展和进步的母体,是孕育新技术和技术体系的场所,同时,也是"科学—技术—生产"三者相互作用、影响的综合载体。技术进步体系的运行是研究与开发、创新与扩散、产业结构变动以及宏观技术体系、社会环境变化的过程。

从区域角度看,技术进步体系对区域劳动分工的作用,可以从劳动分工的主体和客体划分过程中得到体现。毫无疑问,科技的进步极大地推进了区域的劳动分工细化、专业化,并且变革着区域生产力和提升区域经济水平,变革着区域生产关系,

---

❶ 刘满强. 技术进步系统论 [M]. 北京:社会科学文献出版社,1994:21.
❷ 马克思,恩格斯. 马克思恩格斯选集:第 1 卷 [M]. 中共中央马克思恩格斯列宁斯大林著作编译局,译. 北京:人民出版社,1995:68,221.

但同时也给区域带来种种的负面影响。一方面表现在技术活动的非目标性产物输出，另一方面则是劳动分工不断深化对劳动者的配置，从而限制着劳动者全面的发展，或者可以说是技术异化带来"单向度的人"的深化，而这种异化，则是建立在不断进步的技术和增长的经济效益之中，从而掩盖了这种劳动分工深化带来的消极后果。

在一个区域内，分工的作用直接体现在两个方面，一方面是单个的自组织单元的形态的形成和演变，另一方面则是各个自组织单元与其他自组织单元之间的关系的变化。一个较为完善的自组织单元系统，是结构完整、分工系统的组织。技术进步体系一方面推进区域生产力发展、区域内分工的专业化和细化以及提升自组织能力和协调组织间的关系，另一方面也优化着区域内产业结构和产品质量，并且促进区域内整体环境的变革。这里我们可以以浙江为例稍作展开。

浙江省以发达民营经济和极强的经济活力为最突出特征，是我国长三角区域的一个重要组成部分。民营企业是浙江经济组织中最为活跃的自组织单元，宏观政策、文化、技术发展也为浙江民营经济发展提供服务。

从整体产业看，"三次产业增加值比例由2006年的5.9∶54.1∶40转变为2011年的4.9∶51.3∶43.8，第一产业、第二产业、第三产业对GDP的增长贡献率分别为1.6%、51.9%、46.5%，逐步呈现出第二产业、第三产业共同推动经济增长的格局"❶。浙江以第二产业和第三产业为主，这与浙江省自然环

---

❶ 浙江省第十二次党代会以来经济社会发展成就新闻发布会［DB/OL］.［2012-05-25］. 国务院新闻办公室网站. http://www.scio.gov.cn/xwfbh/gssxwfbh/xwfbh/zhejiang/document/1163079/1163079.htm.

境资源相符合，浙江的地理环境显著特征是"七山二水一分田"，山多地少，丘陵为主。浙江产业以民营方式为主，"民营经济增加值从 2006 年的 9 899 亿元增加到 2011 年的 19 840 亿元，5 年翻一番，年均增长 14.9%（按现价计算），占 GDP 的比重稳定在 61%~62.2%"❶。随着科技的进步，劳动者的生产生活能力都得到了极大地提升，总体社会经济水平得到较大提高，人民生活质量也得到了普遍提升，同时科技进步极大地改善了劳动环境、场所，劳动生产方式和发展模式也发生了相应的转型升级，这是宏观上技术进步体系对劳动者带来的正面作用，劳动者可以通过学习来提高自身素质、提升劳动技能，以适应劳动分工的专业化和细化。但由于客体环境变化及劳动技能更新速度过快，劳动者被迫向劳动分工所设定的方向发展，这也就极大地制约了劳动者全面发展的可能性，这也就是"单向度的人"逐步深化过程的展现。

从企业角度看，分工的不断细化和专业化，能使企业的管理、生产、营销三个部门的专业化得到明显地提升，并形成系统的分工结构，这对企业的自组织能力以及整体功能的提升和发展有着重要的正向作用。在产业领域中，分工还有利于产业领域内形成新的合作方式，推进产业整体性发展。现代化的管理技术、生产技术和营销技术引进和扩散，极大地变革了浙江省企业发展模式，同时也变革着产业发展的路径。随着一系列新兴技术的出现和引进，省内高新技术工业园和开发区大量兴

---

❶ 浙江省第十二次党代会以来经济社会发展成就新闻发布会［DB/OL］. ［2012-05-25］. 国务院新闻办公室网站. http：//www. scio. gov. cn/xwfbh/gssxwfbh/xwfbh/zhejiang/document/1163079/1163079. htm.

建，从而形成若干个具有一定规模的产业中心和技术中心，并分布于省内几个区域。以县域为单位，则出现了特色化的产业模式，如永康的五金产业、义乌的小商品产业、东阳的木雕产业、慈溪的磨具产业等，这种特色化的产业模式之间又存在密切联系，这种联系更多地建立在产业模仿和部门互动的基础上，政策性、生产性、管理性、营销性的互动是这种联系的表现形式。贸易类公司的大量出现极大地推动了浙江省营销部门的专业化和细化，这类性质的公司，在一定程度上还能直接推进制造业的发展。如温州制造业，超强的仿制能力是其重要特征，这种仿制动力来源于贸易公司或营销部门对国外产品和市场的选择，从而刺激本地企业进行技术模仿、升级和产品仿制，但随着后期市场体制完善程度的提升，仿制模式逐步转变为仿制创新模式。从技术进步角度看，这种技术演进就是学习、创新的过程。浙江省内的科研中心以及技术孵化部门集中于杭州、宁波等城市，这在较大程度上制约了省域内其他城市的产业发展，即便有很多县级单位、企业都主动与大学、科研机构建立合作，但其经济效果、实际效果都相对有限，新技术的产业化程度相对很低。一定程度上，这是技术进步的扩散程度不够、技术的适应性不足的具体体现，同时技术标准化程度还相对较低，产品的质量、性价比还不够高。

因此，总的来看，技术进步体系对浙江省整体发展作用巨大，极大地提升了区域的生产力水平，使区域内分工更为系统化，区域产业结构得到了明显优化，产业链、经济链进一步完整。但从微观上看，由于技术进步体系推进深度和广度不足，也导致了省内不同区域间存在一定的发展差距、产业间存在发展层级差距、企业间发展水平及质量的层次不齐以及产品标准化程度不高。另外，从劳动力情况考察，由于浙江产业以制造业和服务业为主导，产业对劳动者技术能力的专业化程度要求更高，产业自身的系统性更强，生产领域的分工更为细化，从而劳动者往往因为自身素质和技术能力的限制被安排在特定的劳动领域进行生产，长此以往，劳动者要实现岗位变动、劳动能力提升的难度就会加大，劳动者个人发展的限制性增强。

三、技术进步体系与劳动分工的区域性整合

劳动分工是社会分化和系统分化的基础和条件，也是生产力发展水平的体现。斯密曾经指出，"劳动生产力上最大的增进，以及运用劳动时所表现的更大的熟练技巧和判断力，似乎都是分工的结果"[1]。并且分工在经济学意义上就是一种秩序，即经济活动的秩序，它"是劳动生产率不断提高和国民财富增进的源泉"[2]。

从区域角度看，建立在区域这个特定范畴内的劳动分工，是突出区域自身生产资料优势和技术水平的一项具体实践，它与区域的诸多因素都存在着相互关系，如技术体系、产业结构、自然资源、社会经济模式等。对于区域而言，劳动分工的作用更多地体现在其对区域宏观结构、功能的结合程度地强化以及宏观区域凝聚性的形成。不同的区域有着不同的区域优势和特征，区域内的劳动就得根据区域自身的优势和特征来进行有效、

---

[1] 亚当·斯密. 国民财富的性质和原因的研究 [M]. 郭大力，王亚南，译. 北京：商务印书馆，1994：5.

[2] 杨建华，等. 分化与整合——一项以浙江为个案的实证研究 [M]. 北京：社会科学文献出版社，2009：287.

合理的分工细化，这种劳动分工的目的在于更为优化区域生产结构，更大程度地发挥区域优势，更好地发挥区域的整体功能，以期最大限度地将区域优势和功能发挥出来，这也是区域社会发展的最佳状态。那么，这种分工的整合就是这种最佳状态得以实现的方法和手段。技术进步体系在另一个意义上，就是劳动分工有效整合的基础和手段。刘满强对技术进步系统的定义，其实就是一种分工整合形式的概述，研究与开发机构、企业（厂商）、市场和政府各司其职，通过有效的整合来促进生产力和经济的发展。技术进步体系则是以体系化的形式宏观地推动技术进步系统与其运行环境的有机结合，进一步整合内部分工，促进社会的"有机团结"，推动整个社会的进步和自然环境的发展，实现人与社会、自然的共同发展。

众所周知，区域内自然资源、人力资源、技术资源直接关系着区域的发展。从技术进步体系角度看，对于自然资源优势突出的区域，可以通过资源开发和利用技术的升级来实现合理的资源开发和提高资源利用率，并且通过技术体系的正向演变来实现区域优势的进一步强化。区域社会的职能部门可以通过技术进步体系的作用，增强相互的有效联系，使区域分工更为紧密地结合，实现区域的全面发展。而相对于自然资源不足或者紧缺的区域，则可以通过调整和变革现有技术结构和产业结构来实现其区域发展，特别针对当代土地资源紧缺的区域，可以通过提升空间容量和空间利用率来解决土地紧缺问题，从纵向上扩充生产空间。对于人力资源丰富的区域，则可以采用人力资源优化手段，更为细化地培养专业性人才，通过强化知识积累和技术应用优势，加大知识物化能力培育力度，做强技术开发和技术孵化，来提升区域发展水平。人才培养和人才孵化如同技术研发和技术孵化一样，对于区域发展至关重要，人才优势的存在是技术优势存在的重要前提之一，知识型社会的发展离不开人才优势，区域技术体系的发展也必然依赖于人力资源地进一步深化。

在当代区域发展实践中，工业发展仍然占据主体地位，而工业发展往往又会出现不同程度的失度，这种失度现象所带来的负面影响也造成了社会种种矛盾和危机。当前很多区域积极鼓励兴建工业园区，在大量土地征用开发的同时，也造成土地资源浪费、资源消耗过度、环境污染严重等问题，对工业发展模式的理性反思变得尤为重要。从宏观角度上看，这系列问题的产生，其重要原因之一就是区域分工缺乏有效地整合，生产部门与管理部门之间矛盾、区域发展与环境保护之间矛盾以及生产活动的失范等都是缺乏有效分工整合的结果。的确，对于当代而言，工业园区的建设是区域经济发展的一个重要支撑，但工业园区建设的有效性和合理性则是区域发展的重要保障，那么作为管理部门，需要深入把握好区域发展的本质，更为系统、宏观地了解区域内的资源基础、技术层级和产业水平。生产部门和管理部门之间需要进一步加强联系，形成紧密结合的分工模式，通过技术进步体系的宏观导向作用，推进技术、人、经济、社会、环境的共同发展。科学理性地兴建工业区、产业园是当前众多区域发展需要高度审慎的课题。区域性的技术体系与劳动分工是相互紧密联系的。技术体系功能的实现，离不开合理的劳动分工。技术专业化和技术连续化是区域劳动分工和技术体系共同作用的结果，也是"有机团结"分工状态形成的重要基础，合理的技术手段是区域科学地开发和发展的重要保障，同时也是人类活动的制约手段。

技术进步体系通过技术体系的正向演变来推进区域生产力的发展，同时通过技术体系与宏观环境的有机结合来推动区域分工的有效整合，促进区域分工"有机团结"的形成。在技术结构优化过程中，进一步规范区域内分工的结构；在技术专业化过程中，进一步提升分工的效能；在技术与环境、技术与人、技术与社会有机的融合中，进一步推进区域的生态发展，以技术与环境的共同发展为主体，通过技术进步、产业升级来提升区域生产力和经济水平，促进人与自然共同发展。

第三节　技术进步形态与区域生产组织的演变

技术进步形态是技术进步的阶段性展现，主要以技术创新和技术扩散等为具体特征贯穿于技术进步的过程，是技术在进步过程中具体的结构以及形态。通过对区域生产组织的结构和演变规律的分析，并以技术进步形态为基础探讨区域生产组织的演变过程和逻辑，考察技术创新、扩散与区域生产组织的聚集、扩散、转移之间的相互关系，从而阐释技术进步形态与区域生产组织演变之间的相互关系。

一、区域生产组织的结构和演变规律

著名的经济学家安虎森认为："区域的本质是一种经济组织。"[1]在制度经济学中，组织的概念为："从定义上看，一个组织总要

---

[1] 安虎森，等. 新区域经济学 [M]. 2版. 大连：东北财经大学出版社，2010：3.

求有人去组织它。在最广泛的意义上，所有不是由市场看不见的手指导的生产和交换活动，都是有组织的活动。这样，任何需要经理、主任、监督者、管理者、实施者、律师、法官、代理人，甚至中间人的活动安排，都意味着组织的存在。""当把交易成本定义为一切在克鲁索经济中没有的成本，组织被同样广义地定义为任何要求有看得见的手服务的活动安排时，就出现一个推论：所有的组织成本都是交易成本，反之亦然。"❶

区域生产组织是区域经济组织中的生产部分，是区域内为了保证生产过程顺利进行而对生产资料和劳动力进行配置的一个结构性体系。生产过程，顾名思义就是劳动者生产劳动的过程，而生产组织则是对生产劳动过程的组织（包括各个环节、工序在时空维度上的相互衔接和协调，同时还包括厂房和设备的整体布局、生产工艺、流程参数的确定等）和劳动者的组织（通过有效和专业地组织分工，加强劳动者合作，协调劳动者劳动过程，从而更为全面地发挥劳动者的潜能和技术）。生产组织功能的发挥有赖于劳动分工的系统化和专业化，同时还依赖于技术的进步以及技术体系的发展，生产组织的目的是优化生产过程和结构，提高劳动生产率。

（一）区域生产组织的结构

生产组织的基本结构是财务部门、采购部门、技术管理研究部门、生产部门、质量管理部门、仓储部门、销售部门、售后服务部门、行政管理部门等。拥有以上基本结构的生产组织

---

❶ 约翰·伊特韦尔，默里·米尔盖特，彼得·纽曼. 新帕尔格雷夫经济学大辞典 2 [M]. 编译委员会，译. 北京：经济科学出版社，1999：58.

可以认为是一个相对完善的自组织单元。区域生产组织与广义生产组织在基本结构上是相对一致的，但由于不同区域的生产资料和劳动力资源配置不同，生产组织也呈现出相应的区域特色。如有些区域的生产组织主要是低小散的生产组织，并且这些生产组织往往规模小、组织程度低、产品门槛及技术含量不高。这类生产组织的结构就会非常简单，只有财务、采购、生产、销售，并且组织内劳动分工不明显，管理简单化，专业化程度低，技术与设备相对层次都较低。而有些区域，特别是以规上企业❶为主要生产组织的区域，其生产组织的结构会比较完整和系统，并且组织内分工明确，专业化程度高，组织程度较为完善、层次性分明，技术和设备先进。这类生产组织往往具有着较为完善的宏观技术体系，组织管理现代化程度高，且具备着较强的技术创新能力和商业运行能力。

从区域角度看，不同区域的生产组织存在着一定的层次性，这主要体现在生产组织的结构和技术层级上。由于区域的差异性存在，我国东、中、西部的生产方式和技术模式存在着不同，生产结构和技术结构也存在差异，生产组织的网络程度有着较为显著的差异性特征。东部区域的生产组织在结构完善度和技术层级上明显相对较高，且网络化程度显著；中部与西部区域的生产组织则相对较低，网络化程度也不明显。但随着国家推

---

❶ 规上企业是规模以上企业的简称。一般以年产量作为企业规模的标准，国家对不同行业的企业都制订了一个规模要求，达到规模要求的企业就称为规模以上企业，规模以上企业也分若干类，如特大型企业、大型企业、中型企业、小型企业等。根据《国家统计局关于布置 2010 年统计年报和 2011 年定期统计报表制度的通知》（国统字〔2010〕87 号）规模以上工业法人企业是指年主营业务收入 2000 万元及以上的工业法人企业。

行西部大开发战略和中部发展战略,政策倾斜度大、投资量显著、资源大量输入,中、西部生产组织的结构层次以及技术层级得到显著提升,但还是与东部存在着较大差距,其原因与中西部的区域环境、文化等因素直接相关,同时这也反映出了技术进步形态在不同区域内对生产方式、生产组织以及结构等的作用是存在差异的。

(二) 区域生产组织的特性

区域生产组织特性主要表现在以下几个方面。

(1) 区域性。首先是生产资料的区域性特征。以农业生产组织为例,我国南北方由于土地资源和土地质地存在很大差异,因此,南北方农作物种植生产就存在很大差异。北方适宜种植小麦,南方适宜种植水稻,由此,南北方各自区域内所采用的农业种植技术和农业机械设备就完全不同。北方平原多、南方丘陵多,北方农业机械化程度就明显高于南方,并且在劳动方式上,北方集体化程度高,南方相对松散。其次,区域文化差异直接影响生产组织的功能实现程度。区域文化对生产组织的影响主要体现在发展思路和具体生产实践当中。发达区域与落后区域相比较,发达区域内的现代化思维、技术性思维较浓,文化相对开放,在生产管理方面强调现代化生产管理模式,产业化程度和专业化程度高,劳动生产率明显高于落后区域。最后,区域工业、经济水平不同也较大程度地影响着生产组织层次和组织程度。北方重工业技术发展较早,重工业程度较高,大型工业化集团相对多于南方,且集中程度高,技术形式相对于南方较为固定;南方轻工业技术发展较早,小工业化模式较为普遍,且南方区域内企业布局较为分散,但企业活力明显高于北方，技术形式多元化明显。

（2）非平衡性和均质性。非平衡性的本质主要表现为区域内与区域间的分工和专业化程度的不同以及社会分层结构的差异。区域内和区域间生产组织专业化程度发展都呈现出非平衡性。一方面，由于不同生产组织的技术水平和管理水平的差异，组织专业化程度的发展就会呈现出非平衡性，即使是单个生产组织内部，生产、管理等环节的专业化程度也存在着一定的差异性。另一方面，生产组织分工程度的非平衡性。首先是宏观区域间分工程度的非平衡性。发达区域和不发达区域明显存在分工不均衡的特征。发达区域如上海、北京、广州地区，区域生产组织结构普遍采用的是现代化模式，劳动分工紧密，无论是企业形态还是非企业形态生产组织，其结构完善程度都比不发达区域要高；而相对欠发达区域，完善的生产组织单元较少，且组织结构层次低、生产分工专业化程度低、生产技术相对落后。从区域整体角度看，均质性是其独有的特征，由于区域内分工在整体层面上往往是围绕几个主要的专业化、产业化的生产组织而进行的总体性分工协作的，即每个区域都有其较为核心的产业和主流的文化，并且区域内整体技术体系和技术水平往往也会呈现出一个较为客观的指标，从而区域内生产组织也主要围绕该体系和产业进行运作，区域内人力资源结构和收入水平也基本维持在较小的差异上，由此，区域生产组织有着明显的均质性。

（3）层级性。从区域内企业结构看，区域生产组织中都会存在几家或者多家核心企业，其规模较其他生产组织更大、组织体系更为为完善，且专业化程度和技术水平较高。同等规模的核心企业之间也存在竞争、合作等关系。结合现今众多小微企业，其生产活动主要是围绕这些核心企业而展开，为其提供配件或者其他中间类产品。在区域内往往能找到以资本规模为标准或者以技术和品质为标准的龙头企业组织,该企业组织同样在区域内占据层级的最顶端,而其他企业,特别是为其提供配件和中间产品的企业则是层级的低端。在单个生产组织内部也存在层级性概念,管理部门往往是核心层,而其他部门则是在管理部门的统筹协调下展开合作。

(4) 自组织性。在区域生产组织中,无论组织规模大小、组织内分工是否明晰、专业化程度高低,生产组织都普遍具有较强的自组织性。这与生产组织的构成本质和生产管理者的能动性直接相关。在区域社会中,规上企业组织,毋庸置疑,其结构完整、分工明细、管理水平、技术水平和专业化程度高。根据自组织理论,该种组织自身就能产生较强的自组织能力,能较好地体现出自组织性。相比较之下,小微企业,由于其组织规模、结构、技术、管理、专业化水平均相对较低,从而在自组织功能的发挥上存在一定障碍。但是,由于小微企业组织的灵活性,一方面是投资规模小,管理单线化,另一方面是技术门槛低,转变技术类型快,从而微小企业组织在应对外部因素变化能力和速度上,要极大地超出规上企业,由此形成了独有的灵活、快捷的生产模式。但往往该种小微企业缺乏长远性成长能力,在产业链和经济链中处于低位,技术水平升级能力低,发展空间小。

二、技术创新、扩散与区域生产组织的聚集、扩散、转移的关系

在这里,首先需要我们认识两种极端的模式:第一种,以降低劳动力成本为唯一竞争导向的盈利生产组织,最终会因为

产业过度集聚导致的拥挤效应而走向死亡；第二种，以需求为唯一导向的盈利生产组织，由于技术升级及相关组织方式变革的速度过慢而无法适应快速变化的市场需求，最终走向死亡。第一种模式，由于过度依赖低劳动力成本优势，生产技术升级不足或者未能变革，市场价格被不断压低，盈利空间被不断压缩，导致生产组织走向死亡；第二种模式，由于没有在技术创新能力或者速度上适应市场需求变化，导致产品被市场淘汰，最终生产组织走向死亡。这两种极端模式，也是当前很多区域生产组织在产业发展中存在的典型现象。

吴贵生教授认为，"技术创新是指由技术的新构想，经过研究开发或技术组合，到获得实际应用，并产生经济、社会效益的商业化全过程的活动"❶。马克思认为，"必须变革劳动过程的技术条件和社会条件，从而变革生产方式本身，以提高劳动生产力"❷。技术创新是生产技术的创新，涵盖了技术、经济和社会三个维度，包括技术发明和技术改进或者现有技术的应用创新，同时还包括技术组合和生产组织方式的创新。技术扩散是技术创新得以实现其社会化、规模性经济效益的必然之路。一项创新技术在没有普遍和广泛的应用之时，就不能对社会带来规模性的经济效益。

技术扩散实质是创新技术在社会中得以广泛应用的过程，是一项推广和传播活动。技术创新往往需要创新主体投入大量资本，包括人力资本和物质资本，并且其投入与产出的关系是

---

❶ 吴贵生，王毅. 技术创新管理 [M]. 2 版. 北京：清华大学出版社，2009：2.

❷ 马克思，恩格斯. 马克思恩格斯全集：第 23 卷 [M]. 中共中央马克思恩格斯列宁斯大林著作编译局，译. 北京：人民出版社，1972：350.

非线性的，同时也存在着一定的风险性。创新技术投入实体生产也存在失败的可能，与此同时，由于技术溢出效应的存在，极大地影响着创新主体的利益。一项创新技术的诞生，很可能在较短时间内就被其他生产组织以低成本作为代价进行使用，即技术模仿、产品模仿。当前很多区域生产组织就精于技术模仿，这些生产组织不需要得到完整的技术信息和技术实现路径，只需要购买其产品，就能根据产品进行解构模仿甚至改进，从而获得很高的产出利润。所以，技术创新主体需要通过法律进行知识产权保护或者在恰当的时间内将技术转移，以保证其利益。

技术扩散的形式基本分为三种，第一种，技术领先的生产组织的示范性作用，其他生产组织通过技术模仿实现技术扩散；第二种，知识、技术人才的流动，通过非实体性的信息扩散推动技术扩散；第三种，生产组织之间非正式的交流和非市场化的联系，使技术在生产组织之间流动。落后地区的技术和产业发展就很大程度上获益于这种"溢出效益"，这也是生产组织在落后地区得以快速发展的重要原因之一。

区域产业是区域生产组织所共同组成的生产体系，且具备一定的区域性形态和特征。区域产业结构的演进其实就是区域生产组织的聚集、扩散和转移而导致的区域产业结构比例和形态的变化。影响区域产业聚集、扩散和转移的因素基本围绕资源、技术、市场三个要素而展开，是聚集和分散两个作用的综合体现。德国著名经济学家韦伯认为，"实际对区位起作用的区域因素主要是运输成本与劳动力成本"[1]。著名经济学家马歇尔

---

[1] 安虎森，等. 新区域经济学 [M]. 2版. 大连：东北财经大学出版社，2010：144.

在《经济学原理》中认为,"外部经济在聚集中扮演着极其重要的角色,有三种力量决定了产业聚集的正外部性:劳动力市场共享、专业化投入和服务、技术外溢"❶。

基于以上分析,笔者认为分析区域产业聚集、扩散和转移问题,有必要将其分为两个阶段进行讨论:第一个阶段,产业的形成和聚集阶段;第二个阶段,产业扩散和转移阶段。考察产业发展史发现,基本上的产业都以资源、技术、市场为其产生和形成条件,并且该条件又明显具有区域性特征,包括区域自然条件和社会资源、文化、市场规模、消费需求等。作为产业的基本单元,区域内的生产组织也以资源、技术、市场作为基础确定其运作方式;而作为产业整体,该产业内各个生产组织之间竞争、协作和发展的矛盾是产业组织结构不断变化的动力。

第一个阶段,形成和聚集阶段。资源条件优越的区域,往往就有其传统的生产技术以及后期不断改进创新的技术作为发展基础。由于资源的丰富性、资源获取成本的差异性以及生产组织的趋利性,生产组织就会在该区域内快速地形成集聚,与此同时,相应的服务类型生产组织也会向该区域集聚,从而逐步形成产业体系。一旦产业体系规模不断扩大,其规模效应又会吸引其他更大的生产组织向该区域聚集。产业聚集有利于技术创新的发生,但也有区域由技术引进和生产组织迁入,形成其产业和产业聚集。

技术在产业聚集中所呈现的是先期引导作用,主要是技术

---

❶ 安虎森,等. 新区域经济学 [M]. 2版. 大连:东北财经大学出版社,2010:144.

创新和技术扩散的引导作用。在区域内产业聚集形成后，由于区域内"企业拥挤效应"的分散作用产生，整个产业内部就会根据经济效益空间展开竞争，生产组织不得不对生产技术进行再创新，同时改变生产组织结构，从而整体的产业结构也会发生变化，这个阶段也就是技术转型阶段。在资源较为丰富的区域，其产业也会随着区域内资源消耗程度逐步地发生转移、退化甚至消失，这是典型的资源型产业的变化规律。但对于技术基础优越且在行业内产业水平和产品质量较高的区域，区域内生产组织就往往会紧紧围绕技术进步进行生产活动，同时，周边区域的生产组织会根据该区域内生产组织对资源和中间产品的需求进行集中配置和生产。这种区域内的产业发展与技术周期关联度极高，由于生产组织的趋利性和对成本、利润高度敏感性特征的存在，一旦该区域的技术优势失去，整个产业聚集就会快速地瓦解，技术优势成为该区域产业发展的关键因素。技术创新和知识产权保护是该区域产业生存的保障，同时技术创新周期长短、技术扩散效应的大小决定着区域产业的发展。一般，在技术基础优越的区域，其产业结构会紧紧围绕区域产业技术体系的变化而不断调整，以适应和发挥其区域性的竞争优势。

以市场条件为基础的区域普遍是交通便利或者贸易集中的区域，并且在市场效应的牵引下，会有大量的生产组织往该区域聚集，市场条件和信息条件是该区域产业集聚的重要因素。浙江省产业模式就是典型的市场创造产业集聚模式。省内几个规模性、专业化市场的存在，通过域内分工形成完整的产业链和产业网。在该区域内要求整个技术体系具备快速的创新和应变能力。义乌作为以小商品贸易闻名全球的国际化市场，其市场信息反应和吸收是十分快速的，在面对市场需求不断变化的情形下，生产组织必须在较短时间内生产出相应的产品而获得市场，这就需要整个产业在技术创新和改进上走在前列。区域产业的形成和集聚其实就是区域空间内生产组织的变化，其本质是区域内生产组织在生产过程中不断调整生产方式、调节组织结构以及分工形态以适应和引领资源、技术、市场的变化。技术创新和扩散一方面体现了区域内生产组织之间的相互协作、竞争等关系，另一方面体现的是区域整体产业的变化形态。

第二个阶段，区域产业的扩散和转移阶段。区域产业扩散和转移是一个动态的过程，是一定时空下的区域内和区域间的产业扩散、转移过程。区域产业的扩散和转移都与区域发展中所产生的"成长差"和"利益差"相关联，生产组织的趋利性也必然会导致生产组织向最大获利的区域进行扩散和转移。这种"成长差"和"利益差"共同构成"产业差"，而"产业差"的实质就是技术的差距。

区域内产业扩散和转移。在一个特定的区域内，产业分布往往呈现出一定的等级梯度，即"核心—边缘"结构，区域内部生产组织会围绕核心产业、中心产业共同组建形成区域产业群，并形成一定梯度的产业分层结构和生产组织结构。在该区域内会出现一个或者若干个大型核心生产组织和其他中小微型生产组织。大型核心生产组织在人力资源和技术研发能力上具备绝对优势，但灵活性不足。而中小微型生产组织，则相对在灵活性上优于大型生产组织，但在技术研发等方面较为薄弱。

技术创新及扩散直接影响着整个区域的产业发展和产业结构的变化。技术创新能力是区域产业发展能力的重要指标之一，也是生产组织竞争能力的核心体现。以一个核心产业区为例。

浙江省永康市是中国"门都",永康门业现有注册企业约千家,永康门业市场占有率约为70%,年产值百亿元以上,出口量占全国2/3以上,其中驰名商标两个、国家免检产品六个、浙江省名牌12个。全国著名品牌门业企业有步阳集团有限公司、王力安防科技股份有限公司、群升集团有限公司、春天集团有限公司、浙江百佳乐实业有限公司、神鼎门业、浙江福日工贸有限公司等。考察永康门业发展历史和门业企业的布局发现,门业企业特别是规上企业主要分布在几大核心工业区中,且形成了若干个生产中心,同时在工业区周边会存在很多小微型门企。大型门企拥有一套完整的门业生产技术和管理、销售体系,而很多小微型门企在分工上就相对简单。从技术上看,大型门企都拥有研发中心,而小微门企基本没有。小微门企的技术基本通过购买设备或以高薪聘请曾在大型门企中参与生产管理的工作人员,或者通过非正式的交流而获得技术。这种以大型门企作为中心向周边辐射的模式是当前该区域生产组织最为普遍的聚集模式,并且呈现出明显的等级梯度形态。而核心技术研发基本产生于大型门企之中,并逐步向周边小微门企扩散,形成"核心—边缘"的产业结构。考察该区域内几家大型门企发展历史,发现最初企业的技术基础主要源自于制门技术和制锁技术,其中制锁技术和制门技术都是当代永康产业技术的重要组成部分,而制锁技术是永康传统五金技术的组成部分。这些大型门企都十分注重技术的创新和引进,通过技术转型升级提高生产率和产品科技含量,并逐步在该产业领域形成自身特色。其他小微门企多数为技术仿制,但核心技术部件等特别是锁的使用,主要都从几家大型门企购买或者直接成为大型门企外包或者代工生产部门。这样从整个永康产业看,门业产业的发展改变了永康产业的原来结构，实质上是技术的不断创新和应用改变了永康的产业结构和发展模式。以五金技术为基础，围绕门业产业形成了新兴技术行业、庞大的产业链和产业网络，由此产生了漩涡效应，不仅在永康内部产生了更多的生产组织单元，同时还大量吸引其他区域的生产组织向永康转移，从而形成了极具永康特色的产业体系。从技术演进视角看，永康的五金产业和门业的有机结合，其实是传统技术与创新技术有机结合的结果，技术创新和扩散为产业的扩散与转移提供了可能，产业发展和市场的需求又进一步促进技术的进步和发展。

区域间生产组织扩散和转移，即不同区域间的生产组织的扩散和转移。从宏观区域看，区域间的"产业差"是生产组织扩散和转移的主要因素，区域间的"产业差"其实质就是区域间技术的差距。区域间的技术差距直接影响着区域的生产力水平，同时也影响着区域的产业结构和产业水平，从而宏观上影响着区域的经济水平。

如在长三角区域内，浙江、江苏、上海三者的技术发展和技术结构存在差异，产业方式和层次也就存在了差异。浙江以民营经济为主，技术多元化明显，制造业发达、服务业发展迅速；江苏以集体经济模式为主，工业化程度高、规模工业显著；上海作为国际型都市，信息产业和研究中心发达，并且上海市还是国际知名的贸易集散中心。浙江和江苏两省在一定程度上是在上海的产业辐射下，结合各自省内实际产业情况和优势形成了自身的发展模式。从技术角度看，是技术在区块间的分工配置促成了这种发展模式，以信息技术、贸易技术和研究开发为主导的上海，向江浙两省以工业技术、规模制造业为主体的区域形成辐射和扩散，从而形成了现有的长三角区域的宏观发展形态。但就目前现实情况看，区域间生产组织的扩散和转移，其中一个较为重要的因素还在于有限的土地资源。上海因土地资源紧张，只能在周边建立工厂和生产基地，如昆山和嘉善两个典型的生产基地，技术也自然随着生产组织的建立和转移，进入该基地，并且在该生产基地上不断实现本土化创新。

浙江省内的生产组织扩散和转移方式也与上述情况有较大相似性。由于中心城市或者主城区中土地资源紧张和环境保护问题，多数生产组织需要向周边地区迁移，并形成产业区带。在产业区带之间，生产组织扩散、转移现象也较为明显。同样，以永康门业产业为例，经过一定时间的产业发展，永康现有门企众多，但由于永康土地资源有限，门企在该区域内生产成本不断提升，且技术方面竞争越发激烈，很多门企就会选择向其他同质或异质区域扩散和转移。向同质区域扩散和转移，生产组织主要考虑的是该区域内的技术基础。门业企业的转移扩散主要集中于有一定五金技术基础的区域，因为门业技术中占据关键位置的是制锁技术，另外其他五金配件如螺丝、铰链等制造技术也需要较为深厚的技术基础。武义县毗邻永康且有着较为雄厚的五金工具技术和五金技术基础，另外，武义土地资源和劳动力资源丰富，因此，永康很多门业企业转移入武义，形成新的门业产业区。向异质区域扩散和转移，主要考虑该区域内本土市场的规模和生产成本。永康部分门企向中部地区转移，一方面考虑绝大多数中部地方政府在招商引资方面有巨大政策、资源倾斜；另一方面中部地区市场需求大，且对门的技术要求相对东部较低，就地交易成本低于其他地区，同时劳动力成本低。在永康门业企业转移、扩散的现象中，也发现有一部分门企将生产部门往其他区域转移、扩散，但管理、技术研究、销售部门不发生转移。这种转移、扩散方式是现在发达国家或者地区的产业扩散和转移方式的缩影。由于发达国家或者地区和发展中国家或者地区存在的"产业差"，发达国家或者地区将部分已经缺乏竞争力的产业向发展中国家或者地区转移，或者将生产部门向发展中国家或者地区转移，从而形成其经济纽带，这种转移、扩散一方面改变发展中国家或者地区的产业水平和技术水平，另一方面通过技术的差距和产业的差距对落后区域进行掠夺。

三、技术进步形态与区域生产组织的演变

从宏观生产组织演变历程看，生产组织的演变基本遵循从手工工场到工厂制，工厂制到福特制，福特制再到后福特制这一个过程，这个过程本质上是生产力与生产关系在技术进步过程中不断变革的过程。从生产方式及形态角度看，生产组织的演变就是技术体系、结构及形态演变的过程，技术进步贯穿于区域生产组织演变的整个过程，并直接影响着区域生产组织的发展方向。一方面技术进步变革着生产力，另一方面技术进步变革着生产组织形式和结构。

手工工场是最为原始的生产组织形态，即便在当代社会内部还存在着手工工场式的生产组织。手工工厂以简单分工和协作为基础，其劳动生产率的关键在于手工工具与劳动者的劳动熟练程度。在生产技术未能得到变革时，劳动者的劳动熟练程度直接影响着劳动生产率的变化，同时劳动者人数也是劳动生产率变化的基础。"手工工场的技术基础仍然是手工劳动，其内部分工使局部工人终身从事某一操作，而不同的操作又有不同

的要求，有的简单、有的复杂，局部工人的培养教育费用极不相同，其劳动力价值也极不相同。这样就出现了组织内部的等级制度以及与此相适应的工资等级制度，工人被分为熟练和不熟练工人。"❶ 在这个形式的生产组织中，技术较为明显地作用于劳动主客体两者，一方面是劳动工具，另一方面是劳动者技能，并且直接影响着劳动生产率。在一定意义上，手工工场其实就是劳动力分工的体系化工场，劳动者是在特定的分工体系支配下进行的生产，劳动者的劳动生产存在着相互的联系性，并且"各种不同的互相联系的操作由时间上的顺序进行变成了空间上的同时进行，这种结合使得有可能大大增加一定时间内提供的商品量"❷。

工厂制是以机器大工业为基础的生产组织方式，最早起源于英国，也是英国工业革命的产物之一。工具的专业化、分工的细化、生产的精确化和标准化以及相应的监督管理制度和等级制度的形成是工厂制的主要特征。工厂制得益于机器的发展和广泛的使用，并且是以机器间相互的协作展开生产活动。在历史中，工厂制可以认为是机器大工业时代的特征，劳动生产率取决于机器的数量、生产的规模以及机器的效能。在一定程度上，工厂制模式是一个机器分工体系的具体实践，而劳动者则是在这个机器分工体系中各自被安排到各种机器上从事劳动生产作业。对比以工厂制构建的生产组织与以手工工场方式构建的生产组织，发现两者最根本的区别在于劳动工具的选择和应用上，工厂制之所以

---

❶ 谢富胜. 马克思主义经济学中生产组织及其变迁理论的演进［J］. 政治经济学评论，2005（1）：91.

❷ 卡尔·马克思. 资本论：第一卷［M］. 法文版中译本. 中共中央马克思恩格斯列宁斯大林著作编译局，译. 北京：中国社会科学出版社，1983：347.

能逐步取代手工工场，变革生产方式，其重要原因就是机器作为技术变革的重要工具和技术进步的重要表现，可以通过机器的使用整体替代劳动力使用手工工具的生产过程，并明显提高生产效率，实现生产方式的变革。在标准化和精确化上，机器间的分工、协作明显高于手工方式，并且这种分工协作更便于管理和运作，整个生产劳动过程的技术性更为显著。

福特制是美国制造业发展的一个重要方式。前期的工厂制为福特制奠定了基础，其标准化和管理模式为美国制造业的元部件标准化和系列化生产的实现提供了现实的基础。美国的管理学大师泰勒创建了"泰勒制"，为美国制造业的流水线和M型组织相结合的生产组织模式提供了管理方法，从而实现美国的一体化生产模式。美国的福特汽车公司就是通过福特制这种生产组织方式实现其快速发展，并在1927年成为全球产量第一的汽车制造企业，极大地推动了美国汽车制造业的发展。福特制生产组织方式可以认为是自然技术、社会技术、思维技术共同进步、共同作用的结果，一方面标准化和流水化的生产技术得到全面进步，大规模生产体系整体形成，另一方面先进的管理方法带来了优化、高效的生产协作，在简约成本的基础上，使分工更为紧密。但福特制生产组织的组织管理等级制以及生产环节部门制具有较强的排他性和封闭性，其他生产组织要再进入这个体系就会十分的困难，这也就是说，一旦社会技术得到固化就会阻碍其他生产单元的发展和融入，也就制约了其他生产组织的发展。

后福特制，顾名思义即在福特制之后出现的生产组织方式。在福特制之后，部分区域出现了精益生产组织方式、灵捷生产组织方式、温特制生产组织方式等。精益生产组织方式是日本制造业大发展的一个重要基础。日本制造业的领先在很大程度上得益于其在技术应用创新、生产结构变革、组织管理精密等方面的努力。精益生产组织方式在技术应用创新方面，通过技术使用的灵活化、技术多元化、技术结构与组织结构相结合的方式，变革整体的生产方式。在组织管理方面，通过组织协调技术，对原有组织方式进行变革，并在生产管理过程中消除浪费和无效的劳动，实现精密化组织管理。日本丰田汽车公司也就是凭借这种生产组织方式在1980年让日本成为世界汽车制造第一大国。灵捷生产组织方式最早来自美国，是美国借鉴日本精益生产组织方式后创新的结果，同时也是美国重要的生产组织模式。灵捷生产组织方式是综合性的技术进步作用的结果。"灵捷制造是将柔性生产技术、有技术有知识的劳动力与能够促进企业内部和企业之间合作的灵活管理集中在一起，通过采用企业间网络技术，对迅速改变的市场需求和市场进度作出比起其他制造方式更灵敏、更快捷的响应。"[1] 很明显，这种生产组织方式强调将柔性技术、劳动力和管理进行有机地整合，形成灵活的生产模式，并且通过网络技术的应用把握市场脉搏，从而快速实现生产整合。温特制生产组织方式也是来自美国，是微软公司和因特尔公司共同合作的结果。信息化时代以来，市场对电脑以及电子产品的需求量巨大，同时其元部件等标准化要求更为强烈，为了实现低成本、标准化，强化竞争优势，电脑及电子产品的大规模产业化生产成为信息产业的主流趋势。模块化是温特制生产组织方式的典型特征，也是温特制生产组

---

[1] 唐振龙. 生产组织方式变革、制造业成长与竞争优势：从工厂制到温特制[J]. 世界政治与政治论坛，2006（3）：63.

织形成的基础。"模块化是按照一定的联系规则将一个复杂的系统或过程分解为可进行独立设计的半自律性的子系统的行为，然后按照某种联系规则将可进行独立设计的子系统（模块）统一起来，构成更加复杂的系统或过程的行为。"[1] 根据定义，模块化其实就是一种组织技术，是通过对原有系统或者过程进行重新的整合，从而将功能相似或者一致的部分进行有效的统一。

随着全球化的不断深入以及相应的技术和生产方式的全球性扩散，以温特制生产组织方式为基础的国际性分工模式得到长足发展。国际化的生产定制模式就是通过跨国的分包、代工等形式实现生产的分工，并且形成产业链和供应链的管理。美国之所以牢牢控制着系列产业，居于核心地位，关键在于美国在产业体系及网络中，既控制了核心技术和新技术研发创新，又通过组织技术、技术标准化等手段管理着产业链、供应链，并始终处于价值链顶端。通过以上的论述，后福特制的核心特征在于创新的持续化、制造的灵活化、技术的专业化、体系的网络化。在后福特制时代，技术控制性得到了进一步强化，技术进步在国家、区域发展中所体现的关键性作用更为显著。

从区域生产组织的演变上看，技术进步的作用极为明显，从手工工场到工场制，再到福特制以及后福特制，一方面是生产技术的不断进步，极大地推动了生产力的发展，另一方面是建立在生产力基础上的组织技术不断的发展，极大地提高了劳动生产率，推动了产业的变革和升级，从而推动宏观区域社会的经济发展。"技术进步多种多样，但运动的一致性显而易见：

---

[1] BALDWIN C Y, CLARK K B. Managing in an Age of Modularity [J]. Harvard Business Review, 1997 (5): 84–92.

变化引起变化"。[1] 这也就是技术进步作为人类实践活动的重要现象和过程,以不断的变化推动着生产力和生产关系的变革,推动着社会生产方式和形态的变革,推动着整个社会的发展,是社会进步形态变化的重要基础和动力。

第四节 技术进步与区域生产方式变革的内在逻辑

技术进步与区域生产方式变革两者之间有着内在的逻辑关联。技术进步作为人类重要的劳动实践过程,有一定的逻辑过程和特征,并通过作用于生产力和生产关系这对矛盾运动,推动区域生产方式的变革。技术进步是区域生产方式变革的重要动因,技术进步的方向往往决定着区域经济模式的发展方向。

一、技术进步的逻辑

技术进步作为技术演化的具体体现,是技术的正向变动,"是物质生产的技术基础以及与此相适应的组织与管理技术的改进与提高"[2],具体的讲就是技术知识、结构、形态和功能的发展以及劳动者劳动能力、方式以及组织形式的提升和优化。从技术演化角度理解技术进步,无疑会更为客观和准确。

---

[1] 乔万尼·阿瑞吉,贝弗里·J. 西尔弗. 现代世界体系的混沌与治理 [M]. 王宇洁,译. 北京:生活·读书·新知三联书店,2003:128-129.
[2] 刘满强. 技术进步系统论 [M]. 北京:社会科学文献出版社,1994:5.

技术演化的逻辑起点和终点都是围绕技术而展开的。研究社会发展和区域发展都离不开对技术及技术演化的研究,技术往往是社会和区域演化的一个重要线索和因素,如纳尔逊和温特所指出的那样:"现代经济学家都承认,技术进步是多种经济现象背后的中心力量。"[1] 从历史的角度看,不仅马克思、亚当·斯密、凡伯伦、熊彼特等人都曾以演化的思维研究和讨论了技术变迁的过程和规律,而且现代西方经济学对技术的系列研究中也深刻体现了丰富的演化思维。如美国著名经济学家博尔丁在《演化经济学》一书中就认为:"产品的生产要素不是资本、劳动和土地,而是物质(Matter)、能量(Energy)、空间(Space)、时间(Time)和知识(Know-how),前四者是限制性非灵活要素,而知识则具有创造性和灵活性,在生产过程中起着关键性作用,任何产品都可以被看成是由这些要素构成的一个生态系统类似物。"[2] 在这里,博尔丁所说的知识就是我们所应用的科学和技术,而且,产品本身也就是知识和技术的物化,同时产品还具有自然属性、社会属性和演化属性,演化属性可以说就是我们所谓的时空维度。将产品作为一个生态系统类似物,则是运用了演化系统研究方法对产品的生产过程及结果进行了研究分析,是从末端反向研究和分析初端和中间的过程,来考察整个产品生成系统的运行和演化。

又如著名技术史学家乔治·巴萨拉在《技术进化论》中也认为:"技术的中心要素既不是科学知识,也不是技术开发群体

---

[1] 理查德·R. 纳尔逊,悉尼·G. 温特. 经济变迁的演化理论 [M]. 胡世凯,译. 北京:商务印书馆,1997:33.
[2] 杨勇华. 技术变迁演化理论的研究综述 [J]. 经济学家,2008(1):17.

或社会经济因素，而是人工制品本身。人工制品世界包含了远远超出人类基本需要的众多事物，这主要是因为人工制品延续性的存在，技术进化的结果就是物品的多样性，而创新则是人工制品世界不可分割的一部分属性，选择机制决定人工制品的复制品和添加物。"[1] 在这里，人工制品被认为是技术的中心要素，人工制品涵盖了人类的需求，又包含了技术演化的思维以及技术的延续性，并明确认为创新就是技术的演化属性的部分体现。在科学哲学家波普尔看来，科学发展是一个类似于达尔文自然选择的累积过程。[2] 波普尔将生物进化理论引用到科学发展中进行分析，这为技术演化研究提供了一个理论视角。"技术演化论者对生物进化与技术变迁之间的类似性进行了大量的研究，除了基因、变异、选择等基本概念被运用到技术研究之外，诸如多样化、物种、进化漂变、涌现、生态位、间断平衡、协同进化、路径依赖等其他一些生物学概念也日益成为技术隐喻研究的对象。"[3]

研究技术进步，既要考察技术进步的具体过程，还需要结合技术的价值、伦理和社会观进行系统的考量。因为技术进步本身具有自然和社会的双重属性，谈技术就离不开特定的社会和自然环境。

技术进步的过程具体可以分为技术的发明、创新、扩散、转移的过程和技术体系、结构演变的过程。技术进步的逻辑起点是人类对自然改造和利用的需求变化，需求的变化会形成新

---

[1] 杨勇华. 技术变迁演化理论的研究综述 [J]. 经济学家，2008 (1): 19.
[2] POPPER K. Objective Knowledge: an Evolutionary Approach [M]. Oxford: Oxford Press, 1972.
[3] 杨勇华. 技术变迁演化理论的研究综述 [J]. 经济学家，2008 (1): 20.

的实现目的的思维，在这种思维的指导下，人类会根据现实的自然条件，现有的技术知识、体系及形态等展开新的思考和劳动实践，并通过技术创新和扩散，形成新的技术生产模式，逐步实现目的。技术作为实践的单元，又有赖于技术体系和结构的形成，否则技术功能会失去载体而无法实现。技术体系和结构的构建又有赖于具体的社会环境和经济环境，这既是技术的客观制约性的具体体现，同时也是技术得以生存和发展的根本基础。技术的进步要符合人类实践和发展的需要，技术的进步也直接涉及社会的价值和伦理等问题。

在这里我们可以归纳出一个一般性的技术进步的逻辑：技术作为一个系统，处于一定的外部环境（时间与空间双重范畴）之中，当其系统受到来自内部或者外部，或者在两者共同的作用和刺激之下，技术系统会产生变化，并且这种变化是正向的变化。某项技术或者某一部分技术会产生创新，并通过创新扩散、转移等活动对整个系统和整体产业产生作用和影响，形成新的技术系统和技术体系，并构成其新的技术形态和结构，产生新的经济效益和社会效益。在这个技术进步的过程中，技术活动（技术创新、扩散、转移）也必然受到特定的价值观和社会伦理观所影响，这也就是技术体系与社会体系的相互影响和作用的具体体现。

二、区域生产方式的变革

区域生产方式的变革是区域整体变迁的本质体现，生产方式的变革是生产力和生产关系矛盾运动的产物。区域生产方式变革的动因主要来自以下几个方面。

第一个方面是外部环境的变化,即区域外的因素,包括区际竞争的加剧、区际比较优势和区际市场的变化。区际竞争的加剧主要体现在区际间生产力水平的竞争,特别是技术资源和人力资源之间的竞争,这是区际间生产活动最为直接的竞争体现。一个区域之所以相对落后,其实质是生产方式的相对落后、技术水平的相对落后,技术以及技术进步的差距是区域竞争能力差距的核心体现。

第二个方面是内部环境的变化,即区域内的因素,包括区域内生产组织之间的竞争、区域内产业和区域内市场的变化。区域内生产组织之间的竞争是建立在同质和异质两种生产基础上的。同质生产组织之间竞争主要是对市场和成本的竞争,异质生产组织之间竞争是对资源和劳动力的竞争。异质生产组织往往会采取技术的跨行业融合,不断拓宽技术应用领域,优化技术结构,催生技术创新和扩散,形成新的技术体系,变革生产力的同时,变革生产模式,改变产业发展的方向和经济发展模式。区域内产业升级是区域生产力、组织结构形态的整体变革,一方面是产业技术的升级变革,另一方面是产业组织和结构的调整和升级。

第三个方面是当代信息技术的作用,即信息时代的宏观引导和微观刺激作用。信息网络时代背景下,市场的需求直接刺激着生产的发展和变革,即市场的变化变革着生产力。随着全球化不断深入,信息成为了极为重要的生产力要素,技术的发展直接受到信息的影响。从宏观上看,任何一个国家或者区域都在这个网络世界中寻求自身的发展模式,相互间竞争逐步演变成信息化程度的竞争。从微观上看,无论是生产还是生活,信息化已经进一步植入人类活动的领域。任何一个生产组织都在当前宏观形势下,通过不断调整自身技术和发展思路来应对这种变化。作为生产者和消费者的人，也在市场刺激中发生变化，技术对人类发展的引导作用更为明显。

区域生产方式变革的基本模式有需求拉动和技术推动。需求拉动是最为直接的拉动模式，由于市场需求的变化，生产组织必须作出快速的反应才能在新的市场规模形成前占得先机，从而保证生产组织的竞争力。而市场需求的变化直接取决于顾客对产品质量、设计、功能、外观等方面要求的变化，因此生产组织就必须针对这些需求变化来进行产品设计和创新，以满足顾客的要求和标准，否则就会失去市场份额。在面对这些变化时，生产组织往往通过技术进步和生产方式的变革来应对。技术推动是通过技术进步来改变原有生产方式。如果一项创新技术对该区域或者整个产业而言有着重要的意义，则整个产业会根据该技术的实现路径而重新建立一套完整的技术体系和产业结构作为该项技术实践的载体，并通过有效的生产协调和资源整合，实现创新技术商业化、产业化、社会化，从而发挥其经济和社会效益，形成一套全新的生产体系和发展路径，并逐步渗透到区域文化之中，甚至变革区域的文化内涵。

区域生产方式变革的基本方法和路径是专业化分工和集成式的管理。专业化分工是生产效率最大化的实现途径，集成式的管理是专业化分工系统得以顺利运作的根本保证。生产方式变革的根本目的在于效率最大化、效益最优化，包括经济效益、社会效益和生态效益。专业化的分工离不开技术专门化和组织结构的细化。对单个生产组织而言，内部本身就存在分工，但也可以通过对生产部门与其他部门之间进行专业化分工和整合，形成更为高效的生产链和生产网络。对于整个产业而言，不同生产组织之间也存在一定的分工，但同样也可以进行专业化分工和整合，由核心生产组织进行引导和组织，其他生产组织和部门根据自身实际进入产业结构当中，整个产业体系就形成了特定的分工和各自的技术体系，并通过核心生产组织的集成式管理方法，构建形成新的产业链和产业网。在区域中，不同产业间的相互分工形态也是较为普遍的，并且相互的联系是广泛而本质的，如区域中农业和工业是区域经济的重要基础，农业为工业和服务业提供重要的原材料和市场，工业为农业和服务业的升级发展提供经济动力和技术动力，是农业和服务业的重要载体，服务业为农业和工业提供信息和基础服务，有利于农业和工业的现代化发展，三者之间是分工明确、相互促进、紧密联系的。

当代区域经济的发展模式总体上呈现出两方面特征，一方面是区域规模经济的形成和发展，另一方面是循环、生态经济模式的全面推进。不同区域间区域经济的发展模式是存在差异的。江德森、孙庆峰、任淑霞等人对当代国际上几种典型的经济模式进行了比较分析：美英模式即自由市场经济模式，亦称"盎格鲁－撒克逊模式"；德法模式即社会市场经济模式，也叫"莱茵河模式"；日本模式即政府主导型市场经济模式，又称"社团市场经济模式"；中国模式即社会主义市场经济模式，也叫"以公有制为主的综合市场经济模式"。[1] 王鹤对欧盟经济模式进行了分析研究，认为欧盟经济模式是欧洲内部若干子模式结合的产物，指出德国弗莱堡学派的秩序自由主义原则对欧洲经济一体化产生了较大影响："欧洲经济模式的特征是寻求经济效率和社会公平的均衡发展，是社会市场经济和福利国家市场

---

[1] 江德森，孙庆峰，任淑霞. 当代几种典型市场经济模式对比分析［J］. 社会科学战线，2005（5）：71-72.

经济的混合模式。"❶

我国著名经济学家吴敬琏就我国经济形态和问题方面进行了研究,认为:"从经济社会生活的现象层面上看,现在最突出的是两个问题,一个是资源短缺和环境恶化的问题日益突出";"另外一个突出问题,是社会环境的恶化。其中最严重的问题,一个是腐败的蔓延,另外一个是贫富差距的扩大";"从宏观经济的深层结构看,可以归结为内外两个方面的失衡。内部失衡的主要表现是投资和消费的失衡,过度投资而消费不足";"外部失衡的主要表现,是国际贸易和国际收支的双顺差,外汇存底的大量增加。"❷

在笔者看来,区域在自身发展过程中会形成两套模式,一套是社会发展模式,另一套是经济发展模式,这两套模式可以在历史范畴内被认为是两套发展的秩序,而区域发展就是两种秩序共同作用的结果。区域经济的发展模式是个综合性的概念,并受到诸多因素的影响,其中最为重要的是区域的生产力水平和生产结构,且直接与区域的技术、资源,社会宏观的建制以及文化等因素相关。

三、内在逻辑

技术进步与区域生产方式变革有着直接的关联性,甚至在某种程度上,技术进步是引起或者决定区域生产方式的变革的

---

❶ 张鹤. 欧洲经济模式评析——从效率与公平的视角 [J]. 欧洲研究, 2007(4): 1.

❷ 吴敬琏. 中国经济转型的困难与出路 [J]. 中国改革, 2008 (2): 9-10.

关键因素。两者关系可以在生产力与生产关系矛盾运动中得到直接体现。技术本身就是生产力，同时技术也直接影响着生产关系的变化，包括宏观经济形态和社会形态。技术进步的逻辑在一定程度上是区域生产方式变革的内在逻辑，其具体可以从以下几个方面得到体现。

（一）生产力、生产关系的矛盾运动

生产方式的变革是生产力和生产关系矛盾运动的产物。生产力决定生产关系，生产力是人类社会发展的决定力量。生产力即劳动力、劳动工具、劳动对象，生产关系是生产力有效组织和发挥功能的方式。"如果不以一定的方式结合起来共同活动和相互交换其活动，便不能进行生产，为了生产，人们便发生一定的联系和关系。"[1] 在当代社会中，生产力三要素的基本内涵中都体现了技术的属性，包含了技术的内容，并且生产力的发展离不开三要素内涵中技术进步的本质。生产关系是劳动者在劳动生产中与其他人之间形成的关系，并由此为基础构成整个社会。劳动是人的肢体活动，生产却是社会范畴内的分工劳动。生产关系也是随着技术的演化而不断演变的。随着生产力不断地发展，生产关系必须作出调整和变革才能适应生产力的进步，从而实现生产效率的全面提升和社会进步。

（二）需求拉动和技术推动对区域生产方式变革的作用

从需求角度考察区域生产方式的变革，需求变化往往是生

---

[1] 马克思，恩格斯. 马克思恩格斯全集：第6卷［M］. 中共中央马克思恩格斯列宁斯大林著作编译局，译. 北京：人民出版社，1961：486.

产方式变革的基本动力，没有需求的变化即没有变革的动力和必要。需求分为内部需求和外部需求，内部需求的变化往往源自于区域内整体自然条件和社会形态的改变，从而对现有生产方式变革的需要；外部需求的变化往往源自区域外部市场和竞争而引发的对区域生产方式变革的需求，并且这种需求也是在不断演变的。这里有必要提到，需求的变化也有直接因技术演化而产生的。这种情形在当前社会是普遍存在的，一项新技术的产生，进入生产领域，形成新的产品即新技术社会化就会直接引起人类需求的变化，甚至直接改变人类的需求，是技术引发消费、技术激发人的潜在需求的普遍现象。作为区域，区域生产组织要应对需求的不断变化，则必然要改变区域生产方式，包括技术路径和组织生产模式。在这里，技术体系演变就成为了一个区域生产方式变革的重要环节，也是经济发展方式转型过程中极为重要的组成部分。技术推动区域生产方式的变革的实践在技术史和人类发展史上已经得到了明显的印证。蒸汽机技术的产生，对英国工业革命发展的重大影响；电气化技术的产生，对第二次产业革命的深刻影响；信息技术的产生，对整个世界的现代化发展的普遍影响，都很深刻地揭示了技术对生产方式变革的极为重要影响和作用，但在不同的区域中，技术推动的作用在深度和广度上还是存在着较大差异的。

(三) 专业化分工和集成式管理

生产要实现顺利和高效，就必然需要进行专业化分工和实施高效的管理方式。在当今社会，集成式管理是实现高效管理的有效方式。随着技术水平的不断进步，人类劳动生产分工更为专业化，生产的管理模式更为高效合理化。技术既是进行专业化分工的重要支撑，同时也是集成式管理模式的重要实施手段。信息时代，数字化管理是最为普遍和高效的管理运作模式。技术体系的完整构建和技术系统的有效运行，是专业化分工和高效管理的基础。考察任何一个全球知名企业，其专业化分工程度和管理模式都依赖于一套不断进步的技术系统来实现其高效合理的生产和运行，这也是这些知名企业拥有极强竞争力的重要基础。同样考察一个区域生产组织，其内部的生产分工越是完善，就越有利于该生产组织的管理和生产活动，并且能形成其特有的生产形态。专业化分工和集成式管理有利于技术的创新和发展，也有利于技术体系的演进。

（四）技术进步方向与区域经济模式发展方向的相互关系

考察当代区域经济模式的发展方向，首先，规模经济是当代经济的主要特征，在区域内无论是在成本节约，还是在市场争夺方面，规模经济模式都有着明显的优势，对形成区域竞争优势和维持区域比较优势有着直接的正向作用。如浙江省属于资源较为贫乏的省份，但其区域规模经济发展水平较高，区域产业水平和技术水平有着明显的区域特征，由最初的劳动密集型向知识密集型的快速转型是浙江省在世界经济浪潮中获得极强竞争力的重要手段。当前，信息化技术在浙江省整体产业中比重不断地加大，省域产业与国际性产业接轨的深度和广度得到不断提升，这是浙江省区域生产方式变革的典型体现。当代区域经济模式的发展方向越来越趋向于生态、循环经济发展模式，所采用的技术也越来越趋向于信息、生态技术。生产力决定生产关系，生产关系反作用于生产力的发展，区域内技术进步的方向与区域经济模式的发展方向是基本一致的，并且技术进步的方向在某种程度上决定着区域经济模式的发展方向,这也是生产力与生产关系矛盾运动的具体体现,是经济社会发展与技术进步相互作用、相互影响的重要体现。

第三章

技术效应与区域流动方式变迁

从区域经济学角度看，区域要素有两类：第一类是指构成区域单元的组成部分，如经济中心、经济腹地和经济网络被称为区域要素；第二类是指影响区域经济发展的各种要素和资源，包括自然资源、劳动力、资本、科学技术、组织管理、信息以及影响发展的区位和环境。❶ 区域变迁中要素的空间聚集、扩散以及转移，都是由于区域本身以及区域间存在着非均衡力，非均衡力包括聚集力和分散力。在一个区域内或者区域间，即便区域总体上表现相对稳定，在理论上非均衡力可能为0，但现实中区域内部以及区域间的稳定性是相对的。当聚集力大于分散力时，会形成聚集效应；当聚集力小于分散力时，会出现分散效应；当聚集力等于分散力时，区域内和区域间都保持相对平衡和稳定状态，但同时也存在着区域内部以及区域间的要素流动。这种非均衡力所导致的区域现象，直接涉及区域生产要素的流动问题。

生产要素是指进行物质生产所必须的一切社会资源，同时也是社会经济运行和市场活动的基本要素。在一定的时空范畴下，任何区域都会形成相应的生产要素体系。在马克思看来，生产要素即是劳动者、劳动资料与劳动对象。在现实的社会中，资本涵盖了自然资源和劳动资料，管理其实就是技术范畴中社会技术的内涵之一，同时劳动者、劳动资料与劳动对象三者都蕴含着一定的技术属性和内涵，且技术作为一个极为重要的影响变量，直接决定着生产要素的内质。在现代社会中，"随着知

---

❶ 杜肯堂，戴士根. 区域经济管理学 [M]. 北京：高等教育出版社，2004：19.

识经济的兴起和信息高速公路的普及，信息在生产中的地位也日益重要，六要素论的说法逐渐形成，即生产要素一般包括以土地为代表的自然资源、资本、劳动者、技术、管理和信息"❶。这个关于生产要素内容的概括在一定程度上比现代西方经济学中的生产要素概念（劳动力、土地、资本、企业家才能）更符合现代社会实际，内容和内涵上更为丰富。在当今社会发展中，技术和信息作为独立要素作用于劳动生产整个过程，两者都是生产要素流动中最为活跃的因子，并且通过技术聚集、扩散、协同、溢出等效应和信息流动，直接作用于区域生产要素以及相关产业结构的流动过程，对区域非均衡力的产生和变化有着明显的作用和影响。

第一节　区域生产要素流动的平衡与非平衡

区域生产要素流动是区域流动中最为主要的内容。区域生产要素流动直接与区域的平衡力和非平衡力相关，通过研究流动的作用因子和机理，分析流动中的平衡与非平衡形态及影响因子，阐释和论证技术作为特殊的生产要素在区域流动中的作用和意义。

一、区域生产要素流动的作用因子和机理

在经济学家看来，区域生产要素的流动"主要包括两个方

---

❶ 于刃刚，戴宏伟. 生产要素论 [M]. 北京：中国物价出版社，1999：3.

面：一是要素的空间转移，指劳动力、资本、技术的空间位置发生移动，二是要素使用权的转移，指土地使用权的流动。要素使用权的流动和转移实质是更好地实现了要素的优化配置，提高要素的利用效率"[1]。在笔者看来，不论是空间上的生产要素移动还是权利上的要素转移，区域生产要素的流动都具有一定的作用机制和规律。

第一，生产要素流动具有实质性和虚拟性流动两种类型。实质性生产要素流动即物质化的生产要素流动，这种流动是可以直接进行观察的，包括劳动力的流动、产业的转移以及机械设备等要素的转移或者流动；另一种虚拟性生产要素流动即非物质化的生产要素流动，这种流动并非我们可以在实际物质、人员、可见资本中得以观察到的，而是信息类、知识类、技术理论等要素的流动。两种类型的要素流动都会对区域的非均衡力产生影响，导致区域内以及区域间的聚集力和分散力之间比例的发生变化，从而形成区域聚集或者分散的现象。

第二，考察区域生产要素流动过程，需要对区域内其他因素或者区域间彼此相互关联和作用的情况进行研究分析。如果是一个区域内，即一个区域系统内部要素共同作用形成一个体系，但由于区域自身在资源、劳动力、资本、技术、信息等方面上的非均匀性，系统内部就会自然形成要素流动，达到一定的有序状态或者形成特定的区域结构，从而维持整个系统的功能和运行。如果是区域间，则考察的是区域间相互的关联，区域间生产要素的非均匀性以及发展路径的异质性会更容易导致区际间要素的流动，这种流动或者是由于区域间要素互补的需

---

[1] 义旭东. 论生产要素的区域流动 [J]. 生产力研究，2009：16.

要导致，或者是区域间相互竞争导致。区域间流动的现象是非常普遍的，如东部沿海区域普遍存在资源有限、劳动力缺乏的现状，但区域经济水平和产业水平高，从而吸引中西部区域的资源和劳动力向东部流动，同时东部区域的产品会向中西部流动，由此形成了一种要素流动现象。

第三，生产要素中存在完全不可流动要素和可流动要素，按照现代西方经济学对生产要素的理解，将生产要素分为劳动力、土地、资本、企业家才能，其中土地就是完全不可流动的要素。而作为可流动的生产要素又分为完全可流动要素和部分可流动要素。完全可流动要素是较为普遍，而作为部分可流动要素需要在这里加以阐释以便于理解。以农业部门为例，在一定区域内农业劳动力就属于部分流动要素，由于农业部门是区域内基础原料的生产部门，其劳动力要保持一定的稳定性，只有部分农业劳动力可以发生流动。在这里还需要指出的一点是要素的流动性存在在很大程度上还依赖于区域的政治环境，如人口、技术、资本的流动特别是国际间流动，就直接受到政治相关政策的影响。

第四，生产要素的流动在流动的动力性上分为自然性流动和强制性流动。自然性流动，即按照要素的相互需求和补充而产生的流动；而强制性流动，则是由于某种强制力迫使要素向某个方向流动，从而达到其强制性的目的。

区域生产要素流动的作用因子主要有三方面。一是区域内或者区域间开放度。对于区域要素流动本身，区域的开放度是要素流动的根本前提。如在区域内整个市场是完全开放的，那么在该区域内要素流动就会顺利和频繁；在区域间，如果市场是完全封闭的，那么两个区域间也就不存在要素的流动。二是区域内或者区域间存在相对的收益差。要素流动本身具有一定的经济学意义，即投入与产出比，在区域内和区域间，以开放为前提的要素流动往往在收益差的引导作用下，从相对收益低的部分向收益高的部分流动和转移。三是区域内或者区域间的前后向关联。前向联系是根据成本关联的循环积累因果链，着重考虑的是自然资源的先天禀赋和系列成本情况，包括生产和贸易成本以及生活成本。在初步形成的生产组织集中区内，由于本地产品及中间产品数量和种类繁多、交易成本低，该区域的产品价格往往会较低，低价格市场逐步形成。同区域内或者区域间一旦出现明显成本差距，就会出现更多的生产组织和劳动力等要素向该区域聚集的现象，并会在该区域逐步形成较为完善的产业结构和组织化程度较高的产业模式。后向联系是根据需求关联的循环积累因果链，着重考虑的是区域内消费市场以及需求的情况。要素一旦在某区域内或者核心区内聚集，消费需求往往就会明显提升，并发生聚集，由消费需求不断地增强形成了一定的市场和规模。随着市场规模效应以及扩大效应逐步增强，更多生产组织及要素就会向该区域或附近聚集。不过，一旦不断强化区域市场需求达到了一定限度，并产生了区域市场拥挤效应，部分生产组织就会因为市场竞争等因素发生转移。前向联系和后向联系从本质上讲其实就是成本与需求的关系问题，要素流动也一样受到成本与需求关系的影响，如劳动力在选择流动方向时，一方面要考虑前向联系即生活成本，另一方面要考虑后向联系即需求，生产活动的投入和产出比例。

总体上看，区域生产要素流动的作用机理主要在于以下四个方面。

第一，市场接近效应的作用机理。由于考虑市场交易成本和资本逐利性，区域生产组织会向接近市场规模较大的区域转移，从而劳动力及其他要素也会向该区域转移，技术和信息作为生产组织的结构性要素，也必然向该区域转移。

第二，生活成本效应的作用机理。区域内劳动力既是生产者又是消费者，区域生活成本是劳动力选择流动方向的重要依据。一定区域内生产组织的集聚意味着劳动力和消费需求的集聚，意味着产品在数量和种类上的集聚，意味着各类市场的聚焦和市场规模的扩大，意味着贸易成本、生活成本的下降，这就会吸引更多劳动力以及生产组织向该区域流动。

第三，市场拥挤效应的作用机理。大量集聚的生产组织会导致更为激烈的竞争，同时由于本区域内土地及相关资源紧张，一旦生产组织集聚的量达到某个限度，市场拥挤效应就会变得显性化，生产组织的生产成本会大幅提高，投入与产出比例明显下降，盈利空间降低，因此不少生产组织以及生产要素就会向其他区域流动或转移，或者部分相对竞争力和创新能力较差的生产组织就会被淘汰。市场拥挤效应在一定程度上有利于进一步提升和优化该区域内产业结构和技术创新水平。

第四，循环累积关联的作用机理。一旦区域要素流动趋向于一个方向时，区域聚集力就会不断被强化，从而改变该区域产业结构，同时形成新的区域结构和形态，直到区域内分散力与聚集力达到平衡。一旦区域的分散力大于聚集力时，区域就会发生系列分散现象，直到重新形成相对的平衡结构，在这个过程中，区域经济模式、生产方式会发生改变，区域结构和形态也会发生变化。

区域生产要素流动基本围绕上述几种机理运行，并且区域的形态、结构和功能的形成及演变也是这几种机理共同作用的结果。区域要素流动本质上就是要素流动对成本和盈利的影响，而技术和信息是区域生产组织从本质上调节成本和盈利空间的重要因素。

二、区域生产要素流动的平衡和非平衡

区域自身内部的不平衡性、区域间的差异性以及区域间的分工对要素的流动起着决定性作用。区域生产要素的流动存在着两种状态，一种是相对的平衡状态，另一种则是非平衡状态。

第一，区域要素流动的平衡是系统内部结构相对稳定或者系统之间结构上的相对平衡。区域生产要素流动的平衡状态可以认为是区域的聚集力和分散力处于相对平衡的状态。在区域内，这种平衡体现在劳动力、资本、技术、信息在区域生产活动中相对的稳定，并且呈现出相对稳定的运行状态。在区域间，这种平衡体现在区域结构中劳动力、资本、技术、信息四种要素基本维持不流动或者平衡流动的状态。

对于一个区域系统而言，自身内部生产要素的流动与本系统的生产力水平和产业结构直接相关。在区域"核心—边缘"结构形成并不断强化的背景下，生产要素主要集聚于核心区，边缘区为核心区提供劳动力和资料，核心区为边缘区提供产品，从而构成相对稳定的相互联系，促进该结构的稳定性。如我国城乡二元结构就是这种形态的典型体现。城市作为中心区域，系列产业、市场、资本、技术、信息等在城市聚集，现代化商业和完善的基础设施是城市的根本特征。乡村作为城市的辅助区，以小农生产和落后的基础设施为根本特征。乡村为城市发展提供大量的劳动力和生产资料，城市为乡村提供产品和服务，

城市发展变向的以牺牲乡村的发展为代价，造成乡村发展的诸多困局。但重新审视城乡二元结构的发展，从生产生活成本和市场效应视角考察，产业集聚有利于降低生产成本、提高生产资料的利用率和劳动生产率。城市作为市场聚集中心，有利于降低交易成本，并且随着市场规模不断扩大，市场规模效应不断增强，城市内产业会在市场带动下得到进一步的发展，产业规模、产业数量等都会得到扩大，从而又为农村剩余劳动力提供更多的就业机会。但与此同时，考虑实际的社会管理和环境问题，城乡二元结构需要进一步消除。以城乡一体化发展为主的结构更加有利于社会管理和环境治理，形成较为稳定的区域秩序和文化。

对于区域间而言，总的社会系统的相对稳定形态主要取决于区域间相互需求的稳定性、要素流动的相对稳定性、成本和市场的相对均衡性。区域间形成的互补、均衡结构是整个系统相对稳定的重要基础。区域间生产要素的流动取决于成本和市场，区域间劳动力、资本、技术、信息都会根据区域间的需求和投入产出比来进行自然调节、流动。在维持区域间生产要素的流动平衡和稳定性方面，采用异质性发展模式的区域要优于采用同质性发展模式的区域。区域异质性发展有利于形成区域间系统互补性形成和结构的稳定，而同质性发展往往会导致区域间竞争过度，从而改变平衡结构。但同质性发展在一定程度上却有利于区域间技术创新和产业结构的变化。在景气循环理论的视角下，平衡状态是产业发展周期和技术周期相对稳定的共同作用产物，景气循环末端是技术创新和产业变革的开始。相比较而言，区域间异质性发展有利于整个系统的景气循环，而区域间同质性发展则会通过区域间相互竞争产生新质，变革景气循环，形成新的系统结构。而作为宏观的政府性干预有利于区域发展的相对稳定性，可以防止不必要的恶性竞争，而导致区域非理性发展。

第二，区域生产要素流动的非平衡性，即区域生产要素流动呈现出流入与流出不平衡现象或是净流入、净流出现象。对于一个区域系统，如果生产要素的流出与流入比例失衡，则该区域要素流动的非平衡性产生，区域的产业结构和经济结构就会发生整体性的变化，从而区域的系统功能及结构发生改变。这种现象往往是区域系统内突发因素的产生并且不断得到强化所导致，从而引起区域聚集力或者分散力单向强化或者两者在强化程度上差异显著，不断强化非平衡状态。

同样以我国的城乡二元结构现象为例。城市作为要素集聚区，其生产和生活条件均优于农村，这往往会进一步促使农村区域的剩余劳动力、资本等向城市单向输出，长期以往的单向输出必然导致农村原有生产结构发生改变，失去发展的基础，这也是我国农村发展不断落后的根本原因，即缺乏必要劳动力、资本和技术，农村区域就无法形成聚集力。在当前，城乡二元结构在城镇化发展中得到较为明显地改变。城镇化的发展改变了原有的城乡二元结构形态，由原来的生产要素从农村向城市流动改变为向各个镇中心区流动，实现了生产要素就近投入生产活动，同时也极大地提升了农村的经济发展水平。但由于农村小农生产方式仍然普遍存在，同时家庭作坊式小工业仍难以协调进入镇域设置的工业园区，县级市区域内低小散企业普遍存在现象仍然严重。低小散企业的普遍存在不利于区域社会发展，一方面是管理难度大、规范程度低；另一方面是环境污染大和生产资料利用率低。这两方面都和所采用的生产技术和管理模式直接相关，低门槛的技术、简单的管理模式是最为突出的特征。

区域间生产要素流动的非平衡性主要体现在区域间的发展差和产业差。区域间自然资源和社会环境的差异性是绝对的，区域发展的路径、模式、水平和质量的差异导致了区域间发展差的形成，区域间产业水平、结构、层级和形态的差异主要导致了区域间产业差的形成。我国的东中西部的阶梯式发展结构和梯度发展模式，就是国家根据区域间的发展差和产业差进行宏观产业布局所形成的。中西部大开发政策就是国家为了生产要素回流而做的一项重大举措，也是进一步开发中西部资源、大力推动中西部发展的一项重要举措。区域间生产要素流动的非平衡性也会由于某个区域内突发因素的影响所造成。如某区域内，由于突发性的产业技术创新、扩散，新技术的产业化、社会化不断增强，区域内原有生产方式就会发生根本性变化，技术效应会得到显著放大，从而诱使其他区域的资本和生产组织向该区域聚集或者流入；或者某区域内，由于某种资源的突发性大规模开发和利用，从而引起的区域间生产要素的流入，形成聚集效应。以上两种情形中，突发性因素不仅会导致区域生产要素流动的非平衡性，而且还会改变区域间的要素结构和产业形态。

三、技术作为生产要素在区域流动中的作用和意义

"随着生产力发展和科学技术进步，技术越来越成为区域经济发展的关键性生产要素，区域技术要素流动对其他生产要素

区域流动的促进和制约影响越来越明显。"[1] 技术本身是最为活跃的流动要素，技术转移和技术扩散都是技术流动的具体体现，技术的流动也分为实体性流动和虚拟性流动，即技术设备、工具等物化的流动和技术知识、理论等信息性的流动。技术同时作为流动的载体和手段作用于区域生产要素流动的整个过程中。

第一，要素流动的技术依赖性。考察区域生产要素流动可以发现，在流动过程中，无论是劳动力、资本、技术还是信息，都依赖于技术作为手段和载体进行。当今社会，劳动力本身就含有对技能、技巧的掌握，只是在程度和层次上存在差异，并且劳动力在生产中其劳动报酬的多少取决于其生产效率高低，而生产效率在一定程度上受到劳动者所掌握的技能、技巧的水平和层次影响；资本本身具有趋利性，资本要实现其获利或者资本再生产必须借助技术手段，资本的流动同样依赖于技术，资金流的快速运作、物化资本和知识资本的转移等都需要借助于技术得以实现；技术也同样需要依赖于技术实践而实现其物化价值和精神价值；信息作为虚拟性生产要素，需要借助技术手段进行流动，网络技术、数字技术等都是当代最为便捷的信息流动的技术载体。

第二，技术是区域成本变化的重要影响因子。区域成本包括生产成本、交易成本、生活成本。生产成本在很大程度上取决于其所采用的生产技术、组织管理模式和水平。先进的技术和与其配套的科学的组织模式既能极大的节约生产组织的生产成本，还能极大地提升产品质量，赢得市场份额，这是生产组织获得市场竞争力的重要手段。交易成本是人们进行交易活动

---

[1] 义旭东. 论区域要素流动 [D]. 成都：四川大学，2005：59.

时候产生的费用，这些费用的产生主要取决于交易的方式和交易的环境。技术在现代交易过程中起着重要的作用，技术可以改变交易方式和交易过程，减少环节、提升效率、降低成本。如当代网络交易是社会交易活动的重要形式之一，人们可以通过信息网络技术平台进行交易活动，从而减免了大量的实际交易活动中的成本。生活成本是人们日常生活中所支出的费用。技术作为最基本的产品属性，在生产端，技术的作用体现在节约产品生产成本，提高产品质量和效能上；在交易过程中，技术的作用体现在减少交易成本，从而为产品价格的降低做准备上；在消费端，消费者对产品的技术含量，如耐用性、适用性等进行考量，并就性价比进行选择，从而挑选适合自身的产品，以达到自身最佳的生活状态。

第三，技术是区域市场管理和模式变革的因子。现代市场管理离不开技术，现代化管理模式也必须有现代技术体系作为支撑。区域市场是一个宏观性的交易场所，区域市场的管理必然需要一整套完善的管理体系，同时体系的科学建构和有效运行都要依赖于技术得以实现。如信息时代背景下，对于市场内部管理部门和政府相关职能部门而言，数字信息技术的应用不仅提供了相应的参考依据，还能提供相应的趋势预测；对于劳动力市场，数据信息技术的应用极大地方便了流动劳动力的管理，更加为企业与劳动者之间信息互递以及雇佣的选择提供数字化的参考依据；对于资本市场，数据信息技术的应用极大地方便资本投资与转移。考察现代任何一个具体的市场，在市场内安全管理、信息采集等具体环节上，新的技术应用越发广泛和深入，如监控设备、市场数据信息库网络等。新技术的应用也往往会改变原有市场管理模式，从以往的人工操作变为自动化程序控制。在商品交易上，新技术的应用也为市场和消费者双方带来极大的便利，如当前广为使用的二维码扫描支付技术以及商品二维码认证技术，通过二维码的扫描，实现快速支付，同时市场管理方和消费者能快速地了解到产品的质地和生产厂家信息。市场中一系列技术的应用对市场体系的完善和管理模式的优化都有着极为重要的作用，技术作为市场的关键要素，将不断改变和优化市场结构和市场功能。

第二节　技术导向与区域劳动力流动

技术导向是一种相对显性的技术效应。在区域劳动力流动过程中，由于自身素质、理论知识、技术水平的差异性存在，不同的劳动者在劳动收益方面也存在着不同程度的差距。劳动力的流动不仅与区域经济、生活水平等因素的差异性相关，从更实际的劳动收益进行考量，会发现劳动力在很大程度上会根据自身素质、知识、技术能力水平选择向不同层次、不同产业进行流动，以获得最大劳动收益，这也就是技术对区域劳动力流动的导向性效应。

一、劳动力的技术内涵

劳动力素质是劳动者劳动能力、劳动报酬的重要影响因子，并直接影响生产力发展。劳动力素质包括劳动力的智力、体力和思想素质，一部分是先天赋予的生理素质，另一部分则是后天习得的素质。随着科学技术的发展，劳动力素质的科学技术性更为显著，劳动力的知识内涵和技术能力在很大程度上决定着劳动力的劳动方式、劳动薪酬以及劳动者在劳动分工中的位置。与此同时，劳动力素质也是反映一个国家或者地区劳动能力的重要指标之一，劳动力质量是劳动力素质的综合性反映。

劳动力的质量是以不同的文化水平和技术等级为标准对劳动力进行的划分。劳动力的知识和技能在劳动生产过程中，需要与劳动对象和劳动资料的发展相适应。劳动力结构是由不同的劳动力构成的复杂结构，反映的是一个区域内劳动者的整体素质与劳动生产水平。

在当代劳动力就业结构中，劳动力结构是劳动分工结构的构成和报酬标准的划分基础。职称等级是按照劳动力的质量进行划分的，劳动力分为初级、中级、高级三个层次，劳动方式分为技术性劳动和非技术性劳动两个类型。技术性劳动即劳动者掌握了一定知识和技术技能、技巧，并运用相对复杂的工具进行的劳动；非技术性劳动即劳动者的劳动对相应的技能、技巧要求很低，是完全依靠体力完成的劳动。随着科学技术不断发展，劳动力在教育和学习过程中不断更新自身知识水平和劳动技能，科学技术对劳动方式、过程和结果的作用越发明显，同时也直接作用于劳动力本身。从劳动主客体角度看，劳动主体的人和劳动客体的物资资料及工具的技术化推动着劳动生产的技术化，从而推动社会生产力、生产方式的变化，即劳动者、劳动对象和劳动资料的技术化推进着社会生产形态乃至结构形态的变化，并且科学技术的发展极大地推进了劳动主体和劳动客体的结构升级。从本质上看，社会的发展在某种意义上是知识和技术不断进步并且内化于劳动者自身素质和劳动生产的过程，是科学与技术的进步带动着劳动力自身的进步、劳动方式的升级和社会经济的发展。

　　劳动力的素质直接决定着劳动力质量和劳动方式，并且两者直接影响着劳动的质量和劳动生产率。在生产实践中，劳动力必须通过具体的劳动实践才能实现物质的生产，即技术对知识的物化。知识作为劳动力的能动作用发挥和具体实践效果的重要影响因素，必须通过转化为服务于具体劳动的技术才能实现知识的物化，才能实现其价值。在劳动分工中，纯粹的体力劳动基本都处于较原始、低层次的劳动作业范畴中，劳动力只有通过增加自身素质和质量内涵（技术性劳动能力增加），才能改变其劳动方式和劳动层次。考察劳动力发展过程，可以发现劳动力素质的提升过程就是劳动力本身知识水平、技能、技巧不断学习和经验积累的过程。从劳动报酬角度看，劳动者的报酬与劳动质量和生产率直接相关。从劳动生产率影响因素看，劳动生产率即劳动者在单位劳动时间内的劳动产出，劳动者的知识和技术水平以及对新技术和生产工艺流程的学习能力在很大程度上决定着劳动生产能力的质量以及劳动生产效率。通常情况下，先进的技术工具结合相应文化和技术性劳动者，就能极大地提升劳动生产率。

二、劳动力流动的规律和影响因素

　　劳动力流动是指劳动力为了获得更高的劳动收入而在地区间、产业间、部门间、就业状态间、企业间乃至工作间的转移。❶ 劳动力流动是一个多因素作用的结果，劳动力的流动也构

---

　　❶ 李丽辉. 技术进步对劳动力流动的效应研究［D］. 西安：西北大学，2007：I.

成社会与经济发展的重要因素。一方面劳动力流动有助于促进区域间或者区域内产业的发展和市场的发展,另一方面劳动力流动有助于缩小区域间和区域内劳动力的工资收入差距,但是劳动力流动本身不能完全消除区域间和区域内的劳动力工资收入差距的存在。

根据劳动力流动的经济学动因分析显示,劳动力流动的本质原因是劳动者对更高的收益和福利的追求,这是从微观的个体和群体角度出发进行解释的,区域间的收入差距和福利差距是劳动力区际间流动的重要影响因素。但在新劳动力迁徙理论中则认为劳动力流动并非是单个个体或者群体来决定的,而是劳动者所处的家庭以及相应群体的共同决定,劳动力流动的目标是实现劳动收益最大化以及家庭收入风险最小化。在马克思的理解中,劳动力的流动是知识和技术发展与资本积累和扩张共同作用的结果:一是劳动力完全与生产资料分离,成为真正意义上的自由劳动力;二是知识技术和资本的发展促进了劳动生产率的提升,使工业化和城市化发展存在可能;三是"资产阶级利用暴力手段进行劳动力和资本的社会资源再配置过程"[1]。

劳动力流动的前提是区域的开放性。如果区域不开放,区域内各个子系统是完全封闭的,那么劳动力就不存在流动。劳动力流动对于社会人力资源优化配置和经济发展具有重要的意义。马克思曾明确指出:"现代工业通过机器、化学过程和其他方法,使工人的职能和劳动过程的结合不断地随着生产的技术基础发生变革。这样,它也同样不断地使社会内部的分工发生革命,不断地

---

[1] 陈恩,于绯. 马克思主义经济学与西方经济学劳动力迁移理论的比较[J]. 贵州社会科学,2013(8):109.

把大量的资本和大批工人从一个生产部门投到另一个生产部门。因此，大工业的本性决定了劳动的变换、职能的变动和工人的全面流动性。"❶ 在这里马克思明确的用"机器、化学过程和其他方法"作为技术和科学的指代，强调生产的变革是技术、劳动力和劳动过程共同作用的结果，同时指出技术直接影响资本和劳动力的流动。从劳动力身份转化角度看，"劳动力从农村迁移到城市的结果是大量劳动力在城市化和工业化的过程中转换了身份，成为真正的城市居民和非农业人口"❷。劳动力流动对劳动者身份以及相应的生活、生产环境等有重要的变革作用。

劳动力的流动有着一定的规律。从产业角度看，劳动力流动分为产业内部流动和产业间流动，如第一产业、第二产业、第三产业之间劳动力的流动或者各产业自身内部各部门之间的劳动力流动。从区域内部看，即区域内子系统之间，劳动力流动在子系统自身内部发生流动，即在不同的生产组织之间发生流动或者在具体的生产组织内部在分工的岗位上发生转移流动。从区域间看，就是区域间劳动力流动，作为生产要素的重要组成部分的劳动者的转移流动。劳动力流动会引起劳动力结构变化、产业结构变化、生产要素结构变化以及经济增长模式的变化。运用"推力—拉力"理论分析劳动力流动规律，可以发现劳动力从一个区域向另一个区域转移的原因主要分为两部分：一部分是针对原区域的资源、基础设施、人际关系、自然环境的缺乏或者恶化的反应；另一部分是针对不同区域的就业机会、

---

❶ 马克思，恩格斯. 马克思恩格斯全集：第 23 卷［M］. 中共中央马克思恩格斯列宁斯大林著作编译局，译. 北京：人民出版社，1972：533 – 534.
❷ 陈恩，于绯. 马克思主义经济学与西方经济学劳动力迁移理论的比较［J］. 贵州社会科学，2013（8）：108.

工资收入、基础设施等条件的选择,从而引起劳动力流动,产生一定的示范效应,这样就会进一步推动劳动力的流动规模。根据托达罗模型❶分析城乡二元结构问题,可以发现农村劳动力向城市移动的重要前提是就业概率和工资水平差异,一旦区域间的工资水平等维持基本平衡,区域间劳动力流动就会在区域间保持相对稳定。

"核心—边缘"理论❷也为劳动力流动提供了一个参考。区域产业的集聚会引起劳动力流动,并会导致区域经济结构变化,逐步强化聚集区域的经济社会发展功能,从而形成区域内经济的"核心—边缘"结构。这种结构既是经济的非均衡增长形成结果,也是逐步强化区域集聚效应和规模效应的结果。在集聚效应和规模效应的影响下,生产要素会向该区域流入,其中就包括劳动力的不断流入,并形成自我强化的循环因果链。这种循环因果链由两条循环链共同组成,第一条是"人口迁移导致消费支出的转移,消费支出的转移导致生产活动的转移,生产活动转移反过来又刺激人口的迁移";第二条是"人口迁移导致生产活动的转移,生产活动的转移改变生活成本,生活成本的改变进一步刺激人口的迁移"。❸ 这种两条循环链是从需求关联、

---

❶ 托达罗模型是美国发展经济学家托达罗于1970年发表的农村劳动力向城市迁移决策和就业概率劳动力流动行为模型,又称三部门模型。

❷ "核心—边缘"理论是1966年由约翰弗里德曼在他的学术著作《区域发展政策》(*Regional Development Poliy*)一书中正式提出的。"核心—边缘"理论是一种关于城市空间相互作用和扩散的理论,以核心和边缘作为基本的结构要素,核心区是社会地域组织的一个次系统,能产生和吸引大量的革新;边缘区是另一个次系统,与核心区相互依存,其发展方向主要取决于核心区。核心区与边缘区共同组成一个完整的空间系统。

❸ 安虎森,等. 新区域经济学 [M]. 2版. 大连:东北财经大学出版社,2010:54.

成本关联以及市场接近效应、生活成本效应角度对区域劳动力流动规律以及过程的阐释。但在这些关联和效应共同作用的同时，还需要我们进一步考虑市场拥挤效应的存在，一旦聚集力与分散力作用达到平衡或聚集力作用小于分散力作用时，劳动力流动就会出现相对稳定或者不再流动；一旦分散力作用不断强化时，劳动力流动就会出现反向机制，劳动力会向外流出直到重新达到新的平衡。

从上述规律中我们能发现，生活成本、工资水平、就业概率、流动成本等都是劳动力流动的影响因素。但劳动力流动的根本前提是区域内部或者区域间的开放程度，开放程度越高，流动的可能性越大；开放程度越低，即使发生流动也是相对微小的流动。

从国内来看，有种劳动力流动现象比较普遍，这种现象可以用老乡"示范效应"进行概括，如张三与李四、王五都是一个村里的劳动力，当张三外出打工获得了较高的收入时，回到村里后，张三与李四、王五等交流其打工的经历和过程，那么由于对收入差异的考虑，李四、王五也会跟随张三一起出去打工。这种"示范效应"就会扩展至整个村，引起更多劳动力的转移。中西部各个省份的劳动力向东部沿海区域流动，很多就是跟随老乡而来，并且在各个区域逐步形成各自类似农民工老乡会的组织。从国际上看，我国侨乡"示范效应"较为显著，如浙江的青田、福建的潮州、广东的台山等就是典型的侨乡"示范效应"引起的劳动力流向海外，并且在海外形成一定的侨乡组织、侨乡文化以及相应的运行模式和形态。

值得注意的是目前也出现了这样一种情况，那就是有很多年轻人已经不愿意背井离乡去往工资水平较高、就业概率更大的区域发展,而愿意留在家乡或者家乡附近区域发展。从某种意义上说,这也是一种基于特定文化影响的综合性选择。如北、上、广都是发达城市,经济水平和基础设施在国内都属于最佳区域,就业和工资收入也在国内排名靠前,但是综合考虑就业层次、生活方式、生活幸福指数、住房等条件,很多年轻人就不会选择在此类城市发展。但对于广大劳动力而言,成本与收入比是劳动力流动的主要考虑内容,其中生活成本、工资水平、就业概率、流动成本是决定劳动力流动方向的关键性因素。对于我国而言,户籍制也是一个影响劳动力流动的重要因素,劳动力市场化的规范性、信息对称性和劳动法的有效执行,也会不同程度地影响我国劳动力流动的形态。

三、区域劳动力流动的技术导向

劳动力的流动不仅与区域经济、生活水平等差异相关,还与劳动力素质和能力直接相关,劳动力体力、智力、教育程度、技能、技巧等的综合水平是劳动力素质和能力评判的指标。劳动力的流动在一定程度上会根据自身的素质和能力,进行不同方向、不同层次的流动。这种流动涉及不同的部门、产业、职位、区域等。

当今社会,不同部门、产业、职位、区域对劳动力素质和能力的要求是非常不同的。特殊行业对劳动力的专业化技术水平和知识水平有严格的要求,如化工行业、生物技术行业等,它们对劳动力的专业知识和技能水平要求很高,要流入这些行业的劳动力就必须具备符合该行业就业要求的知识和技术。劳动密集型产业往往是对劳动力技术和知识水平要求相对较低的领域。知识密集型产业是对劳动力技术和知识水平要求较高的领域，且往往对劳动力有严格的专业资质等要求。从劳动力本身来看，劳动力的技术水平和知识水平决定了其流动的方向和范畴，同样也在一定程度上决定了劳动力的工资收入水平。在社会劳动分工过程中，劳动力是根据劳动者的知识水平和技能等级进行分层，形成劳动力分层等级结构，从事劳动生产。

技术进步对提升生产力水平，改变生产关系，变革生产方式有着重要作用，是生产率提升的重要因素。技术进步对产业结构和模式的变革有着重要作用，并直接影响着产业的收益。技术进步直接影响着劳动力的分工和劳动者的素质和能力，同时也改变劳动力流动的形态。从产业收益的差距看，英国著名经济学家威廉·配第对不同产业之间的收益差进行了分析，指出"工业的收益比农业多得多，而商业的收益又比工业多得多"[1]，并对劳动力在这些产业之间的就业结构进行研究。这种产业间的收益差异会推动劳动力由低收入产业向能获得高收入的产业流动，这就是著名的配第定律。根据西方经济学理论研析产业收益差问题，不难发现产生产业收益差距的根本原因是产业附加值的差距，而产业附加值的差距又源于生产率的差距，生产率的差距存在又是生产分工、组织模式、生产技术差距所造成。因此，可以得到这么一个结论：技术和分工以及组织模式是形成以上劳动力流动的最终因素。

在新经济地理理论中，现代产业对运输成本和规模效应之间的权衡是现代产业选择集聚与分散的根本原因。产业集聚对产业本身意味着生产、管理成本降低等，对劳动力意味着就业

---

[1] 威廉·配第. 政治算术 [M]. 陈冬野, 译. 北京: 商务印书馆, 1978: 19.

率提高、生活成本降低等产业集聚会导致区域性的劳动力聚集，这和"核心—边缘"理论是一致的。技术层级是现代产业集聚的一个重要指标，先进的技术会进一步强化产业集聚和区域的竞争力，形成更为强化的循环因果链，而处于技术停滞或者落后的产业集聚形态会逐步因为生产组织的利润趋于零而走向产业分散，整个产业结构、要素结构也就逐步变化乃至最终完全瓦解，由此区域发展就会陷入停滞或者倒退。从产业发展历程看，劳动密集型模式为后期知识密集型模式奠定了一定的发展基础，并为产业转型做好系列物质准备和经验积累。技术作为产业转型的关键因素，技术的发展有助于生产力提高、生产方式变革，并逐步改变产业发展模式和经济增长模式，在这个过程中，劳动力流动的方向会根据劳动力的知识水平和技术水平进行选择。往往技术的变革会导致产业结构和部门结构的变化，同时也会引起生产要素流动的变化。劳动力会根据具体的产业变化和部门变化自然形成流动，并且在不断地流动和劳动中，提升自己的劳动能力和技术水平，从而实现其分工位置的跃迁。

第三节 技术社会运行与区域资本流动

区域资本流动与技术的社会运行直接关联。技术的发展极大地推动了区域资本的流动，技术社会运行所产生的效应也直接体现在区域资本的运动之中，技术的转移、聚集、扩散等效应的产生都直接影响着区域的技术形态和产业形态。技术水平与产业水平直接决定着资本的收益，资本的收益差直接影响着资本的流动，这是技术社会运行的效应对资本流动作用的逻辑体现，同时在这种效应之下也逐步产生了技术异化，这也是工具理性与资本逐利性融合的结果。

一、技术的发展与区域资本的流动

区域资本在特定时空下有着明显的区域性特征，包括分布不均衡性、层次性、政策性和市场性等，并且区域资本有着各自的发展规律。第一，任何一个区域或者区域间都不可能存在自然均匀分布的资本，即资本分布的不均衡性，区域内以及区域间的生产活动集中程度、生产力水平的不同都会导致要素分布及流动方向和形态的不同，从而导致资本分布的不均衡性；第二，由于区域内以及区域间资本分布的不均衡以及经济活动方式的不同，区域资本在不同领域和产业之间的流动也就呈现出层次性，如人力资本的层次性、生产资本的层次性、商品资本的层次性等；第三，区域资本还有着典型的政策性和市场性，即双轨性。一个区域的政策法规与市场发展程度直接决定了该区域资本具有双轨性，这也是我国现代市场经济的一个典型特征。

在具体的时空体系下，区域资本的发展会呈现出一定的发展规律，其中发展的非均衡性和多样性是其重要的特征。在同一个区域内，由于不同空间条件下的生产活动和经济发展水平的不同，区域内资本会不同程度的集中，并形成资本中心，进行资本运动。有的区域以传统的产业和技术为载体，区域资本运动遵循传统的方式；有的区域以新兴技术和新兴产业为载体，区域资本以新的运动方式进行，并且呈现出各自的特色。

区域资本的流动与技术的社会运行有着明显的关联性。资本的流动取决于资本收益差的存在，而资本收益差取决于生产效率差的存在，生产效率的高低则取决于生产要素在某一区域或者行业中的配置科学程度。技术是生产过程中直接影响生产效率的要素，也是决定性因素。考察当代区域的形态，产业中心和市场中心都直接与区域的科学技术活动中心有着直接的关系。

区域资本的聚集和转移都是由于区域相关的生产要素的变化或者差异而造成。技术作为重要生产要素，技术的转移、聚集、扩散等都直接影响着区域的技术形态和产业形态，并且使某一区域的区位特征发生变化，从而引起区域产业的集聚或者转移。由于聚集效应的作用，区域内或者区域间的生产要素都会自然流向该集聚中心。相反，由于分散效应的作用，聚集中心的生产要素会随着产业的转移而发生转移，流向其他区域。技术的社会运行直接受到区域的资源状况、生产方式、经济状况、社会文化、历史形态等影响，并呈现出相应的区域性特征。

以江苏昆山市为例，昆山市是我国百强县市之一，聚集了2400多家台资企业。昆山以实体产业为主，是典型的产业集聚区，产业结构特征明显。昆山位于长江三角洲区域内，且邻近上海、杭州、南京等发达城市，昆山市的发展模式是典型的发达城市辐射发展模式。昆山以低成本制造业为主，代加工模式是昆山产业发展的主要模式。昆山的区域集聚中心的建立还依赖于其交通的便利和发达，昆山市正好处于京沪高铁、宁沪城铁、沪杭磁悬浮、浦东和虹桥机场扩建工程等主要交通要道的重要节点上，这样极大地有利于昆山区域的生产要素流动和市场的运作。昆山区域以代加工技术为主要技术，形成技术体系，在上海、南京、杭州等发达都市的辐射下，很多昆山企业成为发达城市中总公司的生产部门，而技术研发中心和技术贸易平台却依然留在公司总部。昆山区域的产业集聚效应也引发了其他相应配套产业和基础设施的建设，并逐步形成了一整套较为完善的产业体系和良好的产业环境。技术作为最活跃的生产要素，也同样随着昆山区域的产业集聚和资本流入不断向昆山聚集，并得到发展。但在技术创新的活力方面，昆山区域还相对缺乏，技术的社会运行和进步方式明显呈现出技术引入型，且呈现多样性发展特征。昆山以其劳动力、市场、政策的优势吸引了资本向该区域流动而形成集聚，这对该区域的经济发展和产业结构变革有着重要作用，并在早期的昆山经济发展中形成了劳动密集型、粗放型经济发展模式。随着市场拥挤效应的产生，土地资源的短缺、技术门槛的低下、生产成本的增加，昆山很多竞争力和资本相对薄弱的本地企业被迫外迁，流向其他区域从而使本地的原资本流出，这样就导致昆山区域整体资本结构发生变化。与此同时，随着景气循环规律的作用，昆山区域的经济活动模式会因为区域内生产要素的恶化而遭遇严重的发展瓶颈，粗放型的生产模式会给昆山带来严重的环境问题和资源利用的低效化后果。

在昆山早期发展的实践中，技术的社会运行呈现出相对单一化、低端化，且技术研发和创新能力薄弱，技术结构缺乏深度，技术周期缺乏延续性。同样，在这个阶段，区域集聚效应会逐步减弱，分散效应会进一步加强。产业的转型、升级需要以区域内生产力发展、生产方式的变革为重要前提，而生产方式的变革由生产力的发展决定。技术作为生产力的关键因子，决定着生产力的发展和生产方式的变革，因此要变革原有生产方式，就只有通过变革生产技术、提升技术水平、构建新型技术体系才能实现。昆山后期的发展也是通过不断变革生产技术、提升技术水平，形成了新的技术体系，并在宏观发展思路和模式上，实现从原来的劳动力、市场、政策优势向技术、市场、人才优势转变，从而变革了昆山的经济发展模式，增强昆山的区位优势，形成了知识型和集约型经济增长模式，构建起符合时代发展需要的新型产业结构。

昆山区域的发展还需要进一步从技术周期和经济周期的关联性加以考察和阐释。技术的变革对经济模式的变革有着极为重要的作用，并且在时序上技术周期往往先于经济周期展开。技术在区域社会的运行状态会直接影响区域整体生产体系的形态，先进的技术和优越技术环境会极大地推动生产力的发展、推进区域生产关系的变化，从而改变区域的生产方式。并且在任何一个区域发展过程中，区域发展模式与技术体系演进的区域特征性体现为一定的发展模式与技术体系辩证的相关性和匹配性关系，这就是技术在区域社会有效与合理运行的逻辑关系所在。从技术周期视角看，在区域技术发展中适合采用技术引进、技术贸易等手段缩短技术创新周期，同时为区域转型升级争取时间和减少转型成本。通过技术的变革不断强化区位优势，吸引更多资本等生产要素流入该区域，从而形成集聚效应。在当前宏观环境下，由于各个区域区位的不同，在技术发展路径和模式的选择上也需要采取相应的策略。在已经发展到一定规模的区域，适合以技术为先导力量，构建新的区域产业结构，形成新的区域发展模式，提升和强化区域优势；而在相对落后区域，可以通过相关政策和资源优势吸引相关先进技术、人才以及资本等生产要素流入。但如果落后的区域依然采用劳动密集型或者粗放型发展模式，那么在中后期就会出现严重的环境和社会问题，所以相对落后地区在选择引进资本和技术层次时，应该着重考虑技术门槛和优良的资本，选择高新技术以及产业，逐步实现跨越式发展，形成知识型和集约型发展模式。但这些都需要该区域提供一系列配套设施和优越政策，通过这些吸引资本、技术、人才等流入。区域资本的流动与技术的社会运行有着直接的关系，并且都植根于经济生产活动之中，如何形成更为合理性的资本运行与技术运行是区域社会发展研究中需要倍加关注的问题，也是建设科学可持续的区域社会发展模式及路径的根本问题。

二、技术的异化与资本的性质

马克思认为资本是生产关系的体现，是一种运动，更是阶级关系的体现。资本的本质价值不在于物质而是在于资本在不断地运动中，形成的物质至上的生产关系。马克思的价值规律学说明确指出了资本的流动方向，即由于资本的天然扩张性和侵略性，导致了资本必然向高利润行业流动，并且资本是所有经济活动的核心要素之一。资本的循环与扩张是资本运动的表现，资本的循环分为货币资本循环、生产资本循环、商品资本循环，这三个循环是人类社会经济运行的基本资本循环形式。资本的循环也是人类经济活动的具体体现，包括生产、交易（买卖）和消费，它们贯穿于人类生产、生活活动的整个过程，涵盖了人类的生产、生活活动的每一个环节。资本是一个经济学概念的同时，也是一个社会学概念，还是一个哲学概念。资本的扩张性和侵略性具体体现在资本特有的属性上，即运动性、价值性、逐利性、阶级性。资本在不断地运动中改变自己的形式和形态，并且通过不断地运动而获得增值。资本离开了运动，就失去了其存在的价值，资本也只有在不断地生产、交换、消费过程中，体现其存在的意义。资本的逐利性是资本的本质属性，资本的产生、发展都需要资本自身不断地进行再生产而形成新的资本或者增值，否则资本就会走向消亡。资本的本质是生产关系的直接体现，也是阶级关系形成的基础，资本是一种对物质的支配权，在劳动力完全与生产资料脱离成为真正意义上的自由劳动者时，资本就成了资产阶级剥削劳动者的工具，并且逐步演变成资本主义社会的统治工具。生产活动无法离开生产力而存在，资本的运动也同样离不开技术运动而存在。技术作为生产力的关键要素深刻地影响着生产力和生产关系这对矛盾运动的形式与过程，技术是资本运动的重要支撑，也是社会建构的重要基础，更加是社会发展的根本动力。

马克思在其理论体系中十分重视技术对社会的作用，并且认为技术的发展与资本社会的形成有着直接关系，"手推磨产生的是封建主为首的社会，蒸汽机产生的是工业资本家为首的社会"[1]。在这里，马克思一方面阐释了其"技术的社会建构"思想，同时也强调了技术对生产力、生产关系形成和发展的特殊作用。但马克思还强调了"技术的发展也要受到社会制度和社会发展状况的制约和影响，比如资本主义社会存在的大量技术异化现象就是有力的证明"[2]。技术既成为建构社会的重要手段，同时技术本身也是社会、历史的产物，并受到社会和环境的制

---

[1] 马克思，恩格斯. 马克思恩格斯全集：第1卷 [M]. 中共中央马克思恩格斯列宁斯大林著作编译局，译. 北京：人民出版社，1995：142.

[2] 赵海月，韩冰，康喜彬. 凯尔纳"技术资本主义"的生成背景、主要内涵和理论究底 [J]. 中共贵州省委党校学报，2013（2）：31.

约。在这里,技术的异化被认为是资本控制和剥削的手段之一。资本的阶级性即资本在生产关系中的具体作用,资本成为了资本家的剥削工具,资本是作为剥削劳动者剩余价值的工具而存在,是阶级关系的直接工具载体。马尔库塞作为技术批判理论的鲜明代表,认为"正是技术的类型和功能而不是技术实施本身是总体化社会统治的基础;正是经济、政治和军事的精英们(资本主义社会的统治阶级)将技术视为社会控制和追逐利润的工具"[1]。技术在构建社会的同时,成为了社会精英阶级和统治阶级的统治工具、控制工具和逐利工具。技术已然成为资本运动所需要借助的工具和载体,技术异化为阶级的控制手段,此时,资本和技术就成为了榨取剩余价值的直接工具。

我国著名的经济学家吴敬琏先生认为,"现代经济增长和早期经济增长的区别在于,经济增长主要不是靠资本积累而是靠效率提高来实现的",在"十五"计划期间,由于一些地方和部门不能"按照比较优势原理扬长避短地配置资源,造成国民经济整体效率下降","放松技术创新和提高效率的努力","抑制了对提高国民经济整体经济效率关系重大服务业的发展",服务业发展缓慢,"造成水、土、煤、电、油等基本资源的高度紧张","加剧生态环境的破坏","增加了解决就业问题的难度","对重化工业的过度投资孕育金融风险"[2]。在这里,吴敬琏先生从社会的经济形态和世界整体宏观环境考察了经济活动的本质变化,资本积累成为过去的经济形态,而效率成为当代经济的

---

[1] KELLNER D. Herbert Marcuse and the Crisis of Marxism [M]. London: Macmillan and University of California Press, 1984.

[2] 吴敬琏. 思考与回应:中国工业化道路的抉择(上)[J]. 学术月刊, 2005 (12): 38, 43 – 45.

特征，效率的来源则是技术的进步以及组织形式的优化。这个理论是以全球资源短缺现状为基础，在区域性的资源竞争与生产效率竞争越发激烈乃至恶化的现实上，重新审视了资源争夺的形式和形态，强调了技术进步对资源利用率和劳动生产率提升的关键作用以及重要意义。

经济活动离不开资本，资本运动离不开生产活动，生产活动离不开技术、资源、劳动力等要素。生产的效果取决于生产效率，生产效率的关键是先进技术和技术的创新。当前社会，技术已然也成为了资本的内涵要素，是资本积累和再生产的主要工具和手段。资本的属性已经在具体的生产实践中赋予了技术，使技术成为资本，技术资本是系列经济活动的一个重要因素，技术异化就是技术资本化的典型后果。技术在追求生产效率最大化的同时，成为资本剥削工人获得更大剩余价值的工具。凯尔纳认为，"当前新技术的爆发，以及对其产生的物质、轨迹以及所造成的影响的争论也如潮水般涌来，并且主要集中在批判政治理论和激进民主政治两方面：一方面，如何界定这些由新科技所带来的生活当中每个方面的激烈变化；另一方面，在这个科技迅猛发展以及市场资本表面上战胜了它历史上的劲敌的时代，如何运用新科技去促进社会前进从而创造出一个更平等更民主的社会"[1]。凯尔纳的观点一方面强调了技术对社会活动的整体作用，另一方面阐释了其"技术资本主义"的思想。如何通过技术自身去改变社会的生产关系，促使更为平等、民主社会的形成是当代整个学界和社会需要着重关心的问题。技

---

[1] KELLNER D. New Technologies, Technocities, and the Prospects for Democratization [EB/OL]. (2004-02-11). http://www.gseis.ucla.edu/faculty/kellner/kellner.

术异化本质上是人的异化,也是资本在人类活动中赋予人的一种性格。技术异化强化了资本对人的控制,同时限制着生产者发展权力。在经济活动中,人作为生产者,其趋利性和工具性不断地被强化,这就是资本赋予人的性格。

三、技术的工具理性与资本的逐利性

资本的逐利性是资本运动的内生动因,是资本再生产的根本驱动力。资本的逐利性直接促使资本向更有利于其获得积累和增值的领域流动,并形成新的资本集聚形态进行资本再生产,这也是人类生产活动聚集和转移的一个重要内因。技术作为资本运动的实践和手段,在整个生产过程中有着其直接的体现。"整个生产过程不是从属于工人的直接技巧,而是表现为科学在工艺上的应用的时候,只有到这个时候,资本才获得了充分的发展,或者说,资本才造成了与自己相适应的生产方式。可见,资本的趋势是赋予生产以科学的性质,而直接劳动则被贬低为只是生产过程的一个要素"[1],"生产过程成了科学的应用,而科学反过来成了生产过程的因素即所谓职能。每一项发现都成为了新的发明或生产方法的新的改进的基础。只有资本主义生产方式才第一次使自然科学为直接的生产过程服务,同时,生产的发展反过来又为理论上征服自然提供了手段。科学获得的使命是:成为生产财富的手段,成为致富的手段。"[2] 资本运动的

---

[1] 马克思,恩格斯. 马克思恩格斯全集:第46卷(下)[M]. 中共中央马克思恩格斯列宁斯大林著作编译局,译. 北京:人民出版社,1980:211.

[2] 马克思,恩格斯. 马克思恩格斯全集:第47卷[M]. 中共中央马克思恩格斯列宁斯大林著作编译局,译. 北京:人民出版社,1980:570.

实现和发展，以及其资本的生产方式都是以技术作为整个生产过程的基本要素为前提，同时资本使技术成为了生产过程进步的基础，并且不断推动着技术的进步。资本主义的生产方式使科学技术成为了资本积累和增值的基本手段，从而实现资本的运行。

技术具有天生的工具性质，是人类劳动生产活动的基本要素，技术的工具理性即人类在生产实践中，以技术使用的有效性和功效最大化为基础，强调技术仅仅是作为劳动的工具、手段为人的目的实现服务。在资本主义社会中，资本家所追求的是无法完全满足的资本积累、扩张和增值，通过资本运动实现其对社会的占用和控制。技术作为资本家在资本主义社会中对工人的剥削和资本再生产的手段，技术的工具理性就与资本的逐利性不言而合，成为资本社会追求更多剩余价值的内在意识。资本创造了我们生产活动的体系，也造就了资产阶级社会。资本创造了剩余劳动，同时还创造了一种资本主义的社会文明，"只有在资本主义制度下自然界才不过是人的对象，不过是有用物，它不再被认为是自为的力量；而对自然界的独立规律的理论认识本身不过表现为狡猾，其目的是使用自然界（不管是作为消费品，还是作为生产资料）服从于人的需要"[1]。人类的需求使资本的运动成为人类利用和改造自然的合理手段，而科学与技术作为人类劳动生产的手段，则需要服务于资本的运动。人的欲望成为资本逐利性的基础，同时这种逐利性也进一步植入技术工具属性当中。

技术的工具理性与资本的逐利性相互支持，让人类理性走

---

[1] 马克思,恩格斯. 马克思恩格斯全集：第46卷（上）[M]. 中共中央马克思恩格斯列宁斯大林著作编译局, 译. 北京：人民出版社, 1980：393.

向进一步的缺失和异化。价值的考量则成为唯一能约束和规范人类活动的手段。对技术理性的批判，其实是对人类理性异化的批判，也是对资本本身以及资本主义制度的批判。考察当今的社会，资本流动和转移是资本逐利性的具体体现。国际资本的流动和转移紧紧围绕着资本的积累和再生产展开，区域间的资本流动和转移同样围绕着资本在不同区域的利润差而展开。技术作为当今世界的核心话题，渗透到每个领域和每个角落。随着技术异化的现象加重，人们反思了对技术的工具理性和价值理性的认识，促使人类重新反思人类自身的理性变化，从而开始了逐步规范和限制技术在生产过程中应用的范畴和种类。技术的工具理性被逐步的限制，价值理性不断地被提升和植入。从人类需求视角看，资本逐利性其实是人类在需求理念上的歪曲；从人类认识视角看，技术的工具理性是人类在劳动生产过程中对手段和方法高效性的片面理解。资本逐利性和技术的工具理性都是人类理性上的异化，并且由于两者直接内含于人类的经济活动中，而导致人类活动难以有效地对它们进行规避和消除。资本的运作和技术的社会运行对区域的发展有着直接关系，两者的相互渗透是区域的资本形态和技术形态内在联系的具体体现，也是区域整体形态和特征形成的基本要素。

第四节　技术的协同和溢出效应与区域空间结构的流动性

技术的协同与溢出效应是技术效应中最为主要的效应。从区域整体角度看，区域空间结构与技术的协同和溢出效应交互影响，区域空间结构的流动性与技术协同和溢出效应的流动性直接关联，合理的效应流动与空间结构流动共同推进区域的发展。

一、区域空间结构及其流动性

点、线、面等不同形态的自然和人文要素在地理空间中的位置、分布形式和相互关系构成了地理学的空间结构。❶ 区域的经济空间结构则是"区域生产要素、经济发展水平、产业结构类型、经济控制力等在一定地域空间上的综合反映，在国内外有关文献中，通常说的区域空间结构就是指区域经济空间结构"❷。概括来看，区域空间结构并非只是指区域经济结构，它还有着非经济结构，包括社会组织结构和地理空间结构等。区域作为一个系统，有着其特有的系统结构，而区域空间结构是区域系统结构中的实体性部分。

区域的空间结构基本围绕着四个方面而展开，一是以具体的产业为中心的点；二是以交通、通信等基础设施为链条网状式的线；三是以具体的要素分布而展开和形成的联系网络；四是以整体空间结构为基础形成的面。具体的看，所谓点即区域内第二产业、第三产业所集聚形成的中心，如工业聚集中心、商业服务中心等，在特定地理空间上形成集聚，从而吸引社会其他生产要素向该地理位置流动、聚集；所谓线即区域内围绕点与点之间或者点与面之间或者面与面之间所形成的交通、通

---

❶ 吴传钧，刘建，甘国辉. 现代经济地理学 [M]. 南京：江苏教育出版社，1997.

❷ 陆大道. 关于"点–轴"空间结构系统的形成机理分析 [J]. 地理科学，2002，22（1）：1–6.

信等链条网状式的基础设施，这是生产要素能顺利流动的基础；所谓网络即在区域空间结构中形成的多向性联系，是生产组织和其他组织顺利完成其功能的基础；所谓面即整个区域组织形成的一个总体的分布形态所呈现的域面。

区域空间结构有着具体的特征，包括层次性、梯度性、不连续性、密度不均匀性、系统性、流动性。

第一，层次性。任何一个区域都存在着不同层次的中心，产业层次的不同、发展层次的不同、消费能力层次的不同等，这就决定了区域空间结构的层次性特征，这也是形成聚集效应的基本前提。

第二，梯度性。区域内由于生产要素分布的不平衡性、生产活动和技术水平的不均衡性作用，共同形成了区域内空间发展水平呈现出一定的梯度性，这是区域作为一个系统，其内生产要素流动的基本原因。

第三，不连续性。作为一个完整的区域空间结构，必然出现一个或若干个产业组织中心和要素聚集区，并且会由于区域地理空间上如山、河等具体的自然因素，而产生经济活动结构的边界，这就造成了区域空间结构在分布上的不连续性。

第四，密度不均匀性。任何一个区域内，由于要素聚集和中心区的存在，自然形成了各类组织、生产要素等在分布密度上的差异，也就造成了空间结构在不同地理位置上分布的密度不同。

第五，系统性。区域作为一个系统，其在空间结构上也必然呈现出系统性。空间结构的层次性、梯度性、分布的不连续性等都是根据空间组织的各自功能和具体相互联系而形成的，作为区域整体的结构而言，区域空间结构是区域功能实现的载体，结构的系统性是功能得以实现的基本前提。

第六，流动性。在一个区域内或者区域间，除了部分不可流动的生产要素外，其他要素都可以流动，如劳动力、技术、人力资本、信息、资金等要素都可以成为流动的因子。关于区域空间结构的流动性，可以从两个方面进行理解。一个方面是区域内部空间结构的流动性，另一个方面是区域间空间结构的流动性。

（1）对区域内部空间结构的流动性的理解。区域内部是一个生产要素分布不均衡的系统，其空间组织的分布也呈现出非均匀性，如城乡二元结构，就是典型的空间组织结构二元性的体现。城市化进程地不断深入，会以城市为中心向四周产生辐射形成辐射面，成为一个域面特征，并且城市中的工业、商业在该域面上的分布也会明显呈现出不同的层次性和差异性。城市化不断将城市结构推向周边区域，形成流动的结构。如城市中原有的产业组织，就会因为城市空间发展需要而向周边区域转移，从而在周边区域逐步形成新的产业中心。随着产业组织的转移和新产业中心的形成，又会导致部分生产要素向该区域流动和转移，从而形成一个新的空间结构，而这种结构的形式及形态往往会类似于城市中原来的结构形式及形态，这种现象就可以理解为区域内部空间结构的流动。可以说，当代很多乡镇的发展模式，其实就是早期城市发展的模式，并且乡镇发展模式中很多生产要素和结构都是来自于城市中流动出来的生产要素和组织结构。当代最为普遍的工业区，作为一种由区域内不同地理空间上的生产组织转移和流动而形成来的空间结构，同样也存在整体工业区搬迁性的流动转移。

（2）对区域间空间结构的流动性理解。区域间由于要素资源的分布不同或者发展程度的不同，会直接导致空间结构的转移和流动。考察现代很多南方的县域空间结构的变化不难发现，相邻县域间空间结构的转移和流动现象较为普遍且频繁发生，在一定程度上这种转移和流动现象所反映的是县域发展竞争的状态及程度。如浙江省区域内的一个特色产业带五金产业带，即以武义、永康、缙云三个县域为核心而建立的产业带。永康以五金和门业为核心产业，由于企业拥挤效应的作用，永康土地资源的紧张和生产成本的升高，导致很多门企、五金制造企业向武义和缙云转移，企业的转移则意味着生产结构的转移，同时将生产模式和管理模式转移，要素结构也会跟着企业实体转移发生转移，这就逐步实现空间结构的转移。考察省域之间的空间结构转移现象，如浙江、江西、安徽等几个邻近省份，由于浙江省提出了系列关于产业转型发展及技术升级等要求，很多相对产能、技术门槛较低的劳动密集型产业组织就向江西、安徽等邻近省份转移，同时也就带走了其相应的生产要素，这就在移入的区域形成了类似于这些产业组织在浙江原来的形态和结构。

这里值得一提的是，这种转移和流动虽然在短期内能有效地提升移入区域的经济增长和改变移入区域的生产结构，但最终也会使移入区域同样陷入一系列资源短缺和环境恶化等社会问题而宣告结束。随着产业结构的转移和流动，其他生产要素也发生转移，包括劳动力、技术、资本等的转移和流动，但这种结构的转移和流动必须重点考量其流动的合理性、产业发展以及发展方式的可持续性问题，否则这种结构的转移和流动形式会给流入区域带来系列严重后续发展问题，如环境的破坏、资源的低效利用以及社会问题等。

二、技术协同效应和溢出效应

所谓技术协同效应，是指在技术协同、营销协同、文化协同、知识协同、研发协同等几个方面的基础上实现的研发成本的节省、新研发能力的产生、技术的再创新和可延续性、上下游技术与原有技术的顺利衔接、技术资源的更好配置等[1]。对当代社会而言，技术的协同性效应的概念更为具体化和实践化，技术的协同效应是指以目标企业的价值增值为目的，以提高生产率和产品质量为目标对专利技术、高新技术等知识产权的收购，或者对具备该知识产权的企业的收购（并购），并将该类技术应用于目标企业。对产业和区域而言，技术协同效应对于整体产业和区域生产力的提升和变革作用是技术扩散结果的典型体现，即通过技术扩散能在广度和深度上较为明显地影响生产力的发展，从而使生产关系发生变化，最后使整个体系的生产方式发生变革。如技术收购或者并购的模式可以理解为是技术转移、扩散的一种方式，并且是快速实现技术转移、扩散的一种手段，一方面省去技术研发的时间，另一方面极大缩短技术传播的时间，减少中间过程。作为区域内的产业，可以在较短的时间内通过这种模式引进先进的技术以及相应的配套设备和人力资源。技术的协同效应也可以理解为是对技术资源的共享和技术在生产过程中应用的协同，从而获得了提升效益的能力，一方面是生产组织之间的协作和合并后技术的共享，另一方面

---

[1] 王宛秋，张永安. 企业技术并购协同效应影响因素分析 [J]. 北京工业大学学报（社会科学版），2009（1）：16.

是生产组织内部，技术被共同应用于相应的环节而产生的一种整体性效应。

技术溢出理论是经济学家麦克多加于20世纪60年代初提出的一种理论。❶ 他在分析外国直接投资（Foreign Direct Investment, FDI）的一般福利效应时，"第一次把技术的溢出效应视为FDI的一个重要现象"❷。所谓技术溢出效应，是指技术拥有者有意识或者无意识地进行技术转移或者传播，从而引起被移入或者传播领域的技术水平提升或者生产力的进步，但技术拥有者又不能完全获得技术转移后所产生的全部收益，并给技术拥有者的领域带来外部经济的效应。但这种效应不能替代移入或者传播领域的技术研发和创新能力，只是能促进移入或者传播领域内生产组织的研发能力和技术水平的提升。例如，先进的技术都会有其特定的拥有者或者企业，由于其产品的市场优势，就会引发其他企业对其生产技术和产品的学习和仿制，并通过对该产品的仿制和对该技术的整体性学习，结合自身的技术基础进行相应的研发，在一定时期内，市场上就会产生类似的产品或者服务，从而与技术拥有者或者企业之间展开直接的竞争。对于通过学习和模仿并进行研发的企业而言，它们就是技术溢出的直接受益者。这对于技术拥有者或者企业而言，这种经济效益就是外部性的，是其无法获得的。

技术溢出效应可以分为：国际技术溢出、国内技术溢出、产业间技术溢出、产业内技术溢出等四种形式。

---

❶ 范叙春，贾德铮. 技术溢出理论与实证：一个文献综述 [J]. 中国集体经济，2010（10）：91.

❷ 李平. 技术扩散中的溢出效应分析 [J]. 南开学报，1999（2）：28.

（1）国际间技术溢出效应。这种效应是当代极为明显的现象。很多跨国公司通过有目的性产业投资和技术转移，迫使为了获得该种投资和技术转移的国家接受其一系列条件和要求。如发展中国家必须付出相当的代价或者接受极为不平等的契约，才能吸引到发达国家的跨国公司对其进行投资和技术转移。但这种国际技术溢出对发展国家而言有着极大的影响，一方面有利于发展中国家的经济水平和就业程度，另一方面有利于发展中国家的技术进步和社会进步，同时发展中国家也需要付出极大的环境和资源代价。

（2）国内技术溢出效应。国内生产企业间技术溢出效应主要体现在企业间相互的模范和学习，特别是低端制造业。我国国内生产力水平和产业分布是十分不平衡的，并且整体生产力水平和产业层次还不够高，部分领域还是相对落后的，通过国家层面的宏观统筹和布局，我国经济实现了快速的发展。东南沿海区域相对产业发达，经济水平高，但技术水平特别是高新技术研发能力方面与发达国家比还是相对较弱。由于东部沿海区域的种种分散力的存在，导致很多企业不得不向中西部进行转移或者生产部门向中西部转移。这样中西部区域通过其在劳动力、资源、政策等方面上的优势，吸引东部企业向中西部区域转移和流动，并获得技术溢出效应，同时催生了中西部本土企业对移入企业的技术和产品进行学习、复制，从而提升该区域的整体生产力水平。

（3）产业间技术溢出效应。这种效应主要分为两种现象，一种是关联产业之间的技术溢出现象，另一种是非关联产业之间的技术溢出现象。关联产业之间的技术溢出现象是指有相互供需关系的产业之间技术的溢出。关联产业间往往会存在劳动力流动、资本流动、技术流动等模式，特别是通过相互产品的供需关系实现的技术学习和模仿，还有就是通过劳动力在关联产业间地规模性流动，实现关联产业间的生产技术流动和传播。关联产业间的技术溢出主要依赖于产业网的结构及运行得以实现。非关联产业间的技术溢出则主要通过部分具有相似性或者共同性的生产技术和产品某方面特征的相互转移、流动得以实现。这种例子很多，如食品产业和机械制造业，两个产业本身不存在直接的供需关系，但在食品生产过程中，企业会在现有机械设备的基础上，通过运用机械制造业的技术，并对其进行改进来满足食品生产的机械化、流水线等需求，而这部分改进后的收益是机械制造业本身无法获得的，这也就是说机械产业的技术向食品产业溢出。

（4）产业内技术溢出效应。这种效应主要体现在生产部门之间的技术交流和共享。这在众多产业中是较为明显的现象，特别是产业的基础技术部分，生产部门之间基础技术设备、技术应用的共享，基础技术人员的不同生产部门之间的轮岗交流等，都会给不同的生产部门带来技术溢出效应，并且通过技术溢出提升生产部门之间的生产技术以及组织管理等技术的提升。产业内技术溢出与产业间技术溢出的区别就在于技术溢出的范围不同，前者是在产业内部产生，并且收益往往是产业本身可以获得；后者是产业间产生，收益往往是不能被溢出方获得的。

在整体宏观的经济发展形态中，技术协同效应和技术溢出效应是当前经济活动中最为普遍和活跃的现象，也是很多区域偏好的发展路径。这两种技术效应对区域产业发展和技术水平的发展有着十分明显的作用，能极大地推动区域的经济发展或者改变区域的经济增长方式。同时区域也会根据其区域优势有选择性或者是强制性地促成某种技术效应的产生，从而有方向性地改变区域的生产结构和生产方式。

三、区域空间结构的流动性与技术效应的关联

区域空间结构作为一种系统性的空间结构，布局和相互的关联是以实现其功能的需要而构建的。考量区域空间结构的形成和发展，能明显发现每个区域都存在相似的过程，即生产要素的流动和聚集而逐步形成生产组织的聚集、劳动力的聚集、资本的聚集以及相应的产业、生活网络。区域空间结构的流动与技术效应之间的关联是十分紧密的。技术作为生产要素之一，在区域空间结构的形成和发展中有着重要的作用和意义，技术效应会促使区域空间结构的流动，同时技术效应的产生和具体功能的实现离不开区域空间环境和组织结构等载体。区域空间结构的流动会引起技术效应，并且在具体的流动过程中会对技术效应的具体功能的实现形式及覆盖范围产生作用。区域空间结构转移与技术效应功能实现都依赖于流动性的存在，流动性是两者关联的本质。

（一）共同的流动性促成区域发展

第一，技术效应产生的前提是技术自身的流动性。技术协同效应采用对技术或技术企业的收购或者并购，使技术可以进行顺利的转移和扩散，从而使目标企业增值。技术溢出效应则是通过强化技术的转移和传播，从而实现扩大技术的使用范围，使整个产业或者区域的技术水平和生产力水平得到提升。无论技术采用什么样的活动方式和形态进行技术流动，技术自身的

可流动性是系列技术转移、传播、扩散等活动的根本前提，是实现系列技术性生产要素产业内、区域内、产业间、区域间相互流动转移的重要基础。

第二，区域空间结构的流动性是区域发展的重要实践方式。区域会根据各自的自然禀赋以及内部要素分布形成各自的产业模式和形态以及其特定的技术路径，并呈现出各自区域发展的特征，这与区域自然资源的差异性以及生产要素分布的不均匀性直接关联。在区域内或区域间，生产组织、生产要素等的聚集和分散都是以具体的空间结构及形态为表现的，或者说区域空间结构的流动性是区域发展要素聚集和分散的载体的根本特征，如产业中心、规模性经济带等的形成、转移都离不开作为具体载体的流动的空间结构。区域空间结构的流动方向是根据结构主体对诸多因素进行权衡后作出的决策，如一个企业在选择其转移和流动区域时，会根据该区域的区位进行考察，从效益、转移成本等角度进行分析，从而最终决定是否发生转移、流动。

第三，技术效应与区域空间结构的共同流动性促成区域发展。技术效应的产生会影响一个区域的发展，同时随着技术效应的流动也会改变另外一个区域的发展形态。技术效应的产生会改变着原有区域的技术水平和生产模式，并推动着生产力水平的发展。同时由于区域间有着一定的经济活动的互动性、关联性、竞争性等特征以及区域间技术、物质、资本、劳动力等生产要素的流动，会引发区域间在技术、生产方式、组织模式以及生产结构上的相互学习模仿以及区域生产组织以及产业结构的流动，从而技术效应和区域空间结构就在区域间进行流动，并对流出的区域与流入的区域产生具体的作用，推动着区域的发展。在当今区域发展中，两者共同流动推动区域发展的现象较为普遍，如"招商引资"政策的普遍模仿、推广，多数地区采用优惠政策来吸引其他地区的企业落户，一方面是通过企业的转移带来实际的经济效益，另一方面是通过企业的移入将技术带入该区域，并产生效应，从而推动整个区域的生产力发展。技术的流动性决定了技术效应产生的可能，技术效应的流动性在促进区域空间结构的流动性的同时，也会受到区域空间结构的不完全流动性的影响。这是由于在区域空间结构中存在着不可流动的因素（土地、交通线路等），从而会影响技术效应的作用和范围。

（二）共同的流动性促成技术效应与区域空间结构的交互影响

任何一个区域的空间结构都是逐步形成和发展起来的，有着其固有的技术路径和发展模式。而技术在任何一个区域里都与区域发展模式、空间结构有着密切的联系。在工业发达的区域，工业技术、现代化技术的发展水平决定着该区域工业发展的程度和深度，同时技术发展方式及路径的选择也会受到区域的因素影响，这是区域对技术的反作用。技术效应得以实现的前提一方面是技术的流动性，另一方面是技术效应载体的存在，即空间结构、组织结构的存在，离开具体的结构，技术就会无法实现其功能。区域的空间结构是区域功能实现的前提，同样也是技术效应得以实现的前提。

共同的流动性促成技术效应与区域空间结构的交互影响。区域空间结构的流动形成、流动与技术效应的形成密切相关。以"昆山模式"为例，昆山产业发展模式是典型的外部产业流入带动内部产业升级的模式。外来企业的落户或者生产部门迁入昆山，是直接的产业转移和技术转移过程，是典型的技术溢出效应的体现。这种产业和技术转移又快速地形成集聚，并且集聚效应会不断扩大。这种效应不仅推动着整个区域的技术升级和发展，同时还会形成以该区域为中心的一定的辐射面，成为周边区域模仿和学习的基地。在区域集聚规模到一定限度时，由于区域自身土地资源有限以及相关制约因素的作用增强，区域内部企业又会向周边区域转移，从而又将技术向周边区域转移和流动形成产业带，进而又将技术效应与区域空间结构流动到其他区域。相对发达区域与相对落后区域的技术效应及区域空间结构流动在过程与方式上存在较大差异。相对较为落后的区域，其技术基础薄弱，生产力水平较低，技术的选择很大程度上取决于区域本身的资源以及原有生产方式及结构。这种区域的发展往往是以自然资源和环境的优势吸引其他区域的生产组织流入，从而实现技术效应的产生及空间结构的发展；相对较为发达的区域，其技术水平和经济水平都较高，此时，该区域会选择知识型和技术型的发展路径，通过技术贸易、收购域外企业等手段促进技术效应的产生，提升技术层次和产业层次及规模来进一步增强其区域优势。这种模式在沿海省份较为普遍，浙江杭州是一个相对发达的城市，由于其自身发展模式的转型升级，强化了其智慧型发展模式，采用吸引和收购海外企业，特别是技术型企业，从而实现其技术的升级和生产模式的转型，同时淘汰一部分相对落后的企业，迫使它们向其他地区转移流动。浙江这种模式一方面是对技术发展路径的有意识选择，另一方面是通过流出的生产组织去改变其他区域的空间结构和技术结构。

(三) 共同流动的合理性考量

从合理性视角考量技术效应和区域空间结构流动对区域社会发展的作用及影响，其实质是对当前我国区域间产业转移和流动以及技术转移和流动的宏观实践活动的反思。从中国区域发展情况视角看，区域内部及区域间不平衡性显著。我国东部沿海发展的瓶颈已经十分明显，资源的有限、人口红利的逐步消失、改革红利尚未完全发挥作用、技术突破及创新能力还有待进一步提升，并且东部沿海的各个区域都有着其特殊的发展特征，有以低端制造业为主的代加工模式，有以商业贸易、信息服务为主的信息技术模式，有以仿造、学习为主的技术模仿模式等。随着中西部区域大开发和东北老工业区振兴战略的逐步推进，总体上区域经济得到了长足的发展，但具体效果还不够显著，区域间经济梯度依然较为明显，产业层次性和技术等级性差异依然显著。考察分析中国区域发展不平衡现状不难发现，区域技术路径以及发展模式的合理性选择是解决不平衡发展现状的一个重要方法。区域的技术路径及发展模式的合理性选择又需要对技术效应及区域空间结构进行选择性配置，在流动过程中，更多考量其匹配性，以达到合理性目标。这里需要考量的匹配性因素包括基础设施、产业层次、技术水平、自然资源、环境承载力等，还需要考虑劳动力资源、人才资源以及人文环境等。

合理的区域空间结构流动和技术效应的选择性发生会对我国当代区域发展有着积极的作用，能有力规避发展中异化问题的产生。第一，区域空间结构的流动，特别是在县域环境下，需要进一步遏制"低小散"和高污染生产组织在区域发展升级转型过程中向其他区域转移和流动。第二，有意识地选择技术效应的发生，特别是针对发展中区域，不能盲目吸收和引进一些不可持续的发展模式或者高耗低产的企业组织，确保区域的长远利益。第三，发达区域需要进一步提升自身创新能力，通过有意识促使技术协同效应和技术溢出效应的发生，引进部分适合本区域长远发展要求的先进技术，并有效地腾出空间，淘汰部分落后产能企业组织，或者将由于生产成本上升，而本身整体生产能力良好，同时也具备一定技术水平的企业有序地向其他区域转移、流动，以促进其他区域的经济和技术发展。第四，区域空间结构流动中要防止盲目性"模仿效应"和"示范效应"的产生，从而避免陷入发展异化的问题之中。第五，进一步规范空间结构和技术体系，确保技术与区域空间结构的合理搭配，同时宏观制定可持续区域发展模式和技术路径，通过理性的技术发展来促进区域的空间结构升级，从而实现区域的科学发展，优化区域的整体效应的发挥。

第四章

技术变迁与区域消费方式变迁

消费作为人类发展史中极为重要的社会经济活动，是人类生存和发展的基础。从区域变迁角度看，人类消费活动的展开、实现和演变，一方面由一定的区域经济、文化所支撑和引导，另一方面区域的境界形态和文化模式又在人类消费实践过程中不断地发生变化。进入现代社会以来，由于技术的飞速发展以及技术对人们日常生活的全面渗透，不仅技术变迁对消费的导向作用越发明显，而且消费的技术化趋势也日益突出，从而在区域消费方式的变迁上产生了独特的现代功能，也导致了相应的后果。

第一节 技术理性与区域消费理念演变

消费主义、消费文化、消费观念等种种概念为当代学者和政客所常用，并且逐步成为一种符号，其本质是社会消费背后的意识和习惯。不少学者在探讨技术的发展、应用以及技术理性等问题时，也对技术与这种意识和习惯之间的内在关联进行了分析和阐释。技术的工具理性、伦理等方面都与现行的种种消费意识和习惯有着明显的相互影响。

一、工具理性与消费主义兴起

张文伟教授认为，"消费主义"是一种以满足人们超过基本生活需要之外的"欲求"为特征的大众消费模式，随着这种消费模式全面渗透到社会发展的各方面而形成的一种文化态度、价值观念和生活方式；它是伴随现代化尤其是工业化、城市化的不断发展而产生的。❶消费主义以对物质的占用和消费为主要特征，是典型的物质主义表现，消费至上是其价值观指向。人类在心理上对物质"欲求"的不断攀升是现代文明，特别是工业文明发展以来的结果。

消费主义是社会文化现象之一。科技的进步极大地拓展了人类消费的领域，同时也催生了人类非理性需求的增长，并且这种非理性的消费意识进一步渗透到人类生活的方方面面。

大工业社会、大规模商品交换都促使物欲和感官享受成为人类生活和发展的标准与方向。人类对物质的"欲求"倍增，必然以实现这种"欲求"的手段能力的提升为基础，即人类通过劳动生产技术的不断发展来满足人类的倍增"欲求"。可以说人类对物质的"欲求"倍增是技术不断发展的一个结果，一方面是技术不断创新成为人类"欲求"不断攀升的有力工具，另一方面则是技术效能的不断提升以及对效率最大化的不断追求，使工具理性成为"欲求"演变的内质。

消费主义兴起于美国，这与美国科技的快速发展、现代化、城市化程度不断深入和发展直接相关，一方面其发达的经济发展水平以及公民生活水平，另一方面由其在科技领域的领先能力以及对全球性资源的配置权。"一个人是贫是富，就看他能在什么程度上享受人生的必需品、便利品和娱乐品。但自分工完全确立以来，各人所需要的物品，仅有极小部分仰给于自己劳

---

❶ 张文伟. 美国"消费主义"兴起的背景分析［J］. 广西师范大学学报，2008（1）：104.

动,最大部分却须仰给于他人劳动。所以,他是贫是富,要看他能够支配多少劳动,换言之,要看他能够购买多少劳动。一个人占有某货物,但不愿自己消费,而愿用以交换他物,对他说来,这货物的价值,等于使他能购买或能支配的劳动量。因此,劳动是衡量一切商品交换价值的真实尺度。""消费是一个与学校一样的等级机构:在物的经济方面不仅存在不平等(购买、选择和使用被购买力、受教育水准以及家庭出生所决定)——简言之,正如不是人人都有相同的读书机会一样,并不是人人都拥有相同的物。"[2] 在人类的消费形式、过程以及结果中,消费本身就是一种对人的等级层次的划分,并决定着人在消费活动中的心理及"欲求"的方向。美国的消费主义文化随着全球化的不断深入,信息、物质、人的不断流动,逐步渗透到其他区域和国家,即便每个区域和国家都有着一定的文化差异,但这种超出"欲望"的消费意识以及价值观指向,都在系列媒体宣传、产品输入等手段下,延伸到了全球,从区域向区域传播,从点向面传播。逐步地,消费主义就成为当下全球性的文化之一,它改变了"消费者在消费结构和消费行为等方面的价值观念"[3]。

从宏观的角度看,消费主义产生和盛行的过程,都极为紧密地与科技相关联。科技是其产生和盛行的基础,同时也是消费主义得以实现的工具载体。从生产力角度看,科技是生产力,

---

[1] 亚当·斯密. 国富论 [M]. 唐日松,等,译. 北京:华夏出版社,2005:26.
[2] 让·波德里亚. 消费社会 [M]. 刘成富,译. 南京:南京大学出版社,2004:47.
[3] 董天策. 消费文化的学理内涵与研究取向 [J]. 西南民族大学学报(人文社科版),2008(10):46.

工具理性则是一种意识导向，强调的是功效最大化。从生产过程看，先进的生产技术和管理手段成为生产率提升乃至最大化的辅助工具，这也是工具理性功利性所在。从消费者角度看，消费的目的发生了明显的变化，其背后是对消费者自身身份和阶层象征的追求，消费不再是简单地满足生存和发展需要，而是体现明显的趋利性、符号性、象征性。在一定程度上，可以说现代化进程就是工具理性不断实现的过程。全球化作为宏观世界追求资源共享和商品全球性交换的重要技术手段，同时也是资本扩张和发展的技术手段，工具理性内含于全球化，并影响着全球化的进程。消费主义借助于技术从区域走向世界，工具理性同样借助技术延伸至人们生产生活的每一个角落。

二、技术伦理与消费伦理变化

技术伦理和消费伦理探讨的都是关于人类实践与伦理或者社会秩序之间关系问题，两者强调的是人类实践活动的道德观念与行为规范，其中蕴含着价值判断和道德评价。在社会文化体系中，伦理的探讨是人类对自身实践所带来种种现象和后果的反思；在哲学层面，伦理的探讨是人类对自身理性和实践的过程与后果的反思。人类理性和实践的过程与后果都是技术作用的过程与结果，那么，在消费伦理问题的探讨中，技术伦理的探讨就显得十分重要，并且技术伦理与消费伦理之间内在关联紧密。

消费伦理问题的不断突出，与现行的社会文化和技术发展有着直接关系。波德里亚认为，现代社会"已经从'物的消费'过渡到'符号消费'"，"消费也不再是物的占有和消耗，而是指向符号的消费"❶。符号是一种象征,是人类"虚拟需要"的重要根源,同时这种"虚拟需要"往往演变成种种异化的消费现象,消费者在这个过程中,只能疲于追逐不断演变的时代符号,被功利和焦虑占满,却已忘记什么是知足和幸福。

技术作为特殊的社会要素,贯穿于生产、交换、消费等整个人类活动全过程、全领域,技术是人类实现意识、达到目的、不断满足"需要"的工具和手段。同时,技术作为一种内化于人类行为和理念的要素,形成了控制人类实践和意识的功能。并且人类在追求技术的发展中,由于自身理性的缺失,导致技术走向异化。

在很大程度上,消费的异化源于社会技术应用的失范,或者说在道德缺失、败坏中滋生和成长,这也就是技术伦理所重点关注的问题。技术的客观性和"双刃剑"的性质决定了技术应用后果产生的可能性。消费伦理的核心在于适度和理性的消费,强调的是和谐、共生和永续的消费意识和习惯,是以经济性、合理性为最基本前提。技术伦理的核心则是超越技术正负效应之争,以可持续、和谐为理念,强化伦理、道德的技术活动意识,使社会实践与自然关系走向和谐永续。"当代社会进入了高技术时代,高新技术渗透到人们生产生活的各个方面,在带来巨大效益的同时,技术的'双刃剑'作用日益凸显,引发了前所未有的伦理风险,如效用标准下价值与手段的颠倒;征服自然的人工选择造成的可持续发展机理的破坏;精神空虚造

---

❶ 孙春晨. 符号消费与身份伦理 [J]. 道德与文明, 2008(1): 7.

成的和谐社会的心理基础的缺失等。"❶ 在一定意义上，技术伦理内含于消费伦理之中，只有技术伦理得以彰显，消费伦理在实践和理念层面上才能得到有效的形成和发展。技术伦理的建设对整个社会的伦理和发展都有着极为重要的意义，技术是宏观社会实践的根本载体，技术伦理就如实践的程序和规范一样，制约着种种实践的失范，纠正人类的理性偏差。

三、突出技术理性建设，崇尚理性的区域消费理念

在宏观的世界中，消费理念存在着一定的意识共性，但在各个区域内所呈现的具体实践和特征有着一定的差异性。目前而言，要从全球层面统一消费理念、加强消费理念的理性建设，几乎不存在可操作性，一方面是文化多元性导致了多元的价值观，另一方面是社会实践和发展水平的层次性和差异性直接导致了各区域发展近期目标的差异。从区域角度而言，区域的经济、政治、文化、社会及环境是相对稳定的，这就意味着人类实践活动的具体社会环境及载体也是相对稳定的，要进行消费理念的理性化建设就必须依赖于对人的实践活动的理性重构，其中最为关键和重要的就是技术理性的建设。

第一，理性认知生产与消费关系。马克思在《政治经济学批判》导言中提到"生产决定消费"，且极为严谨地对该论断进行了论述。在一次生产中，生产决定着消费，而在社会再生产过程中，生产与消费就形成了同一性。生产的目的是消费，消

---

❶ 高尚荣. 马克思的技术伦理思想及其当代价值[J]. 云南师范大学学报, 2011 (1)：105.

费的基础是生产所得到的物质，消费是生产的动机所在，并且消费的规模影响着生产的规模，这是生产与消费之间的相互关系。生产与消费的实践中，技术都是其实践的手段和工具，并且技术理性在生产与消费过程中都形成了一定的意识导向性。作为生产，应该与消费形成适应关系，同时生产与消费也都需要进一步考量经济性和生态化。从技术理性角度看，作为生产力的技术更需要在生产过程中着重考虑物质资料的利用率和生产效率，尽可能消除或者减少浪费以及非目标产物的输出。而作为技术使用的主体，劳动者需要在生产中更为理性地认识技术规范和程序的意义，避免因操作失范而导致不必要的后果或者伤害。生产与消费的意义在于人类的生存和发展，在生态文明发展观的指引下，生产与消费都需要更加注重可持续性，以生态化为核心引导人类的理念与实践。

第二，价值观重建。在一定意义上，技术理性的重建就是价值观的重建、道德和规范的重建。区域消费理念是区域价值观内涵的一部分。对于技术理性而言，技术只是服务于人类、改善人类生存环境的工具。区域内相对稳定的经济和文化水平，为价值观的重建带来了实现的可能。价值观的重建着重于对物品使用价值、交换价值以及当代盛行的符号价值的理性认识，生态价值观的弘扬以及进一步植入人们生存和发展的意识之中，是价值观重建的关键。重新认识幸福的意义和生活的意义是价值观重建的核心所在。幸福来自人自身的感受，而这种感受需要的是人类自身理性的回归。作为人类实践活动的重要手段和工具的技术，其工具理性需要进一步被限制，技术发展应该以生态化为原则。技术的价值在于其对人类和环境正向发展的工具价值，而不是人类非理性需求的工具价值。无论是来自技修饰后的物质基础,还是来自人类实践中的精神积淀,理性的幸福观必须强调人与自然的和谐、共存,生活的享受需要建立在尊重社会公共伦理的基础之上,尊重他人、尊重自然。

第三,严格把控技术应用的规范性和适度性,形成理性的消费观念。在当代消费社会中,被迫消费是一种极为典型的消费现象。随着信息技术的快速发展,大众媒体成为消费的宣传工具和手段,或真或假的广告铺天盖地,这些来自商家的种种营销手段和技术包装下的商品,让我们广大消费者困惑于商品的选择。同时,陷阱技术的使用,以一种虚拟的假设迫使消费者购买和消费其产品。甚至有些具备极强技术能力和资本的集团,可以通过宏观的技术手段,逼迫消费者使用这种消费品。这就好比当代不断推陈出新的电脑操作系统和手机操作系统一样,让广大消费者被迫、无奈地接受。并且消费者逐步成为技术控制的对象,形成特定的消费习惯。在种种诱惑和技术手段中,消费者已经不知不觉地陷入被迫消费的陷阱之中。这都需要对技术应用进行严格的规范和控制,以技术手段促进消费观念向理性转变。

现代化的社会里,消费者失去了自觉消费的选择和可能。享乐主义的横行,也为消费观念的理性转变带来极大的困难,这使人们陷于种种经济危机和心理危机之中。"享乐不仅获得物质上的炫耀,还在购物过程、享受过程中的视觉快感、身体快感、艺术美感、人文关怀和文化暗示等方面进一步强化和隐射社会等级的差异,使得具有不同消费能力的消费者不自觉地产生社会定位和心理定势。"[1] 人类被消费所驱使,不自觉地失去了对人类消费活动本质的认知,消费的异化其实是人的异化,

---

[1] 董立清. 消费社会人的价值观的偏失与重建 [J]. 北京交通大学, 2012:100.

消费的非理性是人的非理性。理性的消费理念应该是自觉、理性和生态的消费理念。理性的消费理论需要从人类实践活动手段、形式以及过程、结果进行理性化、合理化建设，这也是技术理性建设的重要目标。

突出技术理性的建设，崇尚理想的区域消费理念。只有建立在自觉之上的消费，才能真正让人得到适度和均衡；只有理性的消费才能在物质与精神双重层面上获得自我的幸福；只有生态化的消费，才能确保人、社会、自然三者共同发展的可能。

第二节 技术形态与区域消费行为演变

技术形态是技术活动和结构的表征，分为单元化与系统化两类。技术形态通过对区域消费主体和消费客体的作用，直接影响着区域消费行为的过程和形态，技术形态的演变也就直接影响着区域消费行为的演变。通过技术形态的优化，区域消费行为的合理程度能得到极大的改善，技术形态的优化方向是区域消费行为方式的理性导向。

一、技术形态与消费行为的关联

技术由"经验形态的技术要素、实体形态的技术要素、知识形态的技术要素"[1] 构成，三种形态的技术要素对应的主体分

---

[1] 黄顺基，陈其荣，曾国平，等. 自然辩证法概论 [M]. 北京：高等教育出版社，2004：188-189.

别是经验、技能、工具、机器、技术知识。三种形态的技术要素相互紧密联系，三者之间既有独立性、稳定性，还存在着极强的互补性和变异性，并且在不同的阶段和应用领域中，三者构成的技术系统会呈现出某类技术的主导性，从而在一定的阶段和区域内发挥其功能和作用。技术形态以技术构成及技术活动的现象和特征为基础，可以划分为单元化的技术形态和系统化的技术形态。单元化技术形态是具备相对简单结构的技术体所呈现出的具体形态，并且在宏观系统内有着明显的单元化的结构和功能。系统化技术形态具备系统结构，并呈现整体系统功能的技术体所展现的具体形态，有着明显的系统性结构和功能。两者在不同的范畴中相互转化，并且紧密联系。

消费行为是消费方式的反应，是消费主体与消费客体结合的形式，它既是一种生活方式，同时也是一种生产方式，包括消费者在消费过程前后对消费客体的物色、选择、购买、使用以及评价等。消费行为是一种文化，是社会历史不断演变形成的积淀，有其历史意义、规范和价值。消费行为及过程是人类对自然的实践以及人类社会演变的缩影，随着科技不断发展，消费的领域和层次得到不断拓展，消费的意义和作用也在不断扩延。消费行为作为人类社会重要的现象和活动，是社会主流行为的重要组成部分，并且形成了特有的文化和意识形态。

从技术对消费作用视角看，一方面技术为消费行为提供产品，消费品本身也是技术的结合体和技术活动的结果，并且以技术特有的理性和价值植入到消费行为之中；另一方面技术为消费行为提供服务，在消费过程中任何一个环节，消费者都会借助技术来实现消费，是消费技术化的体现。

技术形态直接影响着消费行为及过程形态。单元化的技术形态与系统化的技术形态使消费行为同样呈现单元化和系统化形态，因为在一定程度上，消费行为本身就是一项完整的技术活动，并且依赖于技术得以实现。当我们在使用工具的同时，其实就是在消费着工具，而工具本身就是产品，这也直接形成了我们消费行为的不同方式和形态。另外，消费行为的单元化与系统化直接体现在消费行为的复杂程度上，如现有的网购行为就是网络消费行为之一，消费者可以简单地通过网络形式实现交换过程，而商家与顾客之间可以极为便利地完成网络交易，中间只是出现了一个物流环节，但这也离不开金融的网上支付功能，这一整套过程，即为一个单元化的消费行为。而考察完整的网购行为则需要进一步分析其生产、运输、网络支付手段、网购管理和相关法律等综合性、系统性的过程，这就是网购行为的系统化体现。同样网购行为只是网络消费行为中的一个单元，而整个网络消费行为则是一个复杂的系统。技术形态是消费行为的现象化和过程化体现，由于技术形态、自然条件、经济状况以及人文等区域性特征，区域消费行为也有着明显的区域性，这着重体现于演变过程之中，这也就是消费区域性特征以及区域性消费文化的具体体现。

二、技术形态演变中的区域消费行为变化

技术形态的演变极大地促进了区域消费行为的多元化和技术化，从传统到现代，从简单到复杂，一方面是技术的多元化带来消费客体的多元化，另一方面是技术的系统化带来消费行为的系统化。

考察人类消费历史进程，可以发现早期的人类消费行为明显表现为单元化，简单的原料获取、简单的烹调食用、简单工

具的使用等，技术在这些过程中形态也较为简单、单一。即便在早期的人类生产活动中，人类生产方式也是较为简单的，包括早期人类的狩猎和农牧行为。在农耕时代，人类简单地应用农具以及相关的农业知识进行作物种植，以人力畜力为主要动力，以简单农具为主要工具进行劳作，在后期的收获过程中也多以人力为主要动力。在商品的交换和消费过程中，大部分以自给自足模式进行消费，交换也是通过简单的物物交换或者以货币等类似的中介工具得以实现。从宏观上看，这个历史时期的人类生产和消费都是较为简单和直接的。直到后期，随着社会发展和技术进步，特别是技术的多元化、系统化的发展带来了人类复杂的生产和消费行为。这也鲜明地体现了技术的多元化、系统化对生产方式的变革作用，同时也为产品的多元化和消费的多样化带来了可能。随着社会大工业化、现代化的发展，技术的进步极大地促进了消费行为的多元化和技术化，但同时由于各个区域建制、经济水平、文化和技术形态等存在不同，消费行为也呈现出一定的差异性。

技术形态的演变是一个宏观性的历史过程，同样也是区域性的过程。从人类三次技术革命的过程看，技术变革的区域性功能体现以及全球范围内的整体性展现，都是一个历史过程。作为服务于消费的技术，其形态和功能是存在区域性的，且往往直接体现在消费客体之中。如我们最为普遍熟知的康师傅方便面，"在华北市场主推红烧牛肉口味，在华南市场主推海鲜清淡口味，在西南市场主推麻辣口味"[1]，类似的例子还有很多，

---

[1] 班然，门瑞雪. 跨国公司中国区域消费者行为差异研究［J］. 现代商业，2010（11）：69.

包括国际品牌在不同区域所推出的产品的差异性，即为产品的区域化。产品的区域化源自技术的区域化，技术的区域化源自技术的多元化、系统化。基于消费行为区域差异性的存在，技术的多元化和系统化也就为不同区域的消费需求以及服务的满足提供了可能。

区域消费需求的演变进一步推进技术多元化、系统化的发展。区域消费行为的演变，一方面来自区域的经济因素，另一方面则来自区域的非经济因素，但宏观上都呈现出由传统向现代消费行为的转变。考察我国区域消费行为可以发现，主导的区域消费行为主要体现为"储蓄型家庭理财行为、积累型商品支付行为、自给型家务劳动行为和节约型产品使用行为"[1]。

从计划经济时代看，单位化、计划性是计划经济的典型特征，技术在生产、生活领域的使用也呈现出单位化和计划性，由于生产和生活受到宏观计划所支配，从而导致技术形态也同样呈现出相应的特征。从生产和消费两头看，产品生产的计划性也就导致了产品消费的计划性，技术也就自然服从于这种制度性安排，服务于生产和消费，因而技术形态也表现为相对的单元化、应用的单元化和产出的单元化。

在改革开放时代，技术作为特殊的生产要素从约束中被释放出来，技术形态转变成多元化和系统化。消费客体的多元化、系统化发展为消费主体实现多元化的选择和系统化的应用提供了基础，在宏观上极大地促进了消费行为的演变和发展。无论是自然技术、社会技术还是思维技术，都在改革过程中得到充

---

[1] 王宁. 传统消费行为与消费方式的转型——关于扩大内需的一个社会学视角 [J]. 广东社会科学, 2003 (2)：148.

分的发展和应用，从而整体推进了我国社会的进步。消费者的自主选择性与厂家的产品生产自由程度得到空前的释放，人民经济水平和生活水平都得到极大的提高，消费需求也自然得到相应程度的提升，并且随着外来技术、文化、意识的影响，消费者的消费理念和行为模式也发生了一系列变化。

第一，储蓄型家庭理财行为的转变，由最初的防范风险型储蓄向投资型转变。这种转变一方面取决于社会保障制度的不断完善以及技术性投资方式的发展，最为直接的因素是金融行业的投资理财产品和工具的产生与发展；另一方面取决于经济水平的提升以及宏观市场技术和经济技术的进步、创新。在个人消费领域，个人消费行为则从积累型向信用支付型发生转变。得益于信贷技术、商品支付技术的发展，个人信用支付行为得以系统实现，从而个人消费行为从积累型转变为信用型商品支付行为，消费者可以用自身的职业、财产等作为信用依据，实现预先消费，信用卡消费就是这种转变的典型表现，而信用卡背后的技术支持则体现了技术形态的系统化。

第二，自给型家务劳动行为的转变，由原先的人工家务劳动向机器设备劳动转变。自给型家务劳动的实现是现代化服务业不断发展的结果。家政行业以及家用电器不断的产生和优化，进一步改变了该消费行为模式，通过不断变革和优化的技术组合形态实现转变。多元化的技术和服务为消费者带来更多的消费层次选择，系统化的技术与服务又为消费者带来了更为全面的消费体验。

第三，节约型产品使用行为的转变，由早期的易耗、易损型产品供给向耐用、耐耗型产品供给转变。节约型产品的生产取决于技术的发展，特别是原料的生产利用率和产品质量的提升。通过技术创新和技术形态的多元化、系统化实现产品种类的增多与质量提升,同时也从技术层面上增加了消费品的种类和寿命,从而影响了消费者的采购和使用过程。但在消费者选择时,由于不同经济条件下消费者的消费理念的不同,产品更换率也明显不同,高收入群体的更换率高于低收入群体,其消费品使用寿命短于低收入群体。

三、优化的技术形态对区域消费行为的理性导向作用

区域消费行为会受种种因素影响而出现失范,而这种失范的行为会导致一系列后果,这些后果会在不断的积累和质变过程中阻碍社会和人的健康发展,甚至导致人类生存发展的危机。这种消费行为的失范源自理念的异化,而技术作为消费的客体与手段,又为这种异化提供了实现的可能。这就如人类的需求一样,不断地引导人类的实践,通过社会、技术、自然实现其可能,又进一步刺激需求的增加和升级,从而通过这个过程改变着社会、自然和人类自身。

消费主义通过具体的消费行为展现其价值理念和物化的"欲求",消费主义得以盛行就是由于种种异化的消费理念引导、技术产品供给所造成的,是异化的理念和行为不断普及和加剧的结果,一方面是消费者消费理念的歪曲,另一方面则是作为消费客体的数量和种类的增多。这无疑是技术活动的结果,技术形态的多元化和系统化为这种客体提供了产生的可能,甚至诱导着理念的歪曲、价值观的异化。

物质富足多样是技术带来的成果,给人类带来正面积极的意义,同时又引发了消费主体欲望的提升和消费的失范,这种

周而复始的循环，到底给人类带来的是幸福还是灾难？从区域消费看，区域消费客体与消费主体的差异性是存在的，区域消费行为也就自然不同，但从消费行为的结果来看，人类在消费过程中也存在着失范的行为，消费行为的区域性差异只是消费行为在区域间表象和过程的区别而已。区域消费行为需要理性和正确的导向，一方面来自正确消费理念的宣传和植入，另一方面则是从消费客体的具体形态上加以规范和限制。

正确的消费理念需要有具体的实践和客体作为支撑，而支撑这种理念的实践和客体则来源于技术，技术形态的优化会极大地促进技术对正确消费观念的塑造和固定。

技术形态的多元化和系统化是相对中性的演变结果，技术形态的多元化和系统化对人类社会发展而言，有着正面意义的同时也有着负面的作用。消费者的失范消费行为是以消费客体为主要对象的非理性活动，或是过度或是不足，从而导致供需的失衡和消耗的失衡。从具体的区域消费行为转变看，区域消费者在宏观生产力发展、经济水平提升的环境下，消费欲望和行为模式都发生了变化，享受型和发展型的消费需求都在不同程度上得到了体现和加强。一旦人类消费行为无法有效控制或者说在程度的把握能力上自觉不自觉的缺失，往往就会导致消费者自身矛盾和危机。技术形态的优化着重于对现有技术形态的改进或创新，并朝着技术生态化发展，即生态化的技术形态的生成。这种技术形态一方面体现在生产方面，从生产本身出发，通过生态化的技术组合和实践过程，优化技术结构和产出，减少或者避免生产资料在消费中的失范，同样这也是对既是生产者又是消费者的劳动者行为和理念的一种规范。另外从消费方面出发，在消费者作出具体的消费选择和实施消费行为前，这种技术形态能以理性的形态促进消费者在享受型和发展型消费中找到适合自身消费需求的客体，逐步培养成一种习惯。

消费行为的理性化还需要在具体的形态和功能上对消费客体加以限制和规范。当代铺天盖地的大众媒体就急需这种限制和规范，要通过强制的技术手段加以控制，但这只是限制了宣传和推广方面，更为重要的应是对其产品以及提供的服务形态加以限制和规范。技术形态的生态化是通过对产品形态和功能的生态化来实现消费的生态化，其中包含产品自身组成和结构的生态化，还包含具体效果的生态化。当代符号消费行为十分盛行，但到目前为止，没有任何一名学者能从中找到符合人类理性需求的价值。如奢侈品消费问题就十分值得人类反思，奢侈品本身的使用价值、交换价值、真实价值之间的关系，消费者本身在消费理念上的理性缺失等都需要重新加以认知和审视。生态化的技术形态既强调消费客体使用价值，也强调消费行为的合理性、适度性。生态化的技术形态是对消费客体的价值和功能的生态化塑造，同时也是对消费主体理性意识的重建，是区域社会消费生态化建设的技术形态支撑，是进一步推动社会发展的根本保障。

在生态文明理念的指导下，需要从多方面进行，区域消费行为的理性化建设回归自然、和谐永续是人类实践活动的根本遵循，这需要人类在生产和消费两方面上做出努力才能实现。优化的技术形态是区域消费行为的理性导向，技术形态的生态化是消费主体的理念和行为规范正确塑造的客体性支撑，同时也是消费客体价值和功能生态化的实现手段。只有通过人类理念和技术手段、路径的不断调整、变革才能促成人类社会发展的生态化。

第三节 技术结构与区域消费结构演变

技术结构与区域消费结构都是客观存在的,并且两者通过在消费主体和客体上的作用形成紧密的联系。在区域消费结构中可以明显地发现消费结构的演变在很大程度上是技术结构演变的结果,技术结构层次的提升能极大地优化区域的消费结构。

一、技术结构与区域消费结构

(一) 技术结构

对于技术结构的定义和理解,在学界有着诸多的观点。卡普以生理过程隐喻技术结构,认为技术结构就是"器官的投影"[1];海德格尔的"座驾"[2];芒福德的综合技术与单一技术的技术结构观[3];伯格曼的器具装置范式与焦点物[4];米切姆的技术结构模型(实体技术、过程技术、知识技术、意志技术的组

---

[1] 刘则渊. 马克思和卡普:工程学传统的技术哲学比较 [J]. 哲学研究, 2002 (2): 26.

[2] HEIDEGLER M. The Question Concerning Technology and Other Essays [M]. New York: Harper Perennial, 1977: 20.

[3] 刘易斯·芒福德. 技术与文明 [M]. 陈允明, 王克仁, 李华山, 译. 北京:中国建筑工业出版社, 2009: 136 – 226.

[4] BORGMANN A. Technology and Character of Contemporary Life: A Philosophy Inquiry [M]. Chicago: The University of Chicago Press, 1984.

合)❶等,这些技术结构的概念界定都是从不同的角度和学科领域进行理解和阐释的。我国的学者也对技术结构的定义进行了系统的界定,如有的学者分别以"产业基础技术""产业支撑技术""基本技术(力学技术、物理技术、化学技术、生物技术、社会技术)""支柱产业""主导产业"❷等概念来界定和描述技术结构;有的学者提出"技术结构就是由经验形态、实体形态和知识形态等三种技术要素组成的有机整体。并在此基础上提出经验型技术结构、实体型技术结构、知识型技术结构等三种技术结构类型"❸。

第一,技术结构是客观的,是客观世界结构的重要组成部分,且是事物与过程的结合体。第二,技术结构是我们人类对客观存在的一种概念和表象的理解与把握,而了解和认识这种客观存在,需要我们人类具备了解和认知客观事物本质和过程的能力。但在学术界,由于不同学者的知识、经验以及观察角度、方法的不同,也就造就了诸多不统一的概念界定。第三,技术结构是一种现象,对于我们人类社会而言,这种现象是通过我们的思维进行表达和展现的,是人类通过概念、语言加以描述的主客体共同作用的结合体,在一定意义上,技术结构和过程是我们人类对技术现象的概念化表达和语言化表述。技术结构是一定时空内,技术现象和过程的构成方式的表达,同时还包括技术现象及过程中所体现的构成要素的比例关系及相互关联性。

---

❶ 卡尔·米切姆. 通过技术思考——工程与哲学之间的道路 [M]. 陈凡,朱春艳,等,译. 沈阳:辽宁人民出版社,2008.
❷ 陈昌曙. 技术哲学引论 [M]. 北京:科学出版社,1999:102-108.
❸ 刘大椿. 技术哲学导论 [M]. 北京:中国人民大学出版社,2000:232.

（二）区域消费结构

区域消费结构源自区域社会消费过程，是以区域内的消费客体的数量、种类等以及相应的比例关系作为表达，这里的消费客体包括具体的实物消费品，同时还包括劳务消费和精神消费。消费结构是一个阶段性和动态性的概念，是一定时期内消费种类、数量及其比例关系的体现。宏观上，消费结构是指整个社会的消费总体的种类、数量和比例关系。微观上，则是个人或者某一个家庭的消费种类、数量和比例关系。前者由后者的社会统计形成，后者是前者的基础。

消费结构直接受生产力水平制约，同时也是供需矛盾关系的直接体现。消费结构本身涉及人类的生产与生活两个方面，同时也是社会与个体双重维度的研究对象。从生产方面看，消费结构是技术结构、产业结构以及产出结构的综合作用体；从生活方面看，消费结构则是不同阶层、身份、职业等的消费者在宏观社会中对消费客体的选择和使用的量化指标结构。

消费结构是整体社会的经济状况和社会结构的宏观体现之一，合理的消费结构"大大有利于'经济结构的战略性调整'，从而有利于'加快转变经济发展方式'"[1]。扩大消费需求，以需求带动经济增长，这是很多国家、地区采用的经济增长策略，一方面是为了促进生产力的进步与发展，另一方面是提升广大消费者的消费能力以及生活品质。消费能力的提升有助于生产力水平的提升，生产力的进步与发展又进一步推动消费能力的

---

[1] 尹世杰. 略论优化消费结构与转变经济发展方式［J］. 消费经济，2011(1)：3.

发展，这也就是李克强总理在关于"加快推进消费结构战略性调整"问题中所提及的"经济循环能力"："扩大内需要把扩大消费需求作为战略重点，消费一头连着生产，一头连着民生，扩大消费是提高经济循环能力的根本途径。核心是要提高居民消费能力，建立起促进消费和扩大内需的长效机制。"❶

二、技术结构演变中的区域消费结构

区域消费结构的演变是现象和过程的综合体，是生产力、经济水平变化等诸多要素作用的结果。一方面，技术结构的变化直接体现在产出结构的变化之中，并且技术结构本身就是技术进步和发展的一个环境客体。技术进步和技术结构的优化是生产力水平提升的一个重要动力和基础，而生产力水平的提升则是经济水平提升的重要基础。另一方面，技术结构还对产业结构的变动有着直接影响。从三大产业角度看，技术结构与产业结构的协同性和适应性是产业升级的重要前提。产业的发展离不开技术进步、创新，同样也离不开技术结构优化。技术结构影响着生产力的变化，生产力的变化影响着经济水平的变化，经济水平的变化影响着消费结构的变化，同时技术结构还影响着产品的结构，也同样影响着消费结构的变化；反之，消费结构的变化又影响着生产力的变化，生产力的变化又影响技术结构的变化，这一系列的相互影响过程其实是技术结构作为一个系统的技术现象和过程与消费结构变化之间相互作用的过程。

---

❶ 李克强. 深刻理解《建议》主题主线，促进经济社会全面协调可持续发展 [N]. 人民日报，2010-11-15（01）.

这里，我们还可以从区域生产消费和区域生活消费两个角度考察技术结构对区域消费结构的影响和作用。

从区域生产消费看，技术结构对区域生产消费结构变化的作用主要体现在区域产业结构和产业技术组成的变化之中。技术结构的变化，主要指技术现象及过程中构成要素比例关系的变化。不同等级、不同类型的技术在技术结构中的比例变化，对于区域产业结构的变化有着极为重要的作用。例如，以手工技术为主体的技术结构造就的是劳动密集型产业结构，以机械技术为主体的技术结构造就的是资本密集型产业结构，以自动化技术为主体的技术结构造就的是知识密集型产业结构，且以不同技术结构形成的生产方式对生产资料种类的选择和消费会有明显不同。

当代产业结构升级，其实就是技术结构优化和技术进步的过程。对于特定的产业，技术结构的变化直接影响着该产业体系的生产过程和产出结果，同时通过生产过程的变化直接影响生产消费结构的变化。生产消费结构包括生产资料消费和劳动力消费，一旦采用新的技术手段和技术结构，就会直接影响生产消费结构。

如当代的自动化技术及流程管理，一方面自动化技术与流程管理会极大地降低普通劳动力的消费，转变为技术型劳动力消费；另一方面，在一定程度上，自动化技术与流程管理对生产资料的消费起到了节约化、标准化的作用，这种模式也是目前沿海地区所倡导的产业转型升级模式，通过技术手段和技术结构的变化，来促进生产力的升级和经济发展模式的转型。

从区域生活消费看，技术结构对区域生活消费结构变化的作用主要体现在产品结构和居民收入之中。知识密集型产业往往在经济收益链中占据高位,而资本密集型产业以及劳动密集型产业则往往处于低位。美国的硅谷模式就是典型的知识密集型产业模式,相对于其他负责加工、制造的区域,其占据了经济收益链的顶端。那么硅谷的经济水平就会明显高于其他区域,并且产品的层次性和技术性也完全不同于其他区域。同时,在知识密集型产业结构中的生产者,经济收益也会高于其他产业结构中的生产者。由于产出结构和层次的不同以及生产者经济收益的不同,必然会形成区域生活消费结构的不同。在一定程度上,技术结构与区域消费结构的相互影响,其实是两种现象内在联系的体现。

三、提升技术结构层次,优化区域消费结构

技术结构层次的提升是技术形态、构成及运行优化的过程。技术结构层次提升一方面促进了技术整体功能的有效发挥,另一方面进一步规范和约束了技术活动(该活动涵盖了消费主体的行为实践和消费客体的制造和使用),规范人类实践活动,促进生产力发展,推进经济发展,优化消费结构。区域消费结构的优化,一方面是理性消费理念和行为的培养,以及对失范消费行为的管控和遏制;另一方面是消费客体的理性化、层次化供给,从消费客体供给结构端调整消费主体的消费活动,规范消费行为,并将消费客体本身的使用价值和消费结果同其对整体消费需求和生态效果相结合进行综合评价。

第一,技术结构层次提升是整体技术水平升级的体现,通过知识型技术现象培育及过程的优化,从而全面提升生产力水平和经济水平。对于区域社会而言,生产力的发展决定着区域

社会的宏观形态,是生产关系发展的决定因素。实现生产力整体层次的提升,推进区域经济的发展,是消费结构提升的重要前提。技术水平的整体提升,一方面是对技术以及技术客体的层次提升,另一方面是对生产者素质的全面提升,同时还需要提升技术结构层次。技术组合和技术活动的优化过程其实就是技术结构层次提升过程的具体体现。技术活动的规范性和合理性是技术结构合理性的体现,一个区域的技术活动的规范程度集中体现在区域的生产领域和消费领域,是一个区域文明程度的体现。当前诸多社会和环境问题的不断增多,且危害程度越发加深的重要原因之一就是技术活动的规范性不足导致生产和消费活动的失范现象频发,从而导致社会矛盾和环境污染问题的增多,因此,技术活动的规范性需要技术结构的合理性建设进行塑造。

第二,加强基本生存消费品生产技术创新,保障基础消费客体数量,层次化发展享受型、发展型消费客体,通过形成合理的技术结构来推进区域消费结构理性发展。从人类生存与发展需要的层次看,生存需要是所有需要的基础和前提,所以基本生存消费品的生产是所有生产的基础和前提。基础生存消费品的生产技术创新,一方面是为了提高其生产率,强调节约化、标准化生产;另一方面是为了进一步优化资源配置,使生产资料得到最大程度的利用。通过生产技术的创新进一步减少和消除生产过程中非目标性产出的数量和种类,同时还需要进一步加快技术的生态化建设,在具体的生产活动中,要求技术生产要符合自然生态循环规律,避免因生产失范而带来严重的环境后果。层次化发展享受型、发展型消费客体是根据各个区域消费需求实际所决定,从技术结构角度看,产品的技术生产需要有计划地设计产出数量和种类,从而消除和限制因消费理念歪曲而导致的失范消费行为。从消费品的供给结构端控制消费者的购买和选择,从而实现对消费行为的控制。

第三,强化生产者知识、技能学习,提升生产者整体素养,促进技术结构优化、提升。生产者本身就是消费者,其知识、技能结构在很大程度上决定其劳动的方式和收入水平,同时也会极大地影响其生产和生活方式。而作为个体的消费者,其生活理念和收入水平以及其对消费品的认识和理解决定其消费的选择和结构。这是宏观消费结构中不同的职业、收入、身份的消费者,在消费中所展现的特征。技术结构本身也涵盖了作为生产者的知识和技能结构,是组织化的技术现象和过程,生产者知识、技能的提升,有利于技术结构的提升和区域消费结构的优化。

不断提升技术水平,层次化推进技术发展,系统优化技术现象和过程,注重劳动者素质培养和技能发展,逐步推进技术结构层次升级,调整消费品产出结构。进一步保障好基本生活消费需求,从供给结构端引导好消费理念,规范好消费行为,合理推进享受、发展型消费需求,从而优化区域消费结构,全面助推生态化社会建设。

第四节 技术环境与区域消费环境演变

技术环境对于当代社会而言已经涵盖了人类活动的所有领域。从宏观范畴看,区域消费环境是技术环境的内涵之一,技术环境的演变也就直接引导着区域消费环境的演变,技术环境的理性建设是区域消费环境良性发展和消费秩序稳定的根本保障。

一、技术环境与区域消费环境理解

(一) 技术环境

技术环境是人类实践的场所,一方面技术环境为技术的产生和发展提供基础,另一方面技术环境是人类活动的重要客体,是社会产业水平和产业结构的宏观指针。从区域角度看,技术环境就是一定时空下的技术水平、创新能力、技术发展动向以及相关的社会政策、自然环境状况的综合体。

首先看看埃吕尔的技术环境观点。埃吕尔所理解的技术环境,虽然是相对片面的,却也十分值得我们反思和研究。在埃吕尔看来,技术环境起源于工业社会,技术是"在人类活动的各个领域通过理性获得的(在特定发展阶段)有绝对效率的所有方法"❶。埃吕尔对技术的定义明显蕴含着技术"绝对效率"的特征,并认为这技术是一种普适的方法,与工具主义的内涵极为相近。"技术明显地根据其起源,按照其隐含着的最重要的特征——效率来定义,人们现在可以说技术是在给定时刻最有效的方法组合。……换言之,凡是研究和利用作为一个有效标准的新方法的地方就存在一种技术。"❷ 这就意味着技术的力量和作用能随人类活动直达任何一个领域与角落,并作为一种组

---

❶ ELLUL J. The Technological Society [M]. New York: Alfred Abraham Knopf, 1964: xxv.

❷ 同上: 26.

合的形式存在和影响着人类的实践和人类本身。

在一定程度上,埃吕尔对技术的理解也符合我们现代技术社会的整体现象,技术为我们人类构造出了一个我们所理解的新世界,而这个新的世界又作为技术环境使我们人类实践和人类本身深深地陷入这个世界之中,"这些中介是如此扩展、延伸、增加,以至于它们已构造了一个新世界,我们目睹了'技术环境'的产生","人所创造的把他自己完全包围起来的一整套环境"。❶ 技术环境有着人创性、自主性和自我拓展性等特征,这与技术自主论的观点是基本一致的,强调的是技术以及技术环境对人的作用以及自身的发展规律。

此外,埃吕尔进一步从历史的角度论述了我们人类所处环境的演变进程:自然环境→社会环境→技术环境。原始时期的人类环境是自然环境,随着人类智慧与实践的不断开化,出现了"一种调停自身和自然关系的新手段。这种新手段就是社会,社会通过把人变成有组织的群体而使人变得强大。社会组织在其发展过程中逐渐支配自然环境,征服环境的工具变成了新的环境,即所谓的社会环境"❷。而从工业革命到现代的社会,"技术环境吸收着自然,就像水力电气设备吸收瀑布,使之流进管道沟渠一样。我们正走进一个根本没有自然环境的时代"❸。埃吕尔本人明显是一位技术悲观论者,"技术环境也开始将人置于危险之中"❹。

---

❶ ELLUL J. The Technological System,[M]. New York:The Continuum Publishing Corporation,1980:38-39.

❷ 梅其君. 埃吕尔的技术环境论探析[J]. 江西社会科学,2008(2):54.

❸ ELLUL J. The Technological Society [M]. New York:The Continuum Publishing Corporation,1964:79.

❹ 同上:38.

而我们所看到的技术环境,也许并非如此的悲观与可怕,技术的确是把"双刃剑",但是其选择、发展和应用却受到我们社会的制约和支配。西方的理性主义有时候的确过于强调这种人造客体的自身属性,而忽视我们人类对客体的作用。技术的社会建构论就充分地阐释了社会对技术的制约及影响。

技术的确已经深入到人类活动的各个角落,它是经济发展的动力及效益的源泉,人类不断提升的需求得到满足的实践工具,人类活动的指针性方法和路径。技术环境几乎涵盖了我们人类所有活动的场所与空间,但人类却能在自己正确的理性中对技术以及技术环境进行选择、应用、建构和规范。而我们现在所看到的种种的危机和破坏,在很大程度上是我们人类自身理性的缺失和人类活动的失范。

从历史的角度看,技术环境的变化从原始时期开始。原始时期以及农耕时期的人类,在相对简单和散碎的技术活动中谋求生存,技术环境只是简单的工具、技能和天然资源;随着工业化时代的来临,技术世界的图景不断地被展现,其规模、效率、功能不断扩大,折服着苦苦劳动的生产者。而这种社会化的工业发展,让人类自身理性转向了这种效益,却忽视了这种图景对我们人类以及生存环境的消极影响,从而埋下了危机的种子,此时的技术环境是为工业化而服务的。人类在这种歪曲的理性中接受着技术的支配,形成了新的分工,人类与真正的自然逐步地分隔开来。而随着种种生态危机以及伦理危机的不断出现,人类理性被慢慢地重新唤醒,人类从理性批判中重新认识自己和技术,同时也就开始了技术环境的改造,以生态发展、可持续发展来规范人类的活动,重新塑造新的技术环境。

(二) 区域消费环境

自从有了人类消费行为，消费环境就同步产生了，但从消费环境的组成来看，消费环境的自然属性部分在人类出现之前就已经存在，而其社会属性的部分则是在人类产生之后才出现，并且人类实践不断地改变着这两个属性，也就是我们所谓的消费环境的变迁。

消费环境可以从主体和客体的相互作用关系及过程的角度加以理解。消费环境是主体对客体进行实践的一个场所，而这个场所本身却是主体与客体及其相互关系及实践过程所共同组成。消费环境的研究往往都是在特定的范畴内，将这个共同组成的结合体进行了对象化、客体化，并作了系列的阐释和分析。消费环境还可以从技术角度去理解。消费的主体即是我们人类，我们既是生产者也是消费者，技术成为我们人类思维、理念和习性中的重要组成部分。在一定意义上，当代教育可以认为就是我们人类的技术化过程，通过教育和学习，人类逐步获得知识和技能，并且形成一定的素质和能力的结构；消费的客体即是我们所谓的消费品以及服务，两者无疑都离不开技术，并且消费品及服务的价值就由技术功能的具体展现作为体现。在市场上，所谓的性价比通常就是这种技术功能与价格的对应程度的社会化评价。

区域消费环境即是消费环境的区域性形态。消费环境的区域性形态既是在不同空间地理位置中消费主客体在具体消费实践过程中所形成的形态，也是消费主客体之间组成因素（包括文化、价值观、知识水平、技能水平、天然环境和人工环境等）在不同区域中的差异性形态，还是技术以及技术活动在不同区域间种类、性质、组合方式以及结构、形态、功能的差异性形态。区域消费环境由自然、社会、人以及技术所决定。区域消费环境在很大程度上与宏观的消费环境有着一定的共性，但是，人类技术活动本身的差异性及其对原有人工环境与自然环境的改造过程以及结果的差异性存在，决定了区域间的消费环境的差异及区域性特征。随着技术活动领域的不断深入和扩大，人类所生存和发展的环境，包括人类自身的变化会更加深刻，并且这种活动的差异程度又进一步体现在其活动场所和对象之中。

二、技术环境演变中的区域消费环境

从技术环境角度来看，区域消费环境的演变其实是区域中技术环境在技术层次和水平方面的变化。技术环境是人类实践的场所，一方面为技术的产生和发展提供基础，另一方面是产业水平和产业结构的宏观指针。从某种程度上看，技术环境的差异性就是区域生产与消费水平的差异性，同时技术环境还是区域消费环境的基础，是消费主客体相互作用的场所。技术环境的演变直接引导着区域消费环境的变迁。

从我国东、中、西部看，区域消费环境差异性较为显著，特别是沿海区域与内陆区域的差异性尤为明显，这种差异的存在很大程度上是由于技术环境的差异性所造成的。

我们可以分别从东、中、西部选取三个省份进行比较，东部选择江苏省，中部选择河南省，西部选择四川省。根据国家统计局发布的数据，2005年三个省份生产总值分别为：江苏18 598.69亿元、河南10 587.42亿元、四川7 385.10亿元；社会消费品零售总额：江苏5 735.5亿元，河南3 380.9亿元，四川 3 003.5 亿元；科技活动投入指数：江苏 51.31、河南 20.02、四川 35.45；科技活动产出指数：江苏 34.37、河南 25.02、四川 19.84。2009 年三个省份生产总值分别为：江苏 34 457.30 亿元、河南 19 480.46 亿元、四川 14 151.28 亿元；社会消费品零售总额：江苏 11 484.41 亿元、河南 6 746.4 亿元、四川 5 758.7 亿元。科技活动投入指数：江苏 63.79、河南 37.19、四川 41.65；科技活动产出指数：江苏 36.82、河南 23.64、四川 26.33。[1] 从纵向看三省 2009 年与 2005 年生产总值增长比例：江苏 185.27%、河南 184.00%、四川 191.62%；社会消费品零售总额增长比例：江苏 200.23%、河南 199.54%、四川 191.73%。2005 年三省社会消费品零售总额占生产总值比例：江苏 30.84%、河南 31.93%、四川 40.67%。2009 年三省社会消费品零售总额占生产总值比例：33.33%、河南 34.63%、四川 40.69%。横向比较三省数据得出，在科技活动投入和产出指数方面，江苏明显高于其他两个省份，而四川生产总值增长比例高于其他两个省区；在社会消费品零售总额方面，江苏省同样也明显高于其他两个省区。科技活动投入与产出在一定程度上体现了区域生产力发展的情况，而生产总值则是体现区域的经济水平，社会消费品零售总额体现了区域消费的情况，同时也体现了区域间消费环境的差异。

从区域科技人力资源发展情况看，根据科技部发展计划司 2009 年 12 月 30 日发布科技统计报告第 28 期（总第 466 期），2008 年，东部地区 R&D 人员全时当量达到 127.1 万人年，中部

---

[1] 国家统计局和科技部官网：2005 全国及各地区科技进步统计监测结果（二）、2009 全国及各地区科技进步统计监测结果（二）。

地区 39.9 万人年，西部 29.6 万人年，占比分别为 64.7%，20.3%，15.1%。❶ 由该数据分析得出，科技人员分布明显呈现梯度化差异，并且东部比重继续上升。科技人力资源是科技发展的重要基础，更是生产力发展的重要基础。从生产总值看，2008 年东部 177 579.56 亿元，中部和西部分别为 63 188.03 亿元和 58 256.58 亿元❷，东、中、西部的经济生产水平也明显呈现梯度化。在这些数据以及现象的背后，其实是技术以及技术环境的变化和差异造成的区域发展差异，东部区域的技术水平和技术意识以及相应的技术环境都优越于中、西部，同时国家推行西部大开发和中部地区崛起战略，在技术层面上，可以理解为是通过技术要素的集中输入来推进技术环境和产业水平的升级，从而推动中、西部社会的发展。

从区域消费环境看，东、中、西部差异化的人工环境和天然环境共同作用于各自区域内消费主客体而形成的区域消费的差异，一方面是对消费主体的意识、理念、行为的作用，另一方面是对消费客体的功能、性质、种类等的作用，并且这种共同作用在一定的技术环境中发生，是以消费实践活动作为过程，并依赖于一定的技术活动而得以实现。区域消费环境的演变由技术环境的变化引起和决定，两者呈现出一定的同步性和对应性，同步性是指演变现象的同步产生，对应性指的是两者演变现象及相互关系的相对性。技术环境演变包含区域消费环境的变化过程及内涵。

---

❶ 科技部发展计划司，科技统计报告 28 期（总第 466 期），2009 - 12 - 3.
❷ 2009 年中国统计年鉴.

三、技术环境与区域消费环境的理性建设

技术环境的人本化、生态化建设,对于当代社会发展而言极为重要,也是人类在工业繁华背后深刻反思和自我修正。技术环境的理性建设不仅是人类生存、发展的一个重要部分,还是整个生态圈得以平衡和持续发展的保障。技术环境的理性建设是区域消费环境建设的重要内容。消费离不开技术,技术离不开技术环境,倡导理性消费、加快区域消费环境理性建设,必须着重把握好技术这把"双刃剑",趋利避害,优先突出技术环境的理性化建设。

(一)技术环境的理性建设:人本化、生态化建设

埃吕尔的技术环境论虽然有对技术的悲观思维,并且相对片面地强调了技术对人类的异化作用。但是,种种的社会发展和人类实践现象背后,的确都能找到深深的技术印记,甚至这种印记已经植入我们人类的躯体和意识之中,并不断得到强化,而人类自身的理性却在种种物质和虚拟中继续迷失。技术环境作为技术、人类、自然共同存在和发展的场所,其理性建设十分重要。它不仅是物质的结构化产物,而且还是意识、观念、习性的有机结合体。

人本化即以人为本,强调的是技术的社会建构思想,以主体的能动性和意识性来规制技术客体的实践,这不是限制技术的自主发展,而是有选择地进行技术发展、进步和实践。生态化即是以人与自然和谐发展为本,强调的是技术与技术环境对人类生存发展以及自然生态永续的真正意义和价值,通过人类

主观的反思纠正人与自然的关系，进一步消除工业时代给人类带来的歪曲理性以及发展模式。这个过程是漫长的，人的道德体系、价值体系以及相应的技术与技术环境的差异等，都会为技术环境的生态化建设带来种种障碍和困难。加快技术环境的人本化、生态化建设，首先，需要加快对技术环境本质回归的认识和实践，从理念和实践双重维度加强主客体关系的生态化建设，以生态效益为先，逐步消除歪曲的发展理念，超越技术理性，重塑技术环境观。其次，进一步修正或淘汰部分异化的技术现象以及技术环境，通过具体实践推进技术环境理性建设，从而进一步修正人类发展的意识和实践。最后，加快辩证理性技术文化构建，通过全人类不断的实践和探索，逐步形成人本化、生态化的文化和习性，更为辩证和理性地看待发展的意义和价值。

（二）技术环境的适应性、创新性建设：区域消费环境的正向发展

从区域消费环境看，技术环境的适应性建设对技术正向发展的意义明显。技术环境是一个宏观范畴上的概念，对于区域而言，技术环境的宏观性并不代表其适应性。区域自身的差异性导致其文化、行为实践的不同，这不仅涉及区域的生产，而且还直接影响着区域的消费。技术环境的不匹配会导致种种区域发展的歪曲及失范：生产与消费的失范。效率不能得到提升甚至反而降低，功能无法发挥甚至其反向功能得到强化，效益的背离以及人的发展矛盾激化等，这些都不利于区域社会的稳定发展，甚至会影响人类生存。技术环境的适应性建设强调的是技术环境的构建要与区域自然环境承载力相吻合，通过构建

符合自然规律、人类发展规律的技术环境来促进人类实践的科学性、合理性，从而实现人类实践的适度性发展，即社会发展与环境保护相适应。

技术环境的创新性建设强调的是人类对区域环境现状以及发展趋势的宏观科学把握能力的建设，目的是使技术活动更为科学合理。这种创新本身就是对环境变化的适应性方法的创造和实现路径的设计，其目标就是实现经济效益、社会效益和生态效益的统一。通过技术环境的创新性建设，实现技术活动及结果的生态化，从而推动区域生态化发展，一方面是实现区域生产的生态化，另一方面是实现区域消费的生态化。区域消费环境的正向发展需要技术环境的适应性、创新性建设，以动态化建设不断加以调整、修正，从而促进区域生产和消费的和谐，全面推进区域的发展。

（三）技术环境的区域间平衡性建设：区域消费环境和消费秩序的改善

区域间由于自身天然环境和人工环境的差异以及人类实践和文化的不同，其在宏观的发展权问题上就会存在较大争端。由于自然环境的共同性，特别是相邻区域间会因为彼此之间生产、消费所带来的污染和治理问题产生极大的分歧甚至对抗，这就需要宏观上进行一定程度的平衡，维持好发展的秩序。从消费的区域秩序角度看，技术环境的区域平衡建设能在一定程度上有利于区域间消费权力的平衡，以相对稳定的区域间消费环境秩序规范区域间的消费实践，从而推进区域间发展的平衡。技术环境的区域平衡性建设着重于区域间技术环境的共同发展，并且形成一定的技术链和经济链，进一步消除争端，实现区域间共赢、协同发展。即便区域间实行不同的发展策略和实践路径，也需要在技术环境的建设中加以整体考量，强调共同发展和效益平衡，形成有效的整体秩序。通过技术环境的区域平衡性建设以及相应的区域间补偿机制，实现稳定合理的消费秩序，从而推进区域间共同发展。

区域消费环境的理性建设是区域生态发展的重要内涵之一。生态化的技术环境有利于宏观上区域的整体发展；适应性、创新性的技术环境，有利于促进区域消费环境发展的正确性、科学性；区域间平衡的技术环境，有利于消费的区域秩序稳定和消费环境的区域间协同。技术环境的本质回归，其实是宏观社会可持续发展的基础之一，更是区域生态发展的重要支撑，是人类文明反思和重建的重要过程。

第五章

技术范式与区域社会结构变迁

在哲学意义上，范式是社会宏观维度上意识、思维以及行为规范的综合体，它涵盖了一系列的世界观和方法论。范式通过其特有的指导和规范作用影响着人类的实践，同时也在人类实践中发生演变。技术范式本身是关于技术的价值、本质、内在的体系化结构以及技术演变和发展规律的认识，同时也是客观上作用于实践生产、生活和社会文化内涵的一个重要因子。宏观上，社会的整体结构、形态和功能都不同程度地与技术范式相互作用和影响。技术范式以其在经济、政治、文化等领域方面的作用和功能，对人们生产、生活理念和实践包括世界观和方法论产生重要的影响，并与社会的分化与整合过程形成互动。技术范式对于区域社会而言，就是宏观范式作用下的区域社会根据自身的实际以及人类实践的特征展现出来的具体化、区域性的技术体系及技术文化，这在某种程度上其实是技术区域化的体现。区域的生产实践和文化内涵在一定程度上决定了该区域的技术范式内容，区域社会的变迁蕴含着技术范式的变迁。

第一节　技术范式的演变逻辑

技术范式源自于范式概念，是范式在技术维度的哲学元范式内容与社会学范式内容的结合体。研究技术范式的演变过程，即探讨技术范式产生、形成、转移的过程，以及在这个过程中社会系统与技术范式之间的互动关系。破坏性技术是技术范式演变的重要变量，技术范式的核心是技术体系和技术文化。从哲学范畴看，研究技术范式的演变逻辑，其实就是研究人类活动的演变逻辑。

一、范式、技术范式的系统理解

（一）范式

"范式"最早是由著名社会学家罗伯特·默顿提出的，而将范式概念推广开的则是美国著名的科学哲学家托马斯·库恩，其在博士论文《科学革命的结构》中定义："所谓的范式（Paradigm），通常是指那些公认的科学成就，它们在一段时间里为实践共同体提供典型的问题和解答。"❶ 之后，他又在《科学革命的结构》的"日文版—后记"中对范式作了进一步的论述：①范式是一个科学共同体的成员所共有的东西；②范式是团体承诺的集合；③范式是共有的范例。

金吾伦在《托马斯·库恩》一书中对范式的意义和功能作了以下几点概括：第一，范式是开展科学活动的基础；第二，范式起到世界观和方法论的作用；第三，范式同时又是实用的工具（提供具体的解题方式）。❷ 从系统角度看，范式指的是一个集合，涵盖了共同的信仰、价值、技术等，并且是价值的标准、行为的规范等的社会化过程，同时范式也是人类行为活动

---

❶ 托马斯·库恩. 科学革命的结构 [M]. 金吾伦, 胡新和, 译. 北京: 北京大学出版社, 2003: 序4.

❷ 金吾伦. 托马斯·库恩 [M]. 台北: 远流出版事业公司, 1994: 65 - 69.

的理论基础和规范，是一种共同遵循的世界观和方法论。范式的概念和内涵的提出，直接为人类活动的研究，特别是人类科学活动的研究提供了一套解释理论。范式的概念后来被整个学界沿用，并得到进一步的引申，如社会行为范式、社会释义范式、社会事实范式等，学术界将范式概念应用到了多个社会研究领域乃至整个人类活动领域。"范式"类似于一个万能的"超级理论"，可以从认知和思想体系上解释一系列的社会现象，并上升到哲学的高度，成为一种行动的纲领。

（二）技术范式

随着"范式"概念应用范畴的不断扩展，孔斯坦认为："我们将技术范式定义为一个公认的技术操作模式，当它被一个相应的技术从业者共同体所定义和接受时，就成了一个常规系统。一个技术范式，像一个科学范式一样，也是由基本原理、实践、程序、方法、仪器操作和一个特殊的感知等。一系列技术所共有的方法等组成。它是一种认知。"[1] 1982 年，"技术范式"概念被引入经济学领域，意大利著名国际经济学家圣安娜大学教授乔瓦尼·多西认为，技术范式是"解决所选择的技术经济问题的一种模式，这些解决问题的办法立足于自然科学的原理"[2]。他将技术的经济功能融合到技术范式的概念之中，形成相互联系，一方面强调了技术范式在产业经济中的重要作用，另一方面指出了技术范式的性质和基础，这为后续关于技术与经济、

---

[1] CONSTANT E W. A Model for Technological Change [J]. Technology and Culture, 1973 (20): 554.

[2] G. 多西, C. 弗里曼, R. 纳尔逊, 等. 技术进步与经济理论 [M]. 钟学义, 沈利生, 陈平, 等, 译. 北京: 经济出版社, 1992: 276.

社会等多维层面的研究奠定了一个理论基础。技术范式是技术共同体所共同持有的技术体系模型、系列思想和方法，同时也是一定阶段内社会的文化形态和具体实践形态的体现。

技术范式的内涵是哲学元范式内容与社会学范式内容的结合体，同时涵盖了心理学内容。就技术范式本身而言，其在文化层面上对人的作用是人的实践尺度、规范和方向，技术"处处把内在的尺度运用到对象中去"❶。在一定程度上，技术范式就是社会文化内涵的重要组成部分，是一种有着较为明确目标的指向性文化。技术范式的概念和内涵，需要我们用系统的观点进行理解。

第一，技术范式是哲学元范式的内容，是立足于自然科学原理的范式，是系统对技术发展路径、模式的认知和对技术发展演变规律的把握。技术范式并非单个技术所能涵盖，它是在技术活动过程所建立起来的方法综合体，是方法论的集合，是实践和理论的结合体，也是经验和预测的共同体。

第二，技术范式是技术活动的指导、规范和现象，贯穿于技术活动全过程，技术范式的作用主要体现在整个实践活动中，既作用于生产活动之中，也体现在生产的结果之中。在生产、生活过程中，人类系列实践活动都有着管理、组织等一系列相应的活动规范和价值的判断，这些都是技术范式的内涵。

第三，技术范式作为技术共同体所共同拥有的"范式"，其在内部也必然存在结构的分层以及相应的体制化等级，同时技术范式的根本性内质是其发展思想，且这种思想的变革会引起

---

❶ 马克思，恩格斯. 马克思恩格斯全集：第42卷［M］. 中共中央马克思恩格斯列宁斯大林著作编译局，译. 北京：人民出版社，1972：51.

技术范式的转移或变革。

第四,作为技术范式现实载体的社会系统,也必然在特定的阶段和环境里,对技术范式的形成、发展和转移起着一定的支配和制约作用,同时技术范式也对社会的形态和结构产生作用和影响。在人类社会发展历程中,人类的文化来自人类的实践,并且直接体现在人类的生产、生活之中。技术范式是人类在技术活动中所形成和发展起来的,并且由于技术对人类活动的全面渗透性作用,技术范式成为人类生产、生活领域的意识和理念指导的重要组成部分,并逐步上升为一种共同的文化,这种共同的文化又反过来作用于人类的实践,支配着技术的发展。

结合技术进步系统论和技术系统论思维,技术范式是技术作为社会发展和变革的基本要素,源自人类的实践活动。一方面是特定的技术体系和技术发展的模式、规律,即自然技术、社会技术、思维技术的综合体和发展;另一方面是技术发展和技术活动规范的整合,即技术作为实践手段、方法、载体被人类有意识地进行发明、运用从而实现发展的目的,但同时也如技术的社会建构论一样,技术范式必然受到种种社会因素的制约和支配。在人类活动的不同时期和不同区域,技术范式也有着各自的形态和一定阶段的特征,技术范式的演进有着一定的逻辑,这是我们研究和把握技术范式以及相应现象、规律的重要基础和依据。

二、技术范式的演变过程

研究技术范式的演变,即探讨技术范式产生、形成、转移的过程，以及在这个过程中作为大环境的社会系统与技术范式之间的互动关系。技术范式的演变有着一定的逻辑，即原有技术体系和文化演变的过程和规律。技术范式的演变发生有着一定的动力驱使，多西教授认为是市场需求和产业技术竞争两方面推动着技术范式的演变❶。

结合系列学术观点以及技术范式演变相关实际，技术范式的演变动力主要来自两个部分，第一是外部的动力，即市场需求、产业发展需求、宏观发展思路与相应的政策；第二是内部的动力，即技术共同体作为技术范式的拥有者对技术范式理解的变化和技术作为客体的自我发展规律。"范式一改变，这世界本身也随之改变了。"❷ 技术范式的演变，一方面是社会实践的改变，另一方面是技术认知、世界观和方法论的改变，其实也是文化的改变。

马克思曾经论述道，"大工业发展到一定阶段，也在技术上同自己的手工业及工厂手工业基础发生冲突。发动机、传动机和工具机的规模日益扩大。随着工具机摆脱掉最初曾支配它的构造的手工业形式而获得仅由其力学任务决定的自由形式，工具机的各个组成部分日益复杂、多样并具有日益严格的规则性；自动体系日益发展，难以加工的材料日益不可避免地被应用，如以铁代替木材……所有这些都是自然发生的问题，要解决这些问题到处都碰到人身的限制。这些限制甚至在工厂手工业中对于工人也只能在一定程度上突破，而不能从根本上突破"。

---

❶ G. 多西，C. 弗里曼，R. 纳尔逊，等. 技术进步与经济理论 [M]. 钟学义，沈利生，陈平，等，译. 北京：经济出版社，1992：276.

❷ 托马斯·库恩. 科学革命的结构 [M]. 金吾伦，胡新和，译. 北京：北京大学出版社，2003：101.

"因此，大工业必须掌握它特有的生产资料，即机器本身，必须用机器来生产机器。这样，大工业才建立起与自己相适应的技术基础。"[1] 表面上看这是探讨大工业在技术体系上不断演变的过程，但从深层次看，大工业体系的建立需要以特定的技术体系和技术规范为基础，同时这种体系的支撑还离不开由大工业生产实践所带来的新的文化内涵，特别是规模化、效率化的文化内涵。系列新文化不断地聚合形成一个综合的文化体系，从而逐步地发展成为工业化时代的主流文化，并直接支配着人类的实践活动。这是技术范式演变的一个典型过程，是从手工业及工厂手工业时代的技术范式向大工业化时代的技术范式的演变过程，是新旧文化的交替过程。

技术范式的产生过程，即在特定的时期内，在某项技术创新后，新技术逐步应用于产业并获得一定的经济和社会效益，从而产生了一整套新的技术体系和模型，但该技术创新所形成的体系和文化还未得到技术共同体所接受和拥有，只是在局部范围或领域内得以实现。技术范式的形成过程，即当新的技术体系和发展思想得到技术共同体所接受和拥有，并逐步占据主流支配地位，直接变革社会的产业结构和形态乃至社会结构和形态，成为主流范式。技术范式的转移过程，即现有的技术范式被新的技术范式所替代，旧的技术体系消亡，新的技术体系全面兴盛，旧的文化逐步向新的文化发展，从而整个产业甚至社会整体形态都呈现出新的技术和文化特征。

纵观世界历史，人类文明的演进过程都直接与技术范式的

---

[1] 马克思, 恩格斯. 马克思恩格斯全集：第 23 卷 [M]. 中共中央马克思恩格斯列宁斯大林著作编译局, 译. 北京：人民出版社, 1972: 42.

转换关联，任何一次文明的变革都是以技术范式的变革为基础。技术范式是一定阶段生产力发展和社会经济发展的宏观体现，同时也是社会形态和结构的具体展现，科学技术是生产力的重要表征之一，是驱动社会运动、发展进步的关键因子。生产力决定生产关系，生产力的变革必然会改变原有的生产关系从而形成新的生产方式，推动整个社会系统不断演进，人类的文明也因此得到不断的发展和变革。

从农业文明到工业文明转变的过程，是农业生产方式向工业生产方式变革的过程和结果。机械制造技术和动力技术问题的解决，实现了生产力的进步和发展，全面变革了原有的生产方式，人类逐步走向了大机器时代。从手工业向工业、自动化转变的过程中，机器成为了生产的主力军，社会的制度和组织模式也随着这场变革而全面变革。人类的发展理念和思路也在这个大变革过程中实现了完全的改变，形成了在该阶段里特定的技术范式和社会文化。工业文明向信息文明的转换过程中，计算机技术、网络技术以及光电技术等成为社会发展的主要因素，随着系列信息技术的广泛应用，使原有的产业模式和生产模式发生了革命性的变化，机器成为了信息生产体系的一端，而计算机成为了控制生产全程的主脑，信息网络成为了社会生产实践的重要组成部分，且在很大程度上支配着生产体系，配置着生产资源以及社会分工。信息通过网络系统在人类生产实践中进行广泛的流动和传递，促使人类有计划地制订出一定生产的过程和获得目标性的产品，同时信息借助计算机、网络和光电等技术成为了像空气一样流动和传递于全球范围的因子，并完全覆盖于人类的生产、生活各领域。此时人类的生产理念和发展理念已然被这个信息时代的技术范式所支配，并体现出信息时代的特征，整个生产体系和社会发展体系都成为该阶段技术范式的宏观体现。从上述系列文明演变的历史过程看，可以清晰地发现历史上技术范式的演变逻辑：以农业技术为主体的技术范式向以工业技术为主体的技术范式演变，然后再向以信息技术为主体的技术范式转变。技术范式的演变历程是自然技术、社会技术和思维技术三者相互作用不断演变、发展的过程，是时空维度下技术活动及文化特征的演进历程。

技术范式演变逻辑的本质是人类在对自然、社会及人类自身认识改造的过程中不断地探索、发现和实践下，从一个技术体系和文化特征逐步向新的技术体系和文化方向演变的历程，是系列实践系统、发展理念、思维体系的更迭变革过程。技术范式的演变也是人类作为主体的主观能动性与作为客体的其他要素之间互动作用的结果，它推动着社会发展和人类的发展。比较科学理论与技术范式的演变，发现两者在演变的时间进程中存在较大差别，由于技术范式是以技术体系和文化作用直接地作用于现实的劳动生产实践，并能较快实现其功能，而科学理论的探索和认识往往是漫长的，是特定科学家群体的行为活动。

以新技术体系和文化取代旧的技术体系和文化并对整个社会产生直接变革性影响的不断循环过程，就是技术范式不断演变的过程，也是技术范式演变的总体逻辑。与此同时，技术范式的演变也不同程度地受到特定阶段社会因素的制约和支配。技术自身发展的规律和技术的社会属性、人类对技术选择与应用和技术对人类活动的支配、主观与客观之间形成的特定互动关系等，这些都是技术范式演进中所呈现出来的特征。在技术范式的演进过程中有着一个十分重要的变革因子，它就是破坏性技术,一旦破坏性技术产生产业化、社会化扩散,整个技术范式就会发生转换与变革,破坏性技术产生以及扩散运动是新的技术范式产生和形成的关键和基础。

三、破坏性技术的作用和意义

技术范式的转移和变革具有一定的破坏性。这种破坏性在技术活动领域往往被理解为是创造性的破坏,创造性地产生新的技术体系和发展思想对原有旧技术范式进行破坏并取代旧的技术体系,从而逐步形成以新的技术范式为主流构架的产业和社会体系。

新技术的产生和扩散对产业结构的变革作用往往体现在对产业竞争本质的改变上,因此产业竞争主体就会作出适应性的调整,变革产业发展的思路和战略,这也是技术范式转移的一个典型体现。破坏性技术往往就是这种变革作用的主导因子。破坏性技术是由著名的管理大师克里斯藤森提出的,他认为:"与原有技术发展逻辑不同,超出原有技术路线,并且对原有技术有不可逆替代作用的技术称作破坏性技术,对应的技术创新模式称为破坏性技术创新。"[1] 技术范式转移的发生过程,往往是产业技术逐步成熟并走向"自然限度",破坏性技术逐步地侵入市场取代原有的产业技术,从而整体的技术体系和结构随之发生变革。由此,可以很明显地看出"破坏性技术"对技术范式转移的作用和意义。破坏性技术包含了突破性技术、渐进式

---

[1] CHRISTENSEN C M.: The Innovator's Dilemma [M]. Boston: Harvard Business School Press, 1997.

技术、延续性技术。这些技术概念都与技术进步相关，突破性技术与渐进式技术是质变与量变的关系体现，延续性技术是原有技术的延伸或扩展。

破坏性技术往往不为人们所注意，但当其发挥功能时却能直接变革生产形态。破坏性技术对实现技术范式转移有着基础性和关键性的助推作用，这是破坏性技术的重要意义所在。

第一，从认识论和方法论角度看，破坏性技术的产生及实践过程，就是技术理论和实践的结合过程。对新技术知识的认识和理解，是脱离现有产业技术而独立进行的研究和发明，新的技术知识需要通过工具性、手段性转化才能实现其实践的作用和价值。对于产业而言，是一种极强的战略性资本。

第二，对现有宏观产业理解和发展理念的突破，是对"破坏性"的认识和理解。以方法论而言，破坏性技术就是一种变革产业模式和生产模式的手段，同时也是改变现有生产结构和生产体系的作用要素。从产业角度看，破坏性技术是产业占据发展先机，提升竞争力的重要手段。

第三，从价值链和成本结构角度看，破坏性技术的出现是产业价值链和成本结构发生变革的基础，而技术的商业化、社会化则是直接宏观产业变革的具体体现，这就如技术创新一样，只有创新得以扩散才能全面产生其社会价值。

第四，从哲学角度看，破坏性技术的产生和实践过程，是人类实践活动中对实践认识的改变，或者说是人类通过思维理念、实践路径的改变来变革现有的发展思路和活动方式，本质上是以生产力的变革推动生产关系的变革，从而全面改变生产方式。

破坏性技术得以成功产生和商业化需要几方面的要素作为

支撑：①作为破坏性技术产生的主体，即技术发明者，在其研究和发明破坏性技术之前，需要有相应的市场环境和科学技术环境，甚至还包括特定的区域性政策，只有相对自由、成熟的市场环境，宏观开放的政策，相对成熟的科学技术理论基础和相应的技术基础，才能为破坏性技术的发明提供可能；②技术发明者本身必须具备一定的科技知识素养，同时还需要发明者能有异质性思维，能跳出市场或者产业的主流体系，重新认识发展和现有产业的利弊；③具有风险承担能力的企业家是破坏性技术产生的至关重要的一个要素，即破坏性技术的产生需要特定的载体才能实现其价值，这就需要有绝对勇气的企业家参与这个价值的实现或者试验，即风险承担能力的体现；④商业化导向的形成，即破坏性技术得以全面扩散的物质支撑和政策支撑，从而使破坏性技术全面推进技术范式的转移或者变革。

四、技术范式演变逻辑的意义

技术范式的产生、形成和转移或者变革是一个动态变化的过程，技术范式的核心在于其技术体系和特定的文化，并且技术范式本身具有阶段性和区域性。从全球来看，技术范式在特定的阶段有着其主流的形态和特征，这也刚好对应了各国各区域发展路径和经济模式的不同。从全球文明角度看，所有的技术范式都是在同一个时代和总体的文明范畴内共同的进步和发展，是人类文明进程的综合性、总体性体现。

技术范式的价值在于其为产业和社会的发展提供一个特定的、阶段性的发展路径和思维理念，这也是一个特定时代的稳定基础，是生产方式、社会形态等稳定的根基。区别于科学范式的理念性和规律性，技术范式是以技术为本体的一种人类活动的规范、秩序以及相应的文化，具有鲜明的实践性、应用性特征，并且技术作为直接的生产力，是人类生产劳动的手段和方法，直接作用于自然界和人类自身。在特定的阶段内，技术范式会自我不断地发展和修善直至新的技术范式的产生、扩散，以至旧范式完全被新范式所取代，这一阶段也就是技术范式演变的周期。技术范式演变周期的长短取决于新技术范式的产生、扩散直至取代旧技术范式所消耗的时间。新旧范式更替对于人类社会而言，无论是从生产方式角度，还是从人类生活方式角度，往往都有着直接变革性的意义。

技术范式的转移与变革的关键和基础是破坏性技术的产生和扩散（商业化、社会化），而破坏性技术的产生和扩散（商业化、社会化）则需要多方面因素共同作用才能实现。宏观和微观的外部环境、作为研发主体的人、风险性承担能力和系统内物质与政策的支撑等，这些都是破坏性技术得以实现其价值的必须要素，也是新技术范式得以形成的根本基础。破坏性技术的成功之基在于其研发组织的独立性，这种组织独立性体现于其与市场和商业的完全分离，可以在非市场和商业环境中展开技术反思、研究和开发。当今世界硅谷的发展模式，就足以体现这种独立性组织对整个世界技术和产业发展的特殊意义和作用。

通过研究技术范式演变逻辑能更为宏观地把握范式的周期性及与其相关的其他因素之间的相互作用，同时能更为直接地展现作为直接生产力的技术在整个社会发展中所起到的意义和价值。从哲学层面上看，技术范式演变逻辑即人类实践演变的一种规律和过程，在这个演变过程中，人类通过实践重新认识文明以及实践本身，从而人类在认识论和方法论上进一步得到提升，在把握事物以及人类发展的本质问题上能更为准确、科学。周期性、区域性、阶段性是技术范式研究系列社会问题的基础，也是技术范式最基本的特征。技术范式以其特有的演变逻辑为基础，更为客观地展现现有的生产体系和社会体系的产生、形成、变革的过程，即社会演变的逻辑过程，也极大地推进了社会进步和人类发展问题研究的进程。

第二节 区域变迁：分化与整合

区域变迁是一种区域形态、社会现象，同时区域变迁作为运动的过程，其实质是区域社会的分化与整合过程。从宏观社会变迁视角考察区域社会分化与整合的过程，要以宏观社会为背景，通过分析和研究两者在区域社会中的相互作用、具体形态以及根本特征，把握分化与整合的逻辑，从而系统揭示区域变迁的整体性形态和一般性规律。

一、分化与整合的经典释义

社会变迁研究的是社会分化和社会整合过程，是社会静态与动态双重维度的结构、形态、功能变化的研究，同时也可以认为是对社会分化、社会秩序如何形成以及两者如何互动的过程研究。社会变迁研究对于现代社会性问题研究有着重要的意义。在历史长河里，对社会变迁相关问题展开研究的学者很多，如孔德、斯宾塞、帕森斯、卢曼等，他们在各自的经典著作中围绕社会的分化和整合问题进行深入的探讨,并各自给出了自己的经典理解以供学界借鉴。

马克思作为社会学经典作家,其社会阶级理论就是围绕社会分化以及整合问题展开。社会等级化的存在或者说等级秩序的出现,导致社会的分层和阶级的产生与存在,是不平等的社会分配导致了社会资源不平等地被不同的社会群体或者特殊身份或地位的人所占据,这种不平等关系以及具体的特征就是那个时代社会的总体特征。社会分工是马克思所应用的一个内涵和实践意义都非常深刻的概念,"分工发展的各个不同阶段,同时也就是所有制的各种不同形式。这就是说,分工的每一个阶段还决定个人的与劳动资料、劳动工具和劳动产品有关的相互关系"[1]。这充分地反映了分工作为分化的基础所体现的不仅是生产力水平而且还是所有制产生的基础,是社会阶级和分层的基础。就社会阶级理论而言,其实是一种关系理论,在生产关系范畴下,社会阶级理论从社会分工角度出发,阐释了不同的社会分工阶段造就了不同的所有制形式的逻辑关系。

埃米尔·涂尔干认为:"政治、行政和司法领域的职能越来越呈现出专业化的趋势,对科学和艺术来说也是如此。我们的时代早已不再是以哲学为唯一科学的时代了,它已经分解成了许许多多的专业学科,每个学科都有自己的目的、方法乃至精神气质。"[2] 在这里,埃米尔·涂尔干以社会领域的专业化趋势和科学的多种专业学科为具体指向,充分地阐释了社会分工的

---

[1] 马克思,恩格斯. 马克思恩格斯选集:第1卷 [M]. 中共中央马克思恩格斯列宁斯大林著作编译局,译. 北京:人民出版社,1995:68.

[2] 埃米尔·涂尔干. 社会分工论 [M]. 渠东,译. 北京:生活·读书·新知三联书店,2000:2.

思想：分工成为社会普遍的现象，并且构成了社会的整个体系。社会系统通过分工而形成社会秩序，同时通过分工进一步增进了"社会有机团结"。在埃米尔·涂尔干的社会分工理论中非常值得注意的是，其对分工程度与社会整合之间的关系的论述：过度的分工会导致整合作用难以实现，而低效的分工也无法实现整合的作用。

马克斯·韦伯通过理解社会学方法构建了社会分层理论，"阶级"[1]"等级"[2]"政党"[3]是其社会分层思想的基础，并且分别对应于经济秩序、社会秩序、法律秩序，并将三者分别进行了分析和研究。在社会分层的思想中，他和马克思的理解基本一致，即社会分层的本质是社会资源在社会中不同群体或个体之间的分布，即占用和分配的情况。

帕森斯的功能性系统结构理论是其综合了埃米尔·涂尔干的社会分工思想和马克思、韦伯的社会分层思想而提出的。他所提出的AGIL功能模式，是其核心的社会分化和变迁的思想，即适应、达鹄、整合、维模四个功能子系统[4]。分化的作用在于适应社会系统，系统目标的实现依赖于适应能力的升级（达鹄），社会系统的整合则以社会的容纳为基础，而社会系统模式的维持则通过价值的塑造和固化得以实现，与该四个功能子系统对应的社会子系统是经济、政治、法律和文化系统。

---

[1] 马克斯·韦伯. 经济与社会：上卷 [M]. 林荣远，译. 北京：商务印书馆，2004：333.
[2] 同上：338.
[3] 同上：260.
[4] 帕森斯，斯梅尔瑟. 经济与社会 [M]. 刘进，等，译. 北京：华夏出版社，1989：17-18.

在社会分化与整合的理论探讨中，还有卢曼的新结构功能主义，他的观点极为鲜明地体现了其对现代社会乃至后现代社会发展的功能分化的思想，各个子系统产生自我特有的交流方式，充满着偶然性的未来、可修正的社会实践等❶。齐美尔认为社会分工会很好地促进社会的整合，通过整合消除社会中存在的离心力。❷ 美国社会学家斯梅尔塞认为："分化本身并不足以导致现代化。发展是分化（既有社会的分工）和整合（在一个新的基础上将分化的结构联系起来）互相作用的过程。"❸ 现代化是社会分化与整合的共同作用结构。

历史上这些经典作家的社会分化和整合思想，基本围绕分化的三个维度进行探讨，即社会分工、社会分层、系统功能分化，而整合的思想则基本以社会体系和秩序为基础进行展开，都明确地指出了分化整合的过程逻辑，即分化后的整合、再到整合后出现新的分化。社会的分化推动着社会的整合，社会进步程度的一个重要标志就是社会分化与整合的水平。

二、社会分化释义

社会分化是指社会结构系统不断分解成新的社会要素，各种社会关系分割重组最终形成新的结构及功能专门化的过程。❹

---

❶ 杨建华，等. 分化与整合——一项以浙江为个案的证实研究 [M]. 北京：社会科学文献出版社，2009：26-28.

❷ 同上：28-29.

❸ 斯梅尔塞. 变迁的机制和适应变迁的机制 [J]. 国外社会学，1993（2）：29.

❹ 杨建华，等. 分化与整合——一项以浙江为个案的证实研究 [M]. 北京：社会科学文献出版社，2009：1.

社会分化是一个过程，是社会内部构成要素或者组成部分分化产生的新的社会要素，在新要素形成后功能逐步专一化的过程，即原来具备多项功能的要素逐步或是快速地演变成多个功能专一的要素，或者多个要素同时承担原来只有一个要素（部分）时的某项功能。

社会分化是社会发展和进步的基础，同时社会分化是社会整合的重要推动力。社会分化分为社会分工、社会分层和功能分化，社会分工的实质是各种劳动的专业化与协同化。在一定意义上，社会分工就是劳动分工。分化的结果是形成新的社会要素、结构、系统以及功能。对于当代社会而言，社会分化最重要的意义在于其形成的新的系统功能对社会秩序和发展的作用。对于当代社会而言，具有现代功能的社会的发展就是社会分化的产物。

在当代社会发展中，社会分化内容十分广泛，由社会分工引发的阶层、群体、功能、社会体系、结构、组织、制度、规范、行为、利益、价值观念、生活方式等一系列的分化，都是社会分化的内容及形式。社会分化其实是社会系统的分化，现代社会中的城市化、工业化可以理解为社会结构高度分化和生产力高度成长的一种社会形态，整个社会朝着分化和生产力进步的方向发展。分化的结果是社会原有秩序被打破或者产生无序，其中无序的程度反映的是整个社会的稳定程度。社会分工是社会发展问题探讨中分化问题的基础和核心，社会分层、阶级分化、结构变化等现象都源自社会的分工，并且由社会分工所形成的社会关系会被延续下去。"在分工的范围内，私人关系必然的、不可避免地发展成阶级关系，并作为这样的关系固定下来。"[1] 马克思对分工与阶级关系的理解，充分地表明了分工对阶级关系形成的基础性作用和意义，阶级关系是马克思社会关系的核心思想之一，体现的是全社会的基本关系和形态。

当代社会发展主要包括经济发展和社会发展两个方面，两者共同作用形成了带有阶段性和区域性的社会发展。从经济发展角度看，经济全球化是经济发展的一个总体趋势，但是对于各个国家和地区而言又有各自的区域经济的特征。同时在一个国度内，不同区域也有着自身经济特点，这也是分化在经济生产方面的具体体现，不同的区域有着不同的经济模式和生产模式。有些国家采用的是工业现代化的发展模式，有些国家采用的是生态化的发展模式，以及落后国家采取的是传统发展模式。从人类社会发展历程看，人类文明不断地向前进步，从农业文明向工业文明转变、工业文明向信息文明转变、信息文明向生态文明转变，这是宏观的社会发展趋势。但是，根据各国、各地区的具体实际，每个国家所采用的发展模式依然是不尽相同，各具特色。

社会的发展涵盖了政治、文化、环境等内容，不同的经济基础决定着不同的上层建筑形式，从而也就形成不同的价值体系，即多元的文化系统。而作为客体的环境，也在不同的发展模式中呈现出不同的形态。这些是社会分化所带来的种种直观现象，其深层本质则是由于社会的分工和不同的发展路径所造成的社会形态和自然形态的不同，从而共同组成当代复杂多元的社会系统。

---

[1] 马克思，恩格斯. 马克思恩格斯全集：第3卷［M］. 中共中央马克思恩格斯列宁斯大林著作编译局，译. 人民出版社版，1960，513.

从社会系统的变化视角考察社会分化的作用，社会系统分为经济系统、政治系统、文化系统、环境系统等子系统，人作为该系统中的主体，通过人类活动的实践来实现这些子系统的功能。社会系统的子系统就是社会分化的结果，即功能专一化。而在这些子系统之中，人作为主体所采用的手段、工具、方法、思路等就组成一个技术系统。技术系统贯穿于整个社会系统的同时，也遍布所有的领域，而技术系统本身也分化成典型的技术三角形结构，即自然技术系统、组织技术系统、思维技术系统。这三个技术的子系统又与社会整个大系统相融合、相作用，并且不断地发生演变。生产力的发展必然会影响生产关系的演变，经济基础的变化也必然改变上层建筑的形式和内容，作为社会系统基础的技术系统和经济系统，它们的演变会极大地影响其他系统的结构和形态，从而作用于整个社会系统。

理解当代社会发展中的分化，就必须采用多维度和多层次的方法，从系统的角度去辨析分化在系统演变过程中的作用，同时也需要辩证地考察分化对社会发展的意义。分化的程度决定了社会发展中新质因子的活跃程度和分布状况，一方面社会分化有利于社会的发展，另一方面社会分化的度会直接影响着社会发展的结果。科学、客观和系统地理解和把握社会分化的本质，有助于人类准确把握社会分化的度，从而促进社会总体的发展。

三、社会整合释义

"社会整合是指各种功能不同、性质不同的社会构成要素和单位在不同纽带联结下形成的一个整体，各部分在整体中根据社会共同需要发挥自己的功能，从而造就社会整体功能，维持社会存在和发展。"❶ 社会整合的概念是针对社会分化的概念而产生的。社会分化产生了大量的异质要素，并且这些异质性要素已经超越了原有的社会规范和秩序，即对原有社会体系的一种冲击甚至破坏。而社会整合则是通过一系列的方法和手段对社会分化的过程和结果进行协调和统一，从而形成新的社会规范和秩序，以维持社会的稳定与发展。这好比系统变迁概念中，随着系统新质的产生，系统的结构和功能发生变化，原有系统只能通过协调或者改变各个子系统之间的相互作用和关系加以适应，旧系统逐步地演变成新系统，并产生了新的系统结构、功能以及形态。

社会整合的方式对社会发展有着极为重要的意义。社会整合的程度直接反映了社会不同要素和组成部分之间关系的紧密程度，即结合的程度，它和社会分化一样，都是社会进步和发展的主要内容和动力。从历史维度考察社会的变迁，可以很清晰地发现，社会变迁的过程其实就是分化与整合不断循环往复的过程，并且在这个过程中社会系统的分化与整合的内容、形式、形态往往会由于具体的社会情况而存在一定的差异，从而导致社会变迁的不同形态。在任何一个加速转型期里，社会分化所带来的剧烈变化会导致社会整合难度的加大，社会甚至完全失去整合能力，社会断裂和不平衡现象就会十分显著，社会不稳定性加大，系列的重大社会问题产生。社会分化的强度、广度和深度直接关系着社会整合的难易程度，社会整合的程度

---

❶ 杨建华，等. 分化与整合——一项以浙江为个案的实证研究 [M]. 北京：社会科学文献出版社，2009：2.

也会直接影响社会分化的进程。

迪尔凯姆提出的"有机团结"是社会整合在社会分化过程中所呈现的形态。通过社会分工,社会系统内部要素及组织之间产生紧密联系,并形成一定的社会秩序。这种秩序是社会分工关系予以维系的前提,是社会发展的重要基础。"社会的凝聚性是完全依靠,或至少主要依靠劳动分工来维持,社会构成的本质特性也是由分工决定的。尽管我们还没有确切地解决这个问题,但我们已经了解了它的大概情况,如果分工的功能确是如此的话,它就必然具有一种道德属性。一般而言,正因为分工需要一种秩序、和谐以及社会团结,所以它是道德的。"[1]

社会整合也与社会分化一样具有阶段性和区域性。不同时期、不同区域内所呈现的分化形态的不同,决定了社会整合的阶段性和区域性特征。对于当代社会系统而言,整合是用以稳定社会系统发展的一种手段和方法,其目的在于维持社会稳定性或者是在社会转型过渡期,通过社会整合实现社会秩序稳定转变,避免过度的社会分化而导致社会的动乱或者断裂,但在现实的社会中,有些区域就因为整合不足或者功能错位而导致动乱和断裂。

社会整合分为内源性整合和外源性整合,内源性整合包括社会分工、市场、利益、家庭、组织、社区、文化等有形要素的整合;外源性整合则包括制度、权力等无形要素的整合。内源性整合来自社会内部分化所形成的各个不同组成部分在一定的条件下所形成的联系或者纽带;外源性整合是指来自外部因

---

[1] 埃米尔·涂尔干. 社会分工论 [M]. 渠东, 译. 北京: 生活·读书·新知三联书店, 2000: 27.

素所形成的不同组成部分的联系或者纽带。内源性整合与外源性整合是相互紧密联系的。从整合的维度来看，内源性整合着重于社会基础要素的整合，外源性整合着重于社会秩序等要素的整合；从社会整体上看，社会整合是社会的制度化、专业化的过程。社会整合的动力源自社会分化，社会分化一部分来自社会内部，一部分来自社会外部。

社会发展和经济发展都需要一定的秩序加以规范和引导，社会系统中各个子系统都需要一定的结构和运行秩序进行统筹和协调才能顺利地运行，并实现其整体性的功能，而社会整合就是社会系统在其变化和运行中，功能得以实现、结构得以维持和稳定的中间手段和过程。

社会整合的能力直接体现了社会的宏观统筹和协调能力。在激烈的社会分化期中，社会整合能力也是一个国家或地区自身适应性的综合体现。在日益强化的国际竞争环境中，整合能力的提升将会成为国家或者地区之间竞争力的重要部分，同时也是全球化背景下，人类文明进步的重要手段之一。社会整合的形式和内容更为明显地成为社会进步的重要标志，并进一步上升为人类发展的核心研究课题。

四、分化与整合的逻辑理解

分化和整合是社会问题研究中最为重要的核心概念，同时分化与整合之间的逻辑也是当代社会学、哲学等相关学科研究的一个重点。社会变迁是社会分化和社会整合共同作用的结果，并且社会变迁的规律也直接与社会分化和整合相关。社会分化与整合的形式和内容都具有阶段性和区域性，分化与整合对社会发展的作用和意义是辩证的对立统一关系。

理解社会分化与整合的逻辑，需要我们客观地分析、系统地把握。

第一，根据社会分化的定义，分化带来的是新的要素，即新质的产生，形成新的结构，其功能专一化，或者可以理解为专业化。社会分化的基础是社会分工，分工是社会阶层、阶级等产生的基础和根源，也是推进社会进步和发展的重要动力。从分化的内容看，社会分化是社会系统变化和功能变化的动因。分化导致了原有社会秩序的变化或者变革，使社会系统得到发展，并形成新的社会体系和秩序，这就涉及社会系统中所有的子系统之间的关系和功能的变化，同时也直接作用于整体社会系统的功能。对于子系统而言，内部分化也会在一定程度上导致整个社会系统的变革，这好比耗散结构理论一样，新质产生、涨落，并由局部扩散至整个结构系统，整个系统为了适应和稳定，自然会自我调整其内部结构或者关系，形成新的稳定系统。可以这么认为，任何一个系统的演变都必然与分化有着极为紧密的关系。在一定程度上，分化的程度会决定系统的演变，虽然不能完全认定为分化决定系统演变，但其新质和对系统的冲击作用是十分明显的。

第二，根据社会整合的定义，整合作为一种手段和方法，对社会系统中非同质性、功能性要素等进行整合，目的在于追求整合后社会系统的整体功能及社会的存在和发展。整合的关键在于如何使这些要素得到更为紧密的联结（纽带）。整合所得到的结果是形成新的社会结构和秩序，达到新的社会稳定状态，实现新的社会整体性功能。在特定的历史时空下，社会整合与分化都具有阶段性和区域性特征，这是由社会系统的阶段性和区域性的结构、秩序和形态，以及子系统的阶段性和区域性的结构、秩序和形态所决定的，并且社会整合与分化的互动关系会随着社会系统的变化而变化。稳定期分化的激烈程度会小于转型期，变革期的整合能力会小于稳定期，反之亦然，两者之间始终存在一定的张力，是一种动态的平衡与非平衡关系。

分化与整合两者之间的关系是分化与整合逻辑研究的核心问题。在任何一个社会系统里，分化与整合之间的关系都是动态演变的，并且也会呈现出所谓的强弱关系，这也是我们通常说的社会张力的内涵体现。在社会变迁过程中，分化与整合往往会呈现出以下三种典型的现象。

第一种，分化不足，整合度高。社会分化不足往往是因为社会整合度过高，即社会系统中维持社会秩序和稳定性的手段、方法过于强大，从而大大阻碍了社会分化的可能。

第二种，整合不足，分化过度。原有社会秩序和结构由于分化产生新要素而不断受到冲击，这种新要素不断地产生，其作用不断加强，特别是在加速转型期，整合能力无法适应社会剧烈的分化，因此形成社会的断裂和失衡，社会处于不稳定状态。

第三种，整合不足，分化也不足。在这种形态下的社会往往呈现出以社会排斥为特征的社会状态。社会排斥是指某一群体不能进入主流社会，或者与主流社会隔绝，或者与主流社会形成断裂，主要体现在经济、政治、文化、社会等方面。在这种社会形态下，社会排斥具有连锁性或者积累性，一方面表现在社会各个方面发展处于相对停滞；另一方面表现在社会内部对分化与整合的排斥，并逐步形成社会的主导文化，从而极大地阻碍社会的发展。

社会的分化和整合需要在特定的历史阶段和地理空间上才能得到较为准确的把握,社会的变迁也需要我们在特定的阶段和区域内进行考量。分化、整合、再分化、再整合……不断地循环、发展,这是社会在动态中得到进步和发展的具体逻辑,也是从一个范式向另一个范式转变,不断推进社会和人类文明发展的本质体现。

第三节 技术范式与区域社会的分化、整合

技术范式通过技术体系和发展思路的功能发挥直接作用于区域社会的分化与整合过程,技术范式演变与区域社会的分化、整合在基础、过程、结果和本质等方面有着紧密的关联。技术范式与区域社会形态之间的关系可以从区域社会分工、分层、系统功能变化、内源性和外源性整合等方面得以阐释。

一、两种逻辑的相互关联

技术范式演变的逻辑和社会分化与整合的逻辑都在前文中进行了阐释。两种逻辑间的相互关联可以从对两种逻辑的理解和阐释中得到诠释,它们的基础、过程、结果、本质等方面的关联是两者之间关系和相互影响的纽带。技术范式的演变逻辑在一定程度上内含于社会分化与整合的逻辑之中,相互关联紧密,但两者研究的主体和分析的问题是不同的。因此可以把社会分化与整合作为宏观抽象概念,把技术范式作为实践性概念,以双重维度对区域社会变迁过程进行研究。区域社会分化、整

合与技术范式的演变，前者以区域的社会体系为框架，后者以技术体系和发展思路为框架，探讨社会、区域与技术演变的规律和逻辑。

第一，两者基础方面的关联。技术范式演变的基础是范式内作为新质存在的新技术或者说"破坏性技术"与新的发展思路的产生、扩散和发展。社会分化与整合的基础是社会体系内新的社会要素产生和功能的专门化过程，即新秩序、新结构的形成，关键性纽带的生成等。技术范式演变是一个新旧范式更迭替代的变革过程，社会分化与整合也是从一个旧的社会秩序和形态向一个新的社会秩序和形态变革的过程。两者都需要新要素的出现，技术范式演变需要的是新的技术和发展思想，社会分化与整合需要的是新的社会要素。从概念上理解，新的技术和发展思想在一定程度上就是新的社会要素，也就是在社会分化中产生极强作用的新因子，是社会发展的动力和基础。在当代社会变迁过程中，技术作为生产力要素之一，其变革直接带动生产力的变革，从而使产业、社会结构发生变革。技术在一定程度上决定社会发展的方向和进程，这是大家所公认的。在某种程度上，当代社会分工体系的形成和演变可以认为就是技术体系演变和发展思路演变的结果，而社会分工是社会分化和整合的基础，是社会进步的基础。

第二，两者实践方面的关联。从技术范式演变与区域社会分化、整合的过程和结果看，技术范式的产生、形成、转移的过程是新技术的产生到商业化、社会化的过程，新的技术体系和发展思路成为社会主流，再到被取代的过程，是不断替代和变革的过程。社会分化与整合的过程是分化、整合、再分化、再整合的不断循环和转变的过程。两者的区别在于技术范式的形成、转移必然会带来一场变革,并且这场变革往往会促使社会结构、体系、形态乃至文明的基础发生变革;而社会分化与整合只有在加速转型期,两者剧烈运动时才会出现整体社会的变革。从哲学角度看,两者实践的过程都可以用量变与质变的关系进行概括与分析。两者的结果都是形成一种形态,技术范式与社会形态的形成都需要以一定稳定的秩序和结构为基础,社会稳定的秩序和结构主要取决于社会整合作用发挥的程度,而分化则是技术范式转移和社会变迁的共同基础。从分化的内容看,任何一个分化的方面都包含技术这个因子,而技术本身的分化也是技术作为一个系统而存在的内部各个作用因子发生演变的规律。从整合内容看,整合其实是人类为了实现特定目的,而对现有的各类要素和单元进行统筹组织,形成稳定运行秩序和规范的手段和方法。整合过程与结果其实是技术综合作用的过程和结果,即自然技术、社会技术、思维技术所共同作用的过程和结果。

第三,两者本质的关联。技术范式演变逻辑的本质是人类在实践活动中,技术体系和发展思路的演变规律,区域社会分化与整合逻辑的本质是区域社会变迁的规律。两者研究的逻辑起点是不同的,前者的逻辑起点是技术体系和发展思路,而后者的逻辑起点是区域社会,但研究的本质都是围绕社会系统而展开,而人作为这个系统的主体,通过调节或者改变与其他要素之间的相互关系和作用来实现人类与社会的发展。本质上都是人类的实践而导致社会系统的变迁,并且两种逻辑所体现出来的规律性也存在较为明显的关联,即由于新质的出现和扩散导致整体系统的适应性变化或者变革,从而形成一个新旧系统更迭、稳定、再更迭的循环发展过程。

从两种逻辑的基础、过程、结果、本质等角度考察两者之间的关联，是较为客观和理性的。技术范式演变和区域社会分化、整合都是社会进步和发展的阶段性、区域性的体现，也是历史进程中人类发展规律和实践形态的具体展现。技术范式的演变与社会的分化、整合，是相互关联、相互融合的，但具体的社会变迁过程中，技术范式在区域性社会分化与整合中呈现不同的特征和形态。

二、区域社会分化中的技术范式

相对于宏观社会分化，区域社会分化具有共性的同时，也具备自身的特殊性。概观整个人类社会，社会分化是各个区域所共同的特性，并且随着人类文明的进步，社会分化在宏观上有着相似或者相同的过程，即社会新要素产生和发展导致的社会结构、秩序和功能的变化推动社会的发展。这个规律是适用于所有区域社会的，但由于区域不同、自身要素不同，分化的方式、形态等会呈现出不同的区域性特征，而且这种特征带有阶段性，即时间性。

在区域社会分化中，技术范式与区域社会分化的特殊性直接相关，技术范式的核心是技术体系和发展思路，而区域作为技术范式的空间范畴限定，使技术范式在特定的区域结构和环境中存在、生长。

如在美国发展的历程中，技术范式的演变是美国发展的重要推力。在美国从奴隶制向资本社会演变过程中，技术发展、更新的速度与程度是由美国在那个阶段社会结构、文化和技术形态、环境所共同促成。自由的理念与技术的理念植根于美国思维的骨髓之中，直达他们的政治体制和经济体制，其发展的思路也由于这种植根性的概念而超越其他同步发展的国家。美国的发展可以认为是一种具备极强分化能力和范式转移能力综合作用的结果，同时美国发展的适应性能力也是超越其他区域的。一个民族所内含的包容性和开放性会极大地促进该民族的发展，即会产生更多的分化，同时民族内部作为个体的人会在这种民族气质中极大地发挥自我的潜能。

一些较为传统和封闭的区域，社会分化会受到种种因素的制约，无论是生存环境还是发展环境，都很大程度上限制和阻碍了分化的大量产生，甚至该区域内的文化决定了其对新质产生的态度。技术作为人的实践产物和工具，也同样受制于这种态度和环境。在区域社会中，技术体系和发展思路的演变都与分化的程度和广度直接相关，新技术的大量出现及广泛扩散，自然会很大程度地冲击和破坏原有的生产体系和技术体系，从而逼迫新体系的产生以适应这种变革，这就是一个全新的社会发展体系的形成过程，同时人类发展的理念也会发生极大的转变，并促使社会文化以及人类文明形态发生变化。

区域社会分化是区域内社会阶层、组织、结构等系列组成要素的分化，是区域内社会分工所带来的。区域本身具备多维度性、等级层次性、相对差异性、统一整体性、开放可变性等，这些性质都是历史发展的结果。在一定程度上，区域的这些性质会直接作用于该区域内的技术范式，从而技术范式也就具备一定的区域性和阶段性，同时技术范式本身就是一个整体，具有统一性。技术范式一旦形成，整个区域就会在这个范式框架下运行，以其技术体系为基础，构建生产体系和经济体系，从而影响区域的政治制度、文化系统等。逐步地，这种范式的发展思路就会成为区域社会的主流发展思想,并植入区域社会的文化中,引导形成新的区域社会主流文化。在这个过程中,区域社会分化是技术范式演变过程中的具体方式和基础,技术范式则是该区域社会分化的宏观环境和框架。

三、区域社会整合中的技术范式

在探讨区域社会整合中的技术范式时,有必要对技术系统的几个相关问题进行阐释。技术系统由自然技术系统、社会技术系统和思维技术系统组成,同时从技术系统的结构看,则是由输入、运行、输出三个环节组成。

技术系统最基本的特征在于其目的性的存在,这种目的性是技术系统得以存在的根本价值。马克思对这种目的性的理解和阐释十分深刻,"蜘蛛的活动与织工的活动相似,蜜蜂建筑蜂房的本领使人间的许多建筑师感到惭愧。但是,最蹩脚的建筑师从一开始就有比最灵巧的蜜蜂高明的地方,是他在蜂蜡建筑蜂房以前,已经在自己的头脑中把它建成了,劳动过程结束时候得到的结果,在这个过程开始时就已经在劳动者的表象中存在着,即已经观念的存在着。他不仅使自然物发生形式变化,同时他还在自然物中实现自己的目的,这个目的是他所知道的,是作为规律决定着他的活动的方式和方法的,他必须使他的意志服从这个目的"[1]。技术系统功能的实现,一方面在于其自身的结构,另一方面则是与整个外部环境有关。不同的外部环境

---

[1] 马克思. 资本论:第1卷[M]. 中共中央马克思恩格斯列宁斯大林著作编译局, 译. 北京:人民出版社, 1975:202.

会导致技术系统运行形式的不同，同时技术系统运行也会改变外部环境。

整合的目的是使不同系统、不同要素之间形成关联的纽带。区域社会的整合是对区域内不同系统、不同性质的要素的整合，形成新的区域形态，并通过专业化形式展现区域整体功能形态。从技术系统功能实现过程看，自然科学为技术系统提供发展的要素，培育出更多的新技术群，可以认为自然科学是技术产生和发展的重要源泉；社会科学则是通过直接影响社会技术，如组织管理技术、法制法规等作用于自然技术；思维方式则是通过思维技术对概念进行操作，形成技术系统内外的关联，从而实现整体的系统功能。这三者共同作用于区域社会发展的过程中从而形成一个整合的过程，且是动态的整合过程。与技术系统关系极为密切的系统还包括经济系统、政治系统、军事系统、文化系统和自然环境系统等。经济系统毫无疑问与技术系统有着直接关系，经济体制、经济模式都会影响技术系统的发展；政治系统即一个区域的管理模式、结构形式，也与技术系统紧密关联；军事系统则可以直接影响技术系统运行的结果，如用在战争中，技术发挥的往往是摧毁和残杀的作用，同时也会极大地破坏技术系统本身；文化系统对于技术系统发展有着极为重要的作用，它作为伦理道德、价值规范等的综合体审视和考量技术存在和发展的意义，并渗透到技术系统产生、发展的过程中，深刻影响技术系统的演变历程，且这种影响是长期性和决定性的。

技术范式以技术体系和发展思路为核心概念，技术范式的形态形成及功能实现都要以系统体系的存在为根本基础。技术范式形态及功能作为在区域社会的形态和表现，很大程度由该区域的社会发展模式及形态所决定。

以县域为例，一个县域的发展模式和形态决定该区域的技术范式。如浙江永康和义乌，在省域背景下，两者信息高度发达并经济发展迅速，但其整合模式不同，永康凸显的是工业强市发展模式，义乌凸显的是信息强市发展模式。由于永康历史性的工业技术积淀和五金制造技术的高速发展，其技术系统倾向于以制造技术为主导。而义乌作为国际性小商品城，其打造的发展模式是一个综合性的贸易平台，其技术系统倾向于以信息技术为主导。由此在两个县域内，其他子系统的结构和功能就会为实现各自发展道路而进行全面的调整和改变。因此，两个县域的范式存在明显不同，这种不同不仅体现在其生产实践之中，还体现在劳动者的思维理念之中：义乌人乐忠于经商贸易，以信息和贸易的获得来强化经济的发展；永康人乐忠于生产，通过改进技术或产品模仿提升获利空间来实现经济的发展。

技术范式和区域的社会整合之间还存在着明显的综合性、动态性、文化选择性等特征。综合性主要体现在两者都是在各自区域系统综合作用下进行；动态性主要体现在两者的形态在动态中发生演变；文化选择性主要体现在区域性的文化对两者的内容、方式、形态以及功能等的选择性作用。技术本身的整合也极强地体现了该技术所处环境下社会整合的内容和方式。

四、技术范式演变与区域社会形态的关系

区域社会形态由区域社会系统和运行方式所共同组成，区域社会形态是区域社会分化和整合共同作用的结果，是该区域范式的综合体现。技术范式的演变也是社会分化与整合共同作用的结果，并且技术范式的演变着重于技术体系和发展思路的演变。技

术体系是一个社会体系中至关重要的子系统，它贯穿于社会体系中任何一个子系统中，并且与其他系统共同作用推进社会发展。发展思路是一个社会体系演进发展的重要引导，它作为总体性指向和规划设计作用于社会系统及运行过程，以实现发展目标。

探讨区域社会形态与技术范式演变的关系可以从区域社会分工、分层，系统功能变化，内源性和外源性整合几个角度进行探讨。

第一，区域社会分工。在宏观上，区域社会的分工总体符合宏观社会分工的整体规律，但凸显区域性特征，这个与区域的发展模式直接相关。区域发展模式在基本内涵中包括技术体系和发展思路，即包含了技术范式的内容。社会分工实质上是一种劳动分工❶，劳动的专业化和协同是分化与整合的过程，劳动中各个劳动环节和过程的阶段化、专业化是进行劳动分工的基础和依据，这种阶段化、专业化又与该劳动过程中所采用的技术体系直接关联。技术系统作为劳动生产过程中直接的应用手段，一道道工序和过程就决定了劳动过程的分工结构及形态，如一个企业或者特定产业中的企业在运行过程中必然涉及采购、生产加工、包装、营销、仓储、管理等环节，这些环节的产生和固定，其实就是劳动的专业化、技术化过程，并由此形成劳动分工的模式。这一整套运行过程就是企业或者某个产业自身的具体运行模式。在一个特定的区域内，往往采取相似运行模式的企业组织是较为普遍的，类似的运行模式是该区域内主流的分工模式。在主流分工模式背后，支配和产生作用的其实是

---

❶ 杨建华，等. 分化与整合——项以浙江为个案的实证研究［M］. 北京：社会科学文献出版社，2009：121.

区域技术体系和发展思路，体现的是该区域的技术范式内容。当技术范式发生了演变，即原有技术体系和发展思路发生了变革，就会直接导致生产体系和社会组织管理体系的变化，从而区域内社会分工模式、结构、形态等都会发生变化。例如，区域内产业模式要实现从劳动密集型向知识密集型转变，区域社会就必然要对社会各个要素重新进行整合，引入或者重构技术体系和生产体系，从而改变原有产业结构、形态以及各个要素配置以适应产业模式转变需要，这个过程就是社会分工演变的过程，原有的社会分工会被打破，形成新的社会分工体系。

第二，区域社会分层。社会分层是纵向的社会分化，其核心基础是社会资源的分配和占用。社会资源分配与占用其实就是作为社会资源运用主体的人或者群体在技术化过程中对客体的作用，一方面是技术对劳动者的配置，另一方面是技术对劳动对象、资料的配置，这个技术化过程其实就是特定时空下技术范式的实践过程。分工造成了社会位置的变化，社会分工所产生的职业、身份等的分化而形成人群、阶层、阶级、利益等的分化。[1] 这可以从劳动生产过程角度加以理解，即不同的劳动生产方式和结构导致该过程中各个阶层的资源占用和分配的不同。阶层的分化以职业为基础，而职业的结构和分布则取决于该区域社会的分工，劳动者在不同的职业领域获得物质、精神、身份地位等，并逐步形成群体和利益的分化。在当前区域社会，分层现象变得模糊，这是由于社会系统内部分工的多层重叠而造成分层结构的模糊。如一个知名的企业家既是一名人大代表、

---

[1] 杨建华，等. 分化与整合——一项以浙江为个案的实证研究［M］. 北京：社会科学文献出版社，2009：120.

政协代表，同时也是一位慈善家，对于这名企业家而言他的身份是多层重叠的。又如一个技术专家或者科学家，可以是一个知名企业的股东或老板，同时还可能是高校或者研究机构的学者，或者政府部门的参谋等，这也是身份多层重叠的结果。但所有这些都是社会分层的具体体现，是社会分化的结果。相对开放和发达的区域社会，这种分层模糊现象会比相对封闭和落后的区域更为明显。技术范式不仅直接影响区域社会的经济结构、形态及模式，同时还直接作用于区域社会系列子系统的结构、分工等。技术范式内涵中的技术结构往往决定区域内职业的结构和分布，从而决定区域的分层结构。

第三，区域社会的系统功能。社会系统功能的实现取决于社会分化与整合的水平，技术范式往往是社会系统功能实现的一个架构和基础。前文已经分析了经济系统、政治系统、文化系统等与技术范式之间的关联，区域社会系统由系列子系统组成，区域社会系统功能的实现是系列子系统功能整体实现的结果。区域社会系统会自觉根据具体的发展目标对各个要素的配置结构、方式、各个系统之间的关系及运行模式进行调整，并在具体的技术体系和发展思路的作用下，推动新的社会系统的形成和发展以实现既定的发展目标。

第四，内源性和外源性的整合。内源性整合包括对分工、市场、利益、家庭、社区、文化的整合，外源性整合包括对制度、契约和权力的整合。❶ 整合的目的在于建立一套新秩序以适应新系统的产生和发展。技术系统通过对社会的全面渗透作用

---

❶ 杨建华，等. 分化与整合——一项以浙江为个案的实证研究 [M]. 北京：社会科学文献出版社，2009：286 - 384.

于社会的分化与整合过程。如当代新兴技术和高新技术的大量产生，直接变革原有的生产力，因此，社会系统需要通过社会技术和思维技术调整系统内系列分工、市场、管理等关系，并在政策制度上作出调整，形成新的社会秩序和形态来适应这种生产力的变化，这也是社会系统内源性和外源性整合过程。

技术范式的演变与区域社会的形态之间关系十分密切，区域社会系统与技术范式既相互渗透、又相互制约。一个区域往往通过文化系统的作用长期并深刻地影响该区域的范式，而作为其他子系统的经济、政治、环境则会较为快速地适应这种范式的演变。区域社会的形态和技术范式一样都体现在该区域的宏观发展现状之中，范式的演变和社会的演变都是社会发展和人类进步的一个标准。

第四节　技术范式与区域文化

技术范式通过其文化内涵与实践直接作用于区域文化的演变过程。区域文化对于当代而言，一方面是文化的民族主体性，另一方面是文化多元性，这是区域文化的特征。在区域文化变迁的过程中，技术带来的张力成为了一个重要变量。此外，技术范式是区域文化整合的手段和方式之一，两者共同作用推动着区域文化的发展。

一、文化的民族主体性与多元的民族文化

文化作为一个可以涵盖一切意识和精神的概念，是人类实

践的产物，同时又指导和制约着人类的实践，它是人类在发展历史中物质与精神的结合体。在宏观的社会领域里，文化由该社会的政治与经济的具体形态加以体现。文化作为人类认知形态，包括意识、思维、心理、价值观等，通过人的具体行为和实践才能展现。在当代全球化背景下，不同文化"在发展中既相互碰撞、相互冲突，又在相互交流中吸取，向相互融合的方向发展"❶。在同一时代，各民族的文化有着一定的共同发展趋势，但明显存在各自特点，"文化的显著特点是它的民族性"[1]，文化是民族得以立足和发展的根基。

在全球化进程猛烈的时代里，文化领域有着鲜明的壁垒。现在西方的普世价值观并非真正的普世，相反是刻意将某些民族的发展认知加以冠冕堂皇的渲染，从而进行全球性的文化殖民，也可以称之为文化控制的手段。毫无疑问，科技和民主是人类发展的好东西，科技带来了巨大的物质财富与精神财富，民主为人类社会的和谐提供了一个很好的方式，但这些都不能代表一个民族或者民族国家发展的根本，这种根本应是文化的民族主体性。全球化只是一种当代社会发展的手段和形式，而所有的民族和国家包括自身的文化都是历史的产物，相互之间的差异是其历史过程的本质所在，是各民族和国家发展的基础，即便是"全球化的共同的、普遍的价值，也要通过不同的民族形式来体现"❷。一个学习型的民族是一个善于汲取其他民族优秀文化的民族，同时也是一个有着自我修正文化的民族。在不同的历史时期，各个民族通过学习、借鉴，使民族的文化得到

---

❶ 缪家福. 全球化与民族文化多样性 [M]. 北京：人民出版社，2005：248.
❷ 同上：249.

提升和发展，这也是民族软实力不断加强的过程。放眼世界民族之林，文化的差异是显著的，即便同一个国度或区域内，只能说存在着共性的整体的文化与价值观，而个性的文化特征则是显著的，这也是历史的必然和人类发展的必然。这种必然造就了差异化的行为和表象，却也内含整体上的辩证统一。

多元的民族文化来自多元的民族主体，是不同民族主体在历史长河中积累和提炼的精华，多元性来自民族的多样性和实践的差异性。在哲学意义上，多元的民族文化其实是人类实践活动的普遍性和特殊性的辩证关系，离开了普遍性，也就谈不上所谓的特殊性，而特殊性的存在是普遍性建立的基础。这就好比我们生物学中的基因一样，DNA 或者 RNA 的根本作用是普遍的，而 DNA 或者 RNA 的结构与组成却是千差万别的，从而形成了我们多样性的生物。文化其实也类似于这种基因的作用，推进着我们人类的进化与发展。

在纵向的历史中，文化的发展受到科技发展的重大影响。从农业社会到工业社会，科学技术为人类的生产劳动实践带来巨大变革，直接影响了社会的政治、经济、文化形态，生产和生活的方式从传统走向了现代，甚至还导致人类发展认识的悖论、传统与现代的对立。不同区域的文化直接与各自区域的形态相关，并且这种差异性也直接体现在区域的生产和生活实践之中。科技是没有国度与民族性的，但对科技的选择和使用却强化了这种国度与民族性。多元的民族文化为这种多元的实践提供了必要条件，同样，多元的实践也为多元的民族文化的发展提供了基础。

文化的多元性源自文化产生和发展的差异性，文化产生和发展的差异性主要取决于文化自身生成的条件以及文化发展过程中排他性和融合性的综合作用。早期各类文化都是一定区域环境下人类实践活动的产物，并有着鲜明的历史性、区域性、民族性。随着后期人类活动范围不断扩大以及实践能力不断提升，不同区域间人类互动交流频繁，相应地，意识、知识、价值以及技术等得到了传播，但不同区域间本土文化与外来文化之间的融合或者排斥程度是不同的。相对于排他性较强的文化民族或者区域，往往会以较为谨慎或者限制的态度面对外来的意识和事物；而相对于融合性较强的文化民族或者区域，则往往会以更为开放的态度面对这些意识和事物，并会尝试将这些意识和事物投入到具体的人类实践和社会发展之中。在具体的融合过程中，也会因为融合程度的差异导致融合结果的差异或者说多样性的产生，从而在文化发展过程中呈现多元多样性。

文化的民族性和多元的民族文化，是文化发展的两个根本，主体性的强化与多样性的发展是我们社会发展的本质。文化是社会发展的内核，同时它也是社会发展的精华，优秀的文化来自民族自我的调节和对外的学习。对于当代而言，社会发展要始终围绕自身发展的现状和基础，尊重自身文化，辩证、理性地学习和选择先进的科技与发展模式，提升有效的汲取和实践能力。

二、区域文化的内涵

所谓区域文化，是按照地域界定而出现的文化类型，是某一地区囿于地理环境和民族发展所呈现出的文化形貌。[1] 区域文化顾名思义是指特定地理空间范围内的文化，同时它也是一个

---

[1] 李勤德. 中国区域文化简论 [J]. 宁波大学学报, 1995 (1)：41.

历史的产物，有着时间维度。区域是纵向的历史与横向的地理空间所共同组成，历史的积淀使人类实践的精神产物和物质产物不断地成为人类的共同认知，在特定的地理空间中，不同的精神产物得到稳定和发展，呈现自身的特性，并成为区域的文化。区域文化与宏观的社会文化是整体与局部、共性与个性的相互依存、渗透、影响的关系，同时也是自然与人之间互动关系的综合体现。

从区域竞争力角度看，很显然，区域文化是区域的软实力，"区域文化软实力是区域综合实力的核心构成和持续发展的不竭动力"[1]，文化的软实力着重体现在其生产、传播、影响、创新、保障、凝聚、吸收等方面的作用之上。"区域文化软实力，应当是这样一种'力'，它依托区域文化资源和文化自身的发展而产生，以无形和有形的态势，成为推动区域文化创新发展的持续动力，成为促进区域综合实力和核心竞争力提升的一种持续的辐射力和支撑力，并由此与更多的区域一起形成力的集合，成为提升国家文化软实力的重要源泉和推动力量。"[2] 区域文化是区域竞争力的核心和动力，是区域发展的重要源泉。区域文化与区域的经济、科技实力等共同组成区域的综合实力和竞争力。区域的竞争力是区域软实力与硬实力的结合体，遵循着实践与意识相互作用规律，也是两者共同发展的辩证关系的体现。

区域文化本身涵盖了一定时期的区域价值观，也是区域价值体系的重要载体，是物质性与精神性的统一体。物质性即客

---

[1] 罗能生，郭更臣，谢里. 我国区域文化软实力评价研究 [J]. 经济地理，2010（9）：1502.

[2] 沈昕，凌宏彬. 提升区域文化软实力研究：概念、构成、路径 [J]. 理论建设，2012（4）：7.

观存在的物质，任何一个区域都有着自身特定的自然环境和人工环境，有着共性与个性的生产劳动结构和模式。区域的产业体系、产品体系、技术体系等都是该区域文化产生和发展的重要实体，同样还包括我们广大的劳动者，这些都是区域文化内涵的物质性构成要素。精神性则着重体现在区域社会的价值体系和区域文化资源之中。区域社会的价值体系与宏观的社会价值体系有着本质的统一性，是宏观社会的价值观体现，这里包含了国家的利益、民族的利益以及精神品质，但区域的社会价值体系也会根据区域自身的文化资源以及区域社会实践的差异而存在一定的差异性，这也是不同区域文化特征的体现。多元的区域文化组成了我们宏观的社会文化，如同一个国家一样是由不同的区域共同组成，形成统一的形态。区域文化是以文化的具体化和特征化展现区域时空范畴中的社会文化形态。

区域文化是一个动态的概念。随着时间推移，宏观社会的文化变化会导致区域文化流变，同时区域内经济、科技、社会、人口甚至区域的边界等都在发生变化，区域的形态也在这个过程中发生变化，区域文化会随着区域内具体的生产、生活实践形态的演变发生流变。这种流变，一方面来自宏观社会文化的变化，另一方面则来自区域内部的文化变化。宏观上看，社会从一个文明向另一个文明转变，区域文化也必然发生转变，但区域文化在转变的程度和速度上存在差异。从区域本身看，区域文化会根据区域自身的优势，有选择性地形成特定的发展模式和价值判断标准，并随着内外部因素的影响，不断自我调整和吸收其他区域的文化。区域文化的流变反映区域社会实践和意识的变化，同时也在一定程度上反映宏观社会文化的变化。区域社会的实践作用于区域文化的同时，区域文化反作用于区域社会的实践，两者交互影响，动态发展。

三、技术张力对区域文化的影响

张力，一个来自物理学的概念，属于物质之间相互作用力的范畴，是一种拉力。著名的科学史家托马斯·库恩就以张力为核心概念，在《必要的张力》一书中探讨了科学史与哲学之间的关系。社会学家们则将张力运用于社会学研究体系之中，提出了社会张力的概念，"社会张力，就是指社会系统在运行和变迁过程中由于结构失调或人民的无序互动导致的紧张状态以及由此产生的种种社会冲动力量"[1]。很明显，在社会学研究领域，张力是一种有害于社会稳定和秩序的作用力，且它自身是社会系统失衡造成的，所以消除社会张力或者保持一定、适度的社会张力有益于社会稳定及有序的发展。

从技术角度看，技术的张力主要在于其对技术使用主体和作用客体的影响，而技术本身包括两种形态，即实体形态的技术和虚拟形态的技术。技术的张力通过实体和虚拟两个维度对技术使用主体和作用客体产生直接影响。

从实体角度看，实体形态的技术即一切有着技术内涵的实体性物质，如我们普遍所见的技术设备、产品等都属于实体形态的技术。实体形态的技术的发展不断变革着自然、社会和人类，是人类意识与实践共同作用的产物。技术活动的目的性决定了技术结果的目的性，同时还产生了非目的性产物，生态危

---

[1] 陆学艺，苏国勋，李培林. 社会学［M］. 2版. 北京：知识出版社，1995：526.

机就是人类系列技术活动的结果,或者说是实体形态的技术作用于自然、社会、人类所带来的非目的性产物。在全球发展问题上,"与以往历次关于可持续发展的全球会议一样,这一次会议仍然没有抽离于发达国家和发展中国家之间的矛盾和争论,而矛盾和争论的核心,也仍然一如既往地集中在发达国家能否采取实质性措施,偿还工业革命以来对地球欠下的'生态债务'"❶。这种分歧其实是人类生存和发展的权益之争,更直接地说是不同发展层级国家地区在采取什么样的技术体系和发展模式进行发展的问题上产生的巨大分歧,而这些具体的技术体系及模式结构,就属于实体形态的技术。这是实体形态的技术给社会带来的张力,而这种张力给我们带来的是发展意识中的矛盾和文化的冲突。

从虚拟维度看,技术特别是当代信息技术的高度发达,给人类创造了一个全新的"虚拟世界",尽管这个"世界"的构建源于我们现实的世界,但是它的内涵却超越了真实的世界,"传统的'真实'世界与'虚拟'世界之间相对明确的区隔却似乎变得模糊起来,以至在某种程度上产生出了一种'真实'为'虚拟'所消融的混沌化迹象"❷,而这种"混沌"就会给我们带来一种困扰:人与自然关系发生了另一个层次的变化,人工自然将我们带入一个"虚拟行为主体"与"虚拟社会存在"的时空之中。甚至有人认为,虚拟的世界是"一个不用现实社会中法律、条例、警察和军队约束的独立王国"❸。这也就极大

---

❶ 冯鹏志. 时间正义与空间正义:一种新型的可持续发展伦理观 [J]. 自然辩证法研究:2004 (1):73.

❷ 冯鹏志. 从混沌走向共生 [J]. 自然辩证法研究,2002 (7):44.

❸ 尼尔·巴雷特. 数字化犯罪 [M]. 沈阳:辽宁教育出版社,1999:198.

地冲击了我们现有的认识和正常的秩序。

对于区域而言，技术的实体性和虚拟性的张力会极大地影响价值判断、伦理评价，甚至直接变革区域的文化内涵。我们第一次看到美国著名大片《阿凡达》的时候，都被其豪华、鲜明、高技术含量的数字画面所折服。而在这种极具文化色彩和技术含量的画面背后，却给我们自身带来了深刻的反思，影片的内容一方面阐释了人、其他物种与自然的关系，另一方面展现了物种之间为了资源展开的争夺。在这种虚拟的世界中，传统的技术与极为先进的未来技术都得到了充分的展示，而这些技术却被用于战争与厮杀。反观人类社会演进历程，历史的史实鲜明地体现了国家、区域、种族间为了资源和利益，大肆应用技术，发动战争，展开厮杀。这是技术给我们带来的困惑，更是对我们人类文明发展的一种质疑。

从区域文化角度看，工业文明下技术的工业化使用，的确为不同的区域带来了极大的好处，同时也因为这种规模化、效率化的巨大诱惑，使区域自身失去原有的价值判断和伦理评价。随着信息时代不断深入，区域间原有的交流与互动模式完全改变，社会互动方式和人的生活方式也发生了巨大变化，这也直接冲击了我们原有的区域社会秩序。特别是随着技术理性在人类发展思维中有形无形的强化植入，我们原有的理性不断被侵蚀甚至磨灭。这些都不是我们人类发展所希望的结果。

在区域的发展中，技术作为区域发展的根本要素，要在其运用和开发过程中进行选择，强调的是发展的可持续性。技术的张力源自我们人类自身的价值判断和伦理评价，同时也是我们区域文化所需要"匡正"的，但区域之间需要存在一定的技术张力，这种张力带来的是彼此的理性竞争与发展以及服务于区域发展的和谐与共进。只有立足于理性的价值判断和伦理评价，区域文化才能在本质中作用于技术，使区域走向合理的未来。

四、技术范式：区域文化的整合方式之一

从技术本身而言，技术是客观中立的，但技术的"双刃剑"属性却使技术活动有正面与负面的结果，且技术活动本身也受到区域差异性的影响，社会、自然因素对技术的应用和发展都有着较为明显的制约和支配作用。技术范式是以技术活动为基础而形成的文化综合体。技术活动通过特有的体系、规范、过程以及相应的思维模式直接影响人类生产、生活的方式与思维模式，从而以范式的形态作用于区域文化，对区域内不同的文化进行整合。

第一，技术范式对区域价值观的影响。区域价值观是区域文化的核心所在，且呈现一定的动态性。科学技术的发展给区域带来了巨大的物质财富和精神财富，但不同区域间科技对区域发展的推动作用存在差异。在评判科技的作用时，不同区域都会结合科技对经济、社会、生态等几个维度的作用作出价值判断。技术范式为区域带来技术体系和文化，在正面效果的推动下，技术范式带来的文化进一步植入区域文化之中，并且在一定时期内成为区域文化的主体，这在我们人类历史中得到了鲜明的体现。工业化时代所带来的物质的空前生产，将工业技术体系普及化，并且以其特有的工业文化引领文化的发展，并在一定程度上整合了全球不同区域的文化。而在这个时代的人们，其价值判断的宏观指向就内含了这种技术范式带来的价值观。只是随着量与质的变化，种种内在危机和矛盾不断展现之

后，人类才开始慢慢审视这种价值观的合理性。

第二，技术范式对区域伦理的影响。伦理的评价是建立在价值判断之上的，但伦理更多的是关心人与自然的和谐以及整个生态环境的发展。在技术理性批判中，伦理判断是很多学者用于批判技术发展和应用的重要依据，批判的本质其实是对人的歪曲理性的批判。"他们的技术理性批判的根本目的就是，重建'以人为本'的文化哲学，通过人文精神的弘扬，来确立一种能够指导人们驾驭技术理性的价值理性。"❶ 宏观上看，要考察和评判技术的伦理问题需要从生态伦理的角度进行综合的分析，环境问题的日益凸显与人类自我的反思是同步的，而且是前者迫使后者不断强化的过程。由于技术是作为服务于人的工具，其作用是改造和利用自然，技术理性往往会导致人类片面地走向"人类中心主义"，而忽视整个生态。技术使人类的意识得到更深层次的扩张和延伸，并且在这种意识的驱动下，人类通过不断地创造新的手段与工具来满足人类自身的欲望，这为"人类中心主义"奠定了实现的技术基础。直到自然和社会种种问题以及危机的出现并加剧，人类才开始收敛自己的实践。一个个所谓先进的技术体系和文化理念的产生、扩散乃至占据整个世界，技术范式在这系列过程中起到了极大的推动作用，在这个过程中，伦理的判断往往被掩藏甚至完全丢失。就如落后的区域往往会强化经济效益而忽视其他效益的存在一样，他们会不惜以巨大的环境损失为代价换取经济发展，造就整个区域文化和人性的扭曲。但随着人类理性逐步的回归和发展，技术

---

❶ 曹克. 生态伦理视野中的技术理性批判［J］. 南京财经大学学报，2007（2）：84.

理性的内涵不断得到匡正，人类更多地从生态伦理这个综合的角度评判技术活动的合理性，以生态伦理为基础构建形成的技术范式，通过规范生产、生活方式和规制人类发展理念及思路，对区域发展实践进行整合，并上升到区域文化的重塑与整合层面，从而实现区域的生态化发展。

技术范式的理性发展对区域文化的意义重大，技术范式通过引导区域的价值观与伦理来综合地影响区域文化，并在其动态的演变过程中会指引区域的生产、生活方式。建立在生态价值观和生态伦理之上的技术范式会更为有效地整合区域的文化，极大地推进区域的生态发展。

第五节　技术范式与区域社会系统功能的演变

区域社会的分化与整合直接影响区域社会功能的演变。技术范式的演变以技术体系和发展思路的变革为主要特征，而新旧技术体系与发展思路的更替直接变革区域社会的形态和系统的功能。

一、区域社会分化与整合过程中系统功能的演变

所有的系统都有着结构和功能两个基本要素，且系统运行要有一定的环境作为支撑，而这个环境则是由与系统相关的外界的一切事物以及相互联系和作用共同组成。系统的功能反映的是该系统与环境之间的相互关系和作用，并且系统与环境两者之间的变化往往有着一定的因果关系。

系统功能是指系统的行为所引起的环境中某些事物（功能对象）的变化。❶ 系统的性能是指在系统内部相干和外部联系中表现出来的特性和能力。❷ 系统的性能是系统功能产生的根本基础，是功能得以实现的重要组成要素。在一个系统内，任何一项性能都有可能成为某项功能实现的基元。系统建立的目的性体现在功能上，而系统的结构是系统功能实现的基础。

帕森斯的功能性系统结构理论就系统的功能和结构的关系进行了详细的阐释，他认为功能的层次性存在是系统的结构和组织模式的体现。对整个社会系统而言，社会子系统划分为经济系统、政治系统、文化系统、自然系统等。经济系统所承担的是社会适应性的功能，社会只有通过生产、交换、分配、消费等一系列经济行为，才能实现社会的生存与发展；政治系统所承担的是社会组织和目标决策的功能，是社会通过组织手段集中社会的人力、物力、才力，从而实现社会目标；文化系统是一种潜在的用以维持社会共同的基本价值和规范的系统，这种功能是内化于社会整个系统之内，并有着深刻而长期的作用；自然系统是人类所有活动的实践场所，为社会系统的运行提供物质、能量、信息的同时，与社会系统形成相互作用。

区域社会的分化和整合涵盖了区域社会结构和功能的分化与整合，但最终的结果是区域社会形态的变化，即区域系统结构和功能的变化。随着社会分化程度的加深，社会结构的功能也越发专业化。以家庭为例，在现代的工业社会中，其经济功能被职场所取代，社会化功能由学校教育机构所取代，宗教仪

---

❶ 李喜先. 技术系统论 [M]. 北京：科学出版社，2005：28.
❷ 同上。

式的功能被公众的宗教场所所取代。区域社会的发展也是如此，由于社会分工不断地细化，区域内子系统（社会结构）不断地专业化，从而使这些子系统的功能更为专门化。我国在实行改革开放后，社会分化的深度和广度得到极大的提升，社会结构分化得到快速的加强，社会活力得到空前的发展，社会组织的多元化形成，各个组织功能的专业化程度加深，社会系统的"功能定位'物归原主'，各司其职，社会结构更趋于合理，社会系统的功能更能够充分发挥"❶。

区域性社会系统功能的演变是该区域内系统功能分化和整合的结果，功能分化所引发的社会分工、组织分化、权力结构分化等都直接作用于整体的社会系统，功能的整合则是从资源分配、社会管理、社会生产等几个方面对社会整体的运行进行全面的支配和影响。区域性则重点体现在特征化的社会运行模式（经济模式、组织模式、文化模式），因而在区域性的范畴内，功能的演变也必然有着鲜明的区域性目标和运行规则，从而使该区域社会系统向着既定的目标理性地发展。

二、技术系统与区域社会系统功能的关系

技术体系由系列技术系统组成，并包含技术系统运行环境。技术系统本身就是区域社会系统的子系统之一，其特殊性在于技术系统完全渗透于其他子系统中，具有着层次性、动态性和整体性，且技术系统的作用对于整个区域系统形态和功能有着

---

❶ 杨建华，等. 分化与整合———一项以浙江为个案的实证研究 [M]. 北京：社会科学文献出版社，2009：223.

直接的影响。技术系统由自然技术系统、社会技术系统和思维技术系统共同组成，随着社会发展及技术演变，技术系统的结构、形态、功能等也会发生变化，即由三个技术子系统所组成的技术三角形发生变形，从而作用于区域社会系统的演变过程，并且技术三角形的变形也是社会系统演变的基本特征之一。

第一，自然技术系统与区域社会系统功能的关系。自然技术系统包括能量技术系统、物质技术系统和信息技术系统，这是狭义的理解。实际的技术活动与实践中，不存在独立的能量技术、物质技术和信息技术，三者之间是紧密联系、不可分割的。针对区域性社会而言，自然技术系统是所有社会实践的基础，同时在一定程度上对社会实践的变革有着决定性意义，这从工业革命和信息技术革命的历程中可以得到证明。在能量技术中，动力的技术变革直接变革着人类的劳动生产模式和过程。原子能技术的突破不仅改变区域社会的能源生产方式，同时也改变着区域的国际政治位置。物质技术的发展直接变革物质原有的属性，但也引起了物质自身一定矛盾的产生和激化，这就好比亚当·斯密所提出的"钻石与水悖论"，物质的使用价值与交换价值的矛盾变得更为显性化。在自然技术系统的作用下，无限的物质自然界和物质的无目的性演变成了自然资源的有限性和原材料的潜在目的性。量和度的概念逐步为人类所重视和利用，《增长的极限》中写道："我们深信，认识到世界环境在量方面的限度以及超越限度的悲剧性后果，对开创新的思维形式是很重要的，它将导致从根本上修正人类的行为，并涉及当代社会的整个组织。"[1] 量与度作为人类活动理性考量的重要依

---

[1] 罗马俱乐部. 增长的极限［M］. 成都：四川人民出版社，1983：223.

据，帮助我们修正人类的实践及结果。信息技术作为区域社会系统在管理、组织、计算等方面重要的基础技术支撑，直接影响着区域社会系统的结构、形态以及运行的方式，从而作用于区域社会系统功能的演变、实现及效果。自然技术是人与自然之间的桥梁，有着明显的中介性。考察人类活动的合理性，要从实践的目的和后果进行评判，或者说人类实践的"实质合理性则基本属于目的和后果的价值"[1]。自然技术系统是人类对自然、社会的物质进行改造的技术系统，是区域社会系统功能在物质层面上实现技术化、功能化的实践载体和工具系统，同时自然技术系统也随着区域社会系统的演变而不断变化和发展。

第二，社会技术系统与区域社会系统功能的关系。社会技术系统包含组织技术系统、交易技术系统和学习技术系统。社会技术系统和自然技术系统都源自人类的实践经验，都是历史的产物，但从具体的实践角度看，社会技术却远远落后于自然技术。[2] 组织技术系统是人类赖以相互结群的手段。一个区域社会系统自身就是一个自组织系统，而组织技术系统则是该系统整体运行和功能实现的保障。组织技术系统可以理解为伦理、法规和舆论等的综合系统，一方面规范着人类的行为，另一方面推进人类活动的理性发展，通过对人的实践、理念、思维的规制以及组织行为、结构、形态的规范和优化，推进区域社会发展。一个区域有着相对完善和强执行力的组织技术系统，往往能极大地促进该区域的正向发展，而相对弱化的区域，则往往会产生众多的社会问题，这可以理解为区域社会整合度的弱

---

[1] 苏国勋. 理性化及其限制 [M]. 上海：上海人民出版社，1988：226.
[2] 李喜先. 技术系统论 [M]. 北京：科学出版社，2005：105.

化而分化度不断加强所造成的。交易技术系统是人类用于交换的一种手段。随着社会分工的产生,交易技术也就产生了,并随社会分工不断的发展发生演变。货币的产生对交易技术系统的发展产生了巨大的推动作用,并极大地推动了社会经济系统功能的发展和完善。交易技术系统发展对区域内外的物质往来方式及过程有着极为显著的作用,便利化和标准化是现代交易技术系统给区域社会贸易带来的极为明显的特征,并且交易技术系统的发展直接改变着经济贸易方式。学习技术系统是人类知识技能、综合素质提升的手段,是区域社会系统不断进步、系统功能不断优化和发展的重要载体和手段。人类通过教育、学习不断提升自身素质能力以适应现实乃至未来环境,区域社会系统功能也在这个过程中得到不断优化、发展。学习技术系统对社会稳定和发展有着积极正面的作用,一方面作为社会实践主体的人类通过教育实现自身的社会化,另一方面人类通过学习实现能力提升、适应环境,同时区域社会系统也通过人类不断进步的实践发生系列量变、质变,从而发生系统的整体进化,这个过程类似于生物学概念中的遗传与进化。从区域社会系统角度看,学习技术系统是区域社会系统功能不断进化的重要载体和手段,区域社会通过学习模仿乃至创新发展实现不断演进。

第三,思维技术系统与区域社会系统功能的关系。思维的形成源自人类以往的活动和对自然与社会规律的认知和把握,思维有着历史性,但同时,由于思维是感觉、感知、理论和实践多重作用的过程性产物,感觉、感知、理论以及实践的动态性决定了思维还具备创新性。"思维是在感觉、知觉的基础上,通过一系列的智力运演,使人认识那些没有直接作用于人的感官的事物，把握事物的本质和内部联系，人认识了事物的本质和内部联系，就能预见事物的未来变化和发展，从而能动地改造世界。"❶ 思维技术系统包含语言文字符号系统、逻辑推理和数学计算系统等，这些都是我们人类社会存在和发展的基础。人类的交往和沟通离不开语言文字符号系统，逻辑推理和数学计算系统是人类发展取得巨大进步的两个重要基元。归纳、演绎的推理，数据、符号的加工形成了我们现代系统的思维逻辑。思维技术系统发展是区域社会系统发展和功能进化的一个重要动力，它能变革区域社会的发展理念和内质。

自然技术系统、社会技术系统和思维技术系统的组成比例和相互关系决定了技术系统的结构、形态及功能，并贯穿于整个社会系统的运行过程之中。区域社会范畴内，技术系统有着极为明显的区域性特征，它与社会系统功能之间有着明显的统一性和动态性，这是直接区别于技术系统与宏观社会系统功能之间关系的特征。对于全球而言，不同区域发展程度的差异很大程度上体现在各自区域技术系统的运行形态及功能实现上，即便是在单独一个国家或地区内，内部不同区域的技术系统也存在差异和各自特征。而对于特定的区域而言，技术系统内含于该区域的社会系统中，并与其他子系统形成统一体，共同作用实现区域社会系统的整体功能。技术系统与区域社会系统的功能是一个问题的两个方面，技术系统是区域社会系统目标实现的手段，区域社会系统功能是区域社会系统目标实现的具体体现。

---

❶ 于光远. 自然辩证法百科全书 [M]. 北京：中国大百科全书出版社，1995：512.

三、发展思路的变革与区域社会系统功能的走向

发展思路是社会系统发展的根本内核,是宏观性、整体性的社会发展思维和理念,有着明确的目标指向和系统的路径设计。社会系统发展目标的实现以社会系统整体功能的实现为基础,并且社会系统为实现社会发展目标而不断地调整系统结构和形态,推进社会运行的合理化,实现系统功能和目标。

发展思路变革的影响因子有很多,如科学技术的发展、自然环境的变化、人类自身实践认识的变化等,这些因子都会直接作用于发展思路。在我们人类漫长的历史进程中,每一次科技革命都极大地变革着社会的发展思路,推动人类社会的进步、发展。同时,随着人类对技术使用和自我实践的失范,自然环境不断地恶化,种种人为和自然灾害的频发,人类开始审视和反思自身的实践活动,并修正人类对发展的理解。尽管宏观上发展思路的目标都指向社会发展、进步,但由于各个区域自身基础和具体环境的不同,发展思路的区域性特征也十分明显,区域发展思路存在较为明显的差异。如一个岛国由于自身资源的紧缺,该区域整体的发展思路必然会选择科技型或者侵略型,通过科技先进程度或者某种形式的侵略以获得社会存在和发展的可能。而对于资源丰富的区域,则往往会选择资源型发展,通过资源出口或者资源加工来实现社会的发展,并且这些区域会呈现相对稳定的发展形态和模式。

对于当代社会,一个区域内的经济模式往往极为明显地呈现该区域发展思路的某部分特征。在一个以农业经济模式为主

流形式的区域，其发展思路往往更为贴近自然生态化，且技术结构和社会结构也会极大地服务于这个模式的运行需要；而在一个以工业经济模式为主流形式的区域，其工业化发展思路会得到明显的体现，如德国以实体制造业工业模式为主要发展模式，其整个技术系统、国家制度和经济体制都紧紧围绕着实体工业而展开建构，从而造就了强大的工业帝国地位。

以我国南方地区为例，绝大多数都属于资源紧缺型或者不足型区域。在改革开放持续深入和扩大的进程中，区域的多元化发展思路得到极为明显的体现。吸收引进型发展思路，通过吸引先进技术和经验、引进先进企业推动区域社会技术变革；升级转型发展思路，通过技术升级和社会结构转型推动区域社会发展层级跃迁；学习创新型发展思路，通过不断强化自我学习能力和适应能力推动区域社会创新发展。而中西部区域，由于自然环境的优越性以及西部区域存在的一定程度的自我封闭性，农业生产模式相对稳定，区域内异质性要素产生和发展受到限制，发展思路明显受到局限。

区域社会系统功能的转变是由区域整体社会系统演变所导致，并且是有目的性的转变，这也是区域发展思路的变革所引发的。由于社会分工不断发展，社会系统内部各个子系统的功能越发专业化，相互之间的联系也越发紧密。对于区域社会而言，社会分工的不断细化也为区域社会结构的系统化、体系化奠定了基础。

区域社会发展思路的演变直接影响着该区域社会系统的功能演变，这类似于我们人类历史的几个文明演变过程。在农业文明时代，农业发展思路主导整体社会的发展，农业社会结构及系统功能是这个时代的社会的总体特征，农业技术成为技术系统的主要部分。在工业文明时代，工业发展思路是这个时代的主流，但由于各个区域工业技术发展水平的不同，区域发展思路也就明显呈现出不同的特征，欧洲区域的工业发展是最为快速和前沿的，欧洲整体的发展理念突出了工业化、规模化，工业体系的健全是欧洲区域产业的总体特征。而相对工业起步晚的区域，则呈现出半农业半工业的发展状态，且区域的社会系统功能会由于各自区域内产业及技术体系的结构、形态以及运行方式的不同，而明显存在差异。欧洲区域的生产系统和社会管理系统的功能明显强于其他区域，经济水平也明显高于其他区域。在信息文明时代，全球性发展思路发生了明显的变革，信息成为生产要素的同时，也成为世界性的流动因子。很多区域的快速发展得益于当代信息技术的发展，信息作为重要的社会发展要素成为各国各区域重点关注的对象，信息技术的研发成为技术研发中极为重要的领域，信息全球化过程其实是全球性发展思路不断调整和变革的过程。

　　发展思路的演变会直接变革区域内生产系统、经济活动的模式，从而转变区域社会系统的功能。一个区域如果以工业现代化为主要发展思路，那么其区域社会系统会围绕打造一个适合和促进现代管理和现代工业的社会结构而展开，以实现工业现代化功能，推动区域社会发展；如果一个区域以生态旅游为发展思路，那么该区域就会围绕打造一个服务型生态产业体系以及相应的社会结构而展开，以保证生态旅游功能的实现。整体上看，发展思路的变革会引导区域社会结构、形态的演变，从而实现系统功能的转变或转型，这也是我国区域社会转型发展的一条行之有效的路径。

四、技术范式的区域性功能

技术范式的区域性功能主要体现在对区域技术体系和发展思路的引导作用上。区域技术体系由区域内技术系统和社会系统共同组成，是社会运行和系统功能得以实现的载体。区域发展思路是区域社会对发展目标和路径的选择和设计，是系统内要素的相互联系和子系统运行形态调整的总的依据。区域发展思路是区域社会发展的内核和动力，区域性技术体系则是区域社会发展的外核和载体。对于区域社会系统而言，技术范式的区域性功能主要体现在统一整体功能、自组织功能、分化与整合功能三个方面。

（1）统一整体功能。技术范式从宏观上对社会结构、运行、形态有一定程度的统一性作用。技术系统与社会行为之间存在着明显的关联，如工业技术系统更为强调程式化、高度协调化的行为方式；信息技术系统更为强调集中化、多元化、网络化的行为方式。技术范式在区域社会中，以技术体系和发展思路的相对确定性决定着区域社会系统运行的方式、过程和形态。任何一个区域都会根据具体的发展目标，统一发展思路，选择性地采取和应用技术体系，并为技术活动的顺利进行构建系列必要的基础环境，制定相应的政策制度，优化资源配置等，从而实现区域社会整体的发展。

（2）自组织功能。技术范式有利于区域社会自组织功能的实现。区域社会系统本身就是一个自组织系统，会根据发展变化进行自身结构的调整和变革。技术范式作为区域社会的自组织系统，其演变逻辑就是一个自组织系统运行的逻辑，新质的产生到扩散,冲击主流的模式,从而导致整个结构的变革,形成新的模式以适应新的变化,产生和形成新的技术范式。随着宏观社会发展的变化,技术范式会通过不断地产生新质或者吸收外部的因子,不断地进行技术体系和发展思路的调整或者变革,产生新技术范式以适应区域新发展或者转型要求。在这个过程中,区域社会的各类要素以及子系统,会自觉根据新的技术体系和发展思路展开调整,促成新技术范式功能的实现,从而推进区域社会发展。

(3)分化与整合功能。分化与整合是任何一个区域社会的根本运动特征,也是技术范式演变的过程。技术范式有助于区域社会分化与整合功能的实现。一方面,随着技术不断地发展,技术体系内新质会不断产生乃至扩散,技术体系会根据新质产生和扩散的要求而相应地调整和构建,这个过程会促使原有社会体系以及结构进一步围绕新技术体系的形成和运行展开分化,以实现技术体系的功能;另一方面,新的技术体系和发展思路一旦形成并开始运行,整个社会系统所有要素及子系统都要进行全面的整合,以服务于新技术范式功能的实现,如自然技术、社会技术、思维技术就需要根据发展目标、路径等进行整合、优化。

第六章

技术生态化与区域发展模式变迁

技术生态化是指通过理念、技术系统和技术环境等生态化建设，优化技术结构、过程、形态，生态化技术活动结果，实现可持续发展。技术生态化通过提升人类理性、改变实践方式及环境来推进区域社会的生态化发展。

一直以来，区域发展模式是学界和各国政府部门所极为关注的问题。以区域特征和具体实践为基础，突出区域比较优势，强化区域竞争优势是区域发展模式建构和运行的核心指导理念。在全球化背景下，各国各地区都不断调整自身发展模式，并在生态文明理念的指导下展开发展模式的调整或重新建构，一方面从理念上纠正，另一方面从实践中改变，突出生产、生活的生态化。技术作为区域社会变迁的重要变量，技术的生态化直接影响着人们的生产、生活实践，从技术的物质形态和精神形态深刻地作用于人们的理念和实践。区域社会的发展模式变迁其实就是特定区域人类活动方式的变迁，并通过区域的经济模式、政治体制、文化等方面的演变得以展现。

第一节　当前区域社会变迁面临的问题

新质的产生与扩散、范式选择的困难以及分化与整合的不适度等是当前区域社会变迁面临的主要问题，也是区域根据自身特征和具体实践所形成的共同的难题。研究新质的产生与扩散、范式选择以及分化与整合等所面临的问题及原因，有助于系统把握区域社会发展的瓶颈所在，为区域发展难题的破解提供依据。

一、新质产生与扩散的困难

区域社会的变迁是社会结构、形态和功能等的变迁，新质是区域社会变迁的关键动力因子。随着新质的产生和扩散，社会的结构、形态和功能等才会逐步发生变革。新质的源泉是社会的分化，社会分化的不充分必然限制新质的产生和扩散。另外，社会的整合程度也决定新质产生的可能性和扩散的程度。

社会变迁是社会系统及功能变迁的综合体现。社会系统是"所有相互可接近的沟通行为的综合性系统"[1]。社会发展本质上是社会整体的实践，社会发展过程是社会系统和功能在特定的路径中通过社会整体实践不断实现既定目标的过程，当然这个目标和路径是正向的。在社会系统中，系统内的运行机制及秩序是该系统的"规则"和"制度"，决定了系统内所有组成要素的行为和功能的实现。新质的产生一般或者基本上都来自局部或者外部，因而新质有着明显的区域性，如新科技的产生源自某个领域、某个区域而非全社会，同样，新质的扩散也会明显呈现区域性，这也是放眼全球各个区域的发展模式及变迁路径不同的根本原因，即便是同时扩散，也会因为不同区域自身的现状而产生不同的效果和形态。

新质的产生与扩散主要取决于区域社会系统的运行机制和秩序。对于不同区域而言，区域内政治环境、经济模式、文化取向以及自然资源状况等都会直接影响新质的产生与扩散。

---

[1] 乔纳森·特纳. 社会学的理论结构（上）[M]. 邱泽奇，张茂元，等，译. 北京：华夏出版社，2001：66.

政治环境是指一个国家或地区在一定时期内的政治大背景，包括外部政治形势、国家方针政策及其变化等。宏观政治环境在很大程度上决定了社会系统运行的机制和秩序，通过强化对社会资源的配置来支配社会系统的运行，对新质的产生和扩散起到极大的影响。如政治社会的组织形式、成员职业身份、社会发展理念等，政治社会的组织形式决定了系统运行中各个要素之间的相互关系和作用；成员职业身份决定了系统内人在社会运行中的位置或者分工；社会发展理念决定了整体运行的目标及路径，社会发展理念是社会与政府两者共同的导向，一系列的社会系统行为和实践也都围绕着发展理念而进行，从而形成特定的形态。

经济模式是区域内人类劳动生产、交换、分配、消费的实践方式。在区域社会中，经济模式因区域性差异的存在呈现多元化，并有着一定的历史性与相对的稳定性。往往大多数区域经过长期的发展和积淀，才逐步形成较为固定的经济活动模式，或者说是一种"惯习"，这在一定程度上限制了经济系统领域新质的产生和扩散，或者说固有的经济模式排斥新的破坏性新质产生。从历史来看，很多区域的发展模式都是根据本地的优势和外来的经验的设计和实践所产生的，且呈现明显的"路径依赖"和"同质化"，这也是现代社会转型发展中一个最主要的难题。这就好比一个习惯或者精通于打铁的铁匠，要其变成一个建筑师是何等的困难，在其得到完全蜕变前，需要多少知识的学习和经验的积淀。

文化取向是更为深层次的区域软环境。一个具有开放、包容的文化区域，往往能容纳更多的新质和异质的存在，而相对封闭的文化区域，则会形成一种明显的社会排斥，从而直接阻碍和限制其他文化的产生和发展，这同时也就限制了异质和新质的存在与发展。自然资源是人类赖以生存的根本基础，不同区域的自然资源存在一定的差异性，也就定向地选择了该区域内新质的性质和种类，这可以理解为自然对新质的选择性。这种现象十分明显，日本是一个资源紧缺的国家，其经济模式和技术模式明显呈现区域性特征，其对知识型生产方式的探索和发展，也是全球有目共睹的，其社会发展的实践以及在电子技术水平上的优势，也充分验证了这种选择性。

新质产生和扩散的困难从本质上看，其实就是区域社会分化的不足，包括社会组织分化、功能分化、职业分化等的不充分，从而导致该区域内某种"规则"和"制度"过于强化，作为主体的人难以发挥潜能和创造性，该区域对外部社会的反应也是迟钝与排斥的。从我国社会发展的历程看，特别是改革开放前后，社会宏观发展理念的变革直接成为社会发展的实践，这也说明了在任何一个区域内都能产生和形成新质。

政治环境、经济环境、人文环境与自然环境都是社会系统内新质产生和扩散的重要基础，并且在各个国家、区域，这些重要的基础还存在一定的或者明显的差异性，这是区域性的具体体现。区域内过于集中化的组织形式和功能的重叠性会极大地阻碍区域社会的分化程度，从而制约新质的产生与扩散。生产力的变革作为社会发展的直接动力，也往往会被这种阻力所限制，特别是作为直接作用于实践活动的技术系统，新技术的产生和扩散需要相对开放的政策和经济环境，同时也需要社会具有一定的风险性精神和承担能力。一项技术的产生需要某一个群体或者个人的创造性和实践性，该技术的扩散需要该社会提供一定程度的政策环境和经济环境，并且这种技术应用是该区域内社会所能接受的，这些其实就是一项技术产生和发展的技术环境，脱离了这个环境，往往就意味着失败。

从技术角度理解新质，其实就是一种新的技术或者新的组合、形式的产生，并发挥新的功能。新质产生和发展需要创造性，并且是社会所接受的创造性，这种创造性既要适应社会所处的自然环境，还要适合社会的经济基础以及政策、法规、道德规范等各个层面、领域。脱离了这些基本条件，新质往往难以产生或者无法扩散。不过，新质的生命力也决定着自身发展的命运，一项拥有极强生命力的新质，由于其强大的实践能力和变革作用，剧烈地推动整个社会系统变革，实现社会的变迁。社会系统的进步与发展，必须依赖于社会分化，并且在分化中不断地产生新质，选择性地发展和扩散新质，实现社会正向的变迁。

二、分化与整合的不适度

在探讨分化与整合的不适度这个问题时，可以探讨一下比较敏感的社会贫富差距问题。社会贫富差距源于社会分配，社会分配又取决于社会政治制度和经济制度等。社会贫富差距过大往往就会引发一系列的社会矛盾和危机，并且会呈现富者越富、穷者越穷的"马太效应"。很多人在所谓自由市场的概念下，将责任和问题集中到个人本身，而忽略了作为完整的社会系统在该种现象中的作用，并导致陷入误区。

贫富的差距会给社会带来哪些具体现象呢？

第一，产生群体的分离和矛盾。社会分化的结果之一是形成不同的社会群体，他们有着不同的利益，处于不同的生活水平，有着不同的生活方式和人际交往对象。❶ 贫富差距对于当前社会而言，更为直接地体现在生活水平和质量的差距上，由于不同的生活水平和生活方式，也就变相地决定了人群不同的生活圈，并在更高层次上局限了人群的思维理念。

第二，社会结构的畸形。财富分配的不合理，一方面是社会性资源分配的不合理，另一方面是收入分配的不合理。由于"马太效应"，富者往往较为容易地占据利益分配的顶端，穷者则只能无奈地处于利益分配的最底层，从而形成两极的分化和极大的隔阂。在考察社会阶层关系以及流动问题时，发现中等收入群体不自觉地向低等收入群体流动，只有少部分中等收入人群能向上一阶层流动，这将极大地影响和改变原有的社会结构，造成社会的不稳定。低等收入群体不断扩大，并且缺乏与顶层群体的沟通与交流，种种矛盾的不断深化，会逐步产生变革这种模式的思维，从而逐步演变成斗争。这样的社会发展形态，会将社会推向危机和动荡。

第三，社会发展的畸形。对于全人类而言，社会发展是人类所共同生存与发展的方向，应该是稳定、有序的。贫富差距过大会直接导致社会结构的畸形与社会矛盾的激化，从而引发社会的动荡。随着系列社会矛盾的积累和危机的频发，社会群体间会发生剧烈冲突甚至战争。人类社会发展的基础是社会的稳定和有序，一旦这种形态被破坏，随之而来的就是社会的动荡、战争等，社会发展也将出现停滞，甚至倒退。

在探讨贫富差距的问题时，其实已经涉及了社会的政治、

---

❶ 杨建华，等. 分化与整合——一项以浙江为个案的实证研究［M］. 北京：社会科学文献出版社，2009：413.

经济、文化等内容。从贫富差距问题中，可以明显地发现社会分化与整合的不适度会给社会带来种种不良后果甚至灾难。随着社会不断地发展，利益的概念越发得到强化，无论是个人还是区域，都紧紧围绕着这个概念进行自我发展和强化。概观人类的发展史和世界史，利益之争是所有人类战争灾难的主因，即便很多战争有着种种所谓合理的噱头，或者背负着所谓正义的旗号，其本质都是利益的维护或者争夺。整个人类世界以区域、种族为界，围绕国家利益、区域利益、民族利益等展开活动，或是维护，或是争夺。

种种区域社会乱象背后的一个重要原因是分化与整合的不适度，或者说是在特定的区域内社会分化的不足、整合的过度或者是社会分化的过度而整合发展的滞后。一旦社会分化过度，就会造成社会失范过度，并导致社会极大的动荡，既而产生种种危机。整合的作用在于控制这种失范，或者归避这种失范，或者说是稳定社会秩序，使社会有序地发展、变迁，并形成新的社会秩序以适应社会的变化。不同区域环境下，区域社会分化的程度和形态都有其自身的特征，因此区域性的社会整合方式和内容也将存在差异。

一个社会的整合能力反应的是该社会发展的把控性和适应性能力，是社会发展生命力的体现。社会整合不足主要体现在对社会分工、市场、利益、组织、文化、制度等方面变化的把控力、调整力、适应性不足；而社会整合的过度，则是直接限制社会分化，造成社会分工、市场、组织、文化等方面失去活力或者僵化。整合是一种手段，它有机地结合社会中不同功能和性质的社会组成要素和单元，以不同的方式和纽带实现其整体性社会功能。在整合的过程中，技术系统是具体实践的载体，特别是社会技术和思维技术的使用。自然技术则成为两种技术的作用载体，贯穿于整个整合过程之中。整合不足或者失范主要是因为社会发展存在的偶然性和变异性，或者是分化过度，从而导致该区域内整合内容和能力明显缺位或者滞后。

三、范式选择的困难

当前区域社会发展普遍存在一定的区域性特征，并且呈现明显的复杂性、综合性。区域社会系统是一个复杂、综合的系统，由系列的各要素组成，同时子系统之间的相互联系也是复杂、综合的。这种复杂性、综合性给整体区域社会的宏观调控造成较大的困难。技术进步带来的生产力进步，需要有与之相适应的宏观产业体系和政策体系作为支撑，如此才能实现技术进步带来的功能和作用。然而，这种系统演变是需要社会系统全要素的整体性协调与合作才能实现的。因此，如何有效地选择一套适合当前现状和符合发展目标的技术系统和发展思路，是区域社会系统实现有效演变的关键所在。

从范式角度看，社会演变的过程在某种程度上就是新旧范式的交替过程，社会演变的方式、形态是发展模式、发展路径和发展思路综合作用的结果。区域社会系统演变也是如此，它不断地调整区域产业体系和政策体系以适应科技的发展，通过技术的进步来提升产业的水平和整体的经济水平。一方面以技术发展为先导，整合区域内其他要素以配合生产力的发展，从而实现区域社会系统的发展；另一方面以优化的系统结构和政策为先导，诱发或引导科技的进步，从而推进生产力发展，不断地调整系统结构和相关的制度以适应不断进步的技术。从宏观上看，即为创造一个适合区域社会进步的环境来适应或刺激作为第一生产力的科学技术的进步。然而，从现实的区域社会发展看，要完全准确地把握区域社会发展规律和特征是一个比较复杂和困难的问题，这也就造成了区域社会发展在发展模式和路径上的选择困难。

就当前技术而言，先进技术的不断产生和应用，发展思路的层出不穷可以看出，当前的技术系统和发展思路是多元化、多样化、科学化的。由此也给区域的范式选择带来了极大的困惑，对适应性和综合性的把握能力严重不足或者缺失。

任何一种发展经验都需要本土化，任何一种国外先进技术的吸收、引进和应用也需要本土化。但这些经验和技术在本土化之后往往还是存在不适合的问题，这也就是区域社会基于本区域实际而难以完全借鉴其他区域发展经验的原因。

对于技术系统而言，任何一个时期，技术系统的主导技术都会根据社会发展的时代特征而存在差异。以自然技术为主导的技术系统时代，自然技术以物质技术为主导，人类在物质转化能力方面取得了巨大的进步，并且这种能力被广泛地应用，由此建立了相应的技术系统，这个时期的社会技术以组织管理为主导，思维技术则主要是文字的读写和语言的广泛应用。随着物质和财富不断增加和迅速积累，早期社会的私有制以及国家制度也就逐步地产生和形成。以社会技术为主导的技术系统时代，自然技术以动力技术为主导，能量的转换和应用是该时期最为突出的特征，工业革命的历程充分地体现了这个时代的过程，"能量转换技术是工业文明时代自然技术的核心"[1]。这个

---

[1] 杨建华，等. 分化与整合——一项以浙江为个案的实证研究[M]. 北京：社会科学文献出版社，2009：47.

时期，社会技术主要以交易技术为主导，账簿会计的出现和广泛应用是这个时代的标志，逻辑推理技术则成为思维技术系统的主导技术，它作为一项判定或判断某种现象和规律的合理性工具，广泛地应用于社会发展的各个领域之中。以思维技术为主导的技术系统时代，信息控制技术成为自然技术的主导，学习技术成为社会技术的主导，数学计算技术成为思维技术的主导。人工智能技术的诞生和发展是这个时代技术进步的重要标志。

区域社会发展在范式选择上的困难主要体现在范式与区域社会的经济发展模式及文化两个层面的适应性及适合程度的把握、选择上。经济基础是整个区域发展的根基，技术进步和发展需要一定的经济作为基础，产业结构、技术水平、经济模式和经济环境等是决定该区域经济水平的几项主要因素。不同区域的经济基础导致区域对发展方向、路径选择的不同，同时就单一区域而言，由于自身经济结构和模式以及对现有技术基础水平掌握的不充分，也会导致其对新范式选择的困难。如现有高新技术空前发展，各个区域都希望能尽快地发展自身的高新技术产业，有的通过自主研发，有的通过国外引进，但由于各区域自身经济能力和现有基础的差异，不乏失败的案例。这些事实说明，不是所有的区域都适合"硅谷模式"，也不是所有的区域都适合直接跨入高新技术领域。

当前很多国内区域都在强调跨越式发展，但实现跨越式发展的根本前提是该区域整体经济能力和技术基础，缺乏这一根本前提，实现跨越式发展的失败概率会非常高。在我国当前的社会发展现状中，有一个十分值得注意的问题，在前期社会高速发展过程中很多潜在的危机被积累和掩盖，而这些危机往往是植根于发展的本质之中，却被不断增长的经济数据所遗忘，但当经济增长出现延缓或者停滞的时候，它们就得到了展示自己危害的机会，不断地冲击和破坏发展的成果，并且让决策制定者和管理者陷入极大的困境。一方面要解决经济增长问题，另一方面又要维持稳定，治理种种危机，这也就是我国在转型期较为典型的社会现象。

文化作为区域社会整体的植根性要素，它也是一种生产力，并且作用于技术系统和社会活动实践。文化是一个高度综合的概念，涵盖了历史的积淀和现代的理念，它是政治、经济、自然等各种要素所共同作用的结果。外部文化以及内部文化多元都会给区域技术范式的选择带来困难，如欧美国家强调个人自由主义，文化中自由化基因显著，在这种所谓自由主义的国度中，社会发展在理念和实践的认同上存在较大差异，因此每个人或者不同党派群体对发展目标和发展路径的认识和选择也就不同，这在宏观上引起了范式选择的分歧甚至冲突，即便他们有着共同的口号，但在各个区域对发展理念的认同也可能是不同的。

对我国而言，"人情社会"是一种大众的文化心理，任何一个个体的成长和发展都不同程度地受到这种文化心理的影响，而且国内不同区域对自身发展的目标、定位以及采取的发展模式也深刻影响该区域文化，如在浙江省内，浙北和浙南之间的文化差异造就了"温州模式"与"浙北模式"，且两种模式差异性较为显著。在区域发展范式选择中，大众文化心理和部分相异心理往往会形成一定的矛盾，即便一个镇，部分村乐于变革现有产业和发展模式，而部分村却不乐于改变。或许因为村落之间利益的纠葛，或许因为发展理念、目标不同等，该区域不同村之间文化心理存在的差异,极大地限制了该区域的发展,并且导致其范式选择上的困难。

第二节 技术和发展的生态化

发展是一个复杂的系统过程,技术通过作用于发展理念和发展实践,成为发展的重要推力。生态化社会构建一方面强调人类理性回归,对人类理性进行修正,倡导人与自然和谐发展;另一方面对人类实践手段和过程进行生态化,即技术系统生态化,从而实现社会发展的生态化。

一、人类理性的回归

关于人类理性的探讨,早在希腊时代就已经开始,并且人类理性一直以来都是哲学界极为关注的研究对象。理性的概念最早源于古希腊哲学家们的思维中,后来康德、马克斯·韦伯、马尔库塞以及哈贝马斯等,都阐释了他们对理性的认识和理解。对于人类思辨而言,理性是人类对自身实践活动及结果的反思。

那么理性的本质是什么呢?首先,在人类意识中,理性与感性两者是对立统一体,是人类意识中的关键概念。理性是一种思维的方式,通过人类现有的知识和实践所积累的智慧进行审慎的思考、推理和推导,从而得到结论。其次,它是一种意识的产物,也是人类劳动的产物,在哲学的研究中,理性指的是主观能动的人类对自身活动、过程及结果的思辨,是人类能动性的表现,也是人类的一种能力,即使用人类智慧的能力。

再次，在社会学的研究中，理性作为一种智能，指能够识别、判断、评估实际理由以及使人的行为符合特定目的等方面的智能。理性通过论点与具有说服力的论据发现真理，通过符合逻辑的推理而非依靠表象而获得结论、意见和行动的理由。

理性本身就是一个动态的发展过程，理性发展与社会发展是相互的，特别是科技发展对理性的发展有极大的作用和影响。人类贪婪的本质在历史演变的过程中得到了充分的展现。科技作为人类利用和改造自然的手段，同时也改变着人类本身。科技作为人类实现无尽欲望的重要工具和手段，不断产生种种行为的失范，如环境污染和人为的灾难等就是这种失范的典型体现。面对系列失范所造成的严重后果，人类开始反思自身的行为和结果，开始了所谓的"技术理性的批判"。康德将理性区分为"先验理性"和"道德理性"，也就是我们现代所谓的理论理性和实践理性；马克斯·韦伯则通过研究资本与社会两者之间的关系，将理性分为价值理性和工具理性，并开启了对技术理性批判的先河；霍克海默和阿尔多诺则将理性分为工具理性和价值理性；马尔库塞则将理性以不同的特征划分为批判理性和技术理性；哈贝马斯这位马尔库塞的学生，继承了马尔库塞的理性思想，进一步把技术理性批判推向高潮。

理性问题的探讨主要围绕人、技术、社会和自然这四个方面及其相互关系而展开，而人作为四个方面相互关系的建造者，运用技术手段、方法和思维理念不断缔造新的相互关系，这也就是社会种种现象背后的本质。就现代技术发展而言，技术是人类用于改变社会、自然的有效手段，其本身也是人类思维理念的一种实践展现。这与赵建军教授对技术理性的认知是相符合的，"技术理性，作为人类理性与近代科技的结合产物，就其典型特征而言，是一种追求合理性、规范性、有效性、功能性、理想性和条件性的人类的智慧和能力。作为一种发展着的过程，是人类的一种以有效为目标，采用分解化约、实施定量计算的理性活动"❶。

如何评判人类活动的合理性、规范性、理想性呢？这里需要我们认识评判的标准和尺度，不同的尺度必然带来不同的评判或评估结果，不同的推理逻辑也同样会给出不同的结论，而这种标准和尺度以及推理的逻辑则源于人类自身的理性。吴长春教授、王洪彬博士曾经提道："马尔库塞技术理性批判的思想渊源包括马克思的《1844年经济学哲学手稿》、马克斯·韦伯的合理性理论、克海默的'科学意识形态说'以及弗洛伊德的精神分析学。技术理性维护着资本主义统治的合理性，使人在经济、政治、文化和哲学领域失去'内在的自由'而成为单向度的人，失去其批判和否定向度。"❷ 这里就告诉我们，某种社会现象的背后往往必然存在其固有的理性，这也就促成了其现象的必然性。其实，反思当代的社会发展所提出的种种理念，就是在不断地修正和发展人类的理性，目的是建立一套符合人类永续发展与自然和谐共进的社会体系和发展理念，并形成统一的共识。

人类理性已经在不断地修正中回归，这里的回归并非是所谓的还原或者倒退，而是重新认识人类在这个世界的位置，或者说人类的生态位。认清人类自身，明确人只是自然界中的一

---

❶ 赵建军. 超越技术理性批判[N]. 学习时报，2006-07-07（007）.

❷ 吴长春，王洪彬. 马尔库塞技术理性的批判与反思[J]. 河南师范大学学报，2012（6）：29.

分子,"人类中心主义"的错误在于过度强化了人类实践的作用,而忽视了自然界的客观规律,或者说过于自大地认为人类可以主宰一切,却忘记人类自身的根本,没有自然就不存在人类,自然界、人、技术三者是辩证统一的有机体。

第一,自然界是不以人的意志为转移的客观世界。人是自然界的组成部分,源自于自然,生存于自然,并根据一定的需要改造自然。人类的技术活动要以自然的客观规律为前提,同时注重人类自身理性的发展。技术是人类改造客观世界的活动,它体现了作为技术主体的人与客体自然界之间相互作用关系的辩证统一。技术体现更多的是人类主观目的性,既有理性的一面,又有非理性的一面。由于人类社会的出现,技术被发明并广泛地应用于改造自然的活动过程中,"造就了'人工自然',这体现了人类改造自然的实践结果"❶。其实在马克思、恩格斯的经典论著中早就明确强调了人只是自然界的产物,并且无法离开自然而生存发展。

第二,人类理性的回归还需要人类进一步统一价值与工具之间的关系。人类生存和发展是所有人类活动的首要前提,那么,人类活动的价值就是创造更好的环境以促进人类的生存和发展,人与自然可持续发展是全人类在有限的资源面前所共同践行的准则。工具只是一种中介,人在发明和应用时需要更为关注工具作用的对象和结果,而不是某种所谓利益化的手段、方法。这也就是在技术理性批判中,诸多学者所共同倡导的价值理性与工具理性的统一,强调客观的自然规律,制约人类对工具理性的无限放大。

---

❶ 李彭. 对技术理性的价值分析[J]. 重庆科技学院院报,2009(7):34.

第三,重新建构人类理性的框架和核心。区域间发展实际及区域文化的差异,决定了区域发展理念和模式的差异,相对落后的区域总是迫切希望加速发展,甚至愿意付出某种极大的代价或以吸纳危机隐患为代价;发达的区域也总希望能强化自身的国际地位或者通过种种新的手段与策略实施某种侵略或者殖民的意图,而这些意图都被掩盖在种种美其名曰"发展"的概念之下。这里就需要再次强调"地球村"的概念,人类只是这个村里的一个种族而已,只有各个种族共同发展,才能维系整个世界的发展;只有种族协同进步,才能促进"地球村"的良性循环。区域间的发展差距需要区域间相互辅助、促进,全球性的问题更需要区域间共同协调加以解决。生态发展理念就是在不断强调这种协同式、和谐化的发展,以促进全球的生态化发展。但是,由于人类对于国家概念和种族概念的局限化理解,使这种发展理念在某个程度上产生歪曲,或者夹杂着由于部分群体带有某种意图的故意扭曲。

二、技术系统的生态化

生态化理念是生态发展理论的核心部分,是生态内涵的体现,它以自然系统的有机循环为机理,以自然系统的承载力为基础,在某一领域内所实施的社会系统与自然系统相互耦合优化,规范人类活动的范畴和限度,在充分利用资源的基础上,节约资源、减少污染甚至消除污染。并通过变革人类生产方式和生产体系,推动人类生产、生活的生态化发展,实现自然与人和谐可持续发展。

生态化理念的具体实践其实就是人类的生产方式和生活方

式的生态化过程。无论是生产还是生活,都离不开技术系统,也离不开发展思路,两者共同作用于人类的生产和生活实践。从技术范式视角看,生态化理念的具体实践是发展思路的生态化和技术系统的生态化,即范式内涵中生态化理念的植入,或者可以理解为把技术系统作为外壳,以发展思维作为内核,通过两者的生态化来实现生态化发展。

从宏观上看,全球性环境危机及灾难的不断涌现,就是人类活动在历史中种种失范所造成的后果。其积累由量变向质变转移;从中观层面看,各国或区域自身环境危机及灾难的发生和频现,是该区域内所采取的发展模式的不合理、采用的技术路径不科学而逐步积累的恶果;从微观层面看,则是作为个体的人,在追求自身生存和发展的过程中,由于自身理性的不足或者缺陷以及种种贪婪的欲望而引导的实践所产生的负能量的积聚和爆发。

技术系统的生态化,即技术发展和应用的生态化与技术系统结构及技术环境的生态化。技术系统的生态化是以生态化理念为基础,以生态技术为主导,构建生态化的技术系统结构和运行环境。在技术系统的子系统中,自然技术系统是最为关键的一端,是输入与输出的重要环节。生态化技术的发明、应用、发展直接体现在自然技术系统的实践活动之中,物质、能量、信息的输入、输出,特别是输出端的生态化是至关重要的;社会技术系统则是要强化生态理念,通过一系列生态标准管理和组织自然技术系统的实践;思维技术系统则是将生态化作为植根性概念,从宏观设计和信息传输导向上,将生态化理念及路径植入整个技术系统中,并通过符号或者概念进行概化。生态化技术系统的结构应该是以输入、运行、输出为主要技术实践的过程,以宏观生态化理念为指导,以生态技术为实践载体,将生态化植入社会运行结构之中,并且形成共同的生态标准和评估机制。

从输入端看，输入端由计划、方案、决策共同构成。信息、物质、能量是人类与自然频繁互动的最根本的要素，也是输入社会系统的根本要素。技术系统的生态化在输入端的作用主要体现在制定计划、方案、决策的过程中。要将生态化理念植入，需要对信息、物质、能量的输入进行前期生态化处理，一方面对资源采集和开发过程进行的生态化处理，另一方面考量和评估采集和利用过程中可能出现的后果、风险，这两方面的预判和评估能力是生态化输入端的重要指标。

从运行端看，运行端包括运行计划、运行程序、运行规则、运行环境四个要素。运行计划是对生产过程的整体性布局和安排，运行程序是对生产过程运行的步骤和环节的设定，运行规则是对生产过程中运行操作的限制和规范，运行环境是生产活动所处的外部环境。对信息、物质、能量的处理和利用，需要运行端进行充分的计划，设定程序和规则，并且要处理好与环境之间的关系，否则会直接导致运行中断或者失败。在这个过程中，生态化主要体现在生态技术的应用上，强调的是资源利用的充分性、节约性和技术操作的规范性和准确性，以避免资源浪费和非目标性产物的产生。

输出端是产物的输出，包含目标性产物和非目标性产物。输出端涵盖了产出物、反馈、响应三个方面，在这三个方面中，后两者主要是围绕产出物而出现的现象。反馈是响应的前提，响应是反馈的结果。在人类生产劳动过程中，由于技术系统和实践活动存在种种的缺陷或者失范，往往会导致劳动产出的非目标性产物的大量产生和积累，最终导致危机的产生或者爆发。通过末端反馈进行调整和修正整体生产路径，从而不断提升生产水平，变革发展路径。在输出端，生态化主要是对非目标性产物的处理和对前期过程的宏观考评。当代全球性环境问题，主要根源是输出端非目标性产物的大量产生以及处理技术的落后，原自然生态系统承载能力被破坏而导致的环境恶化加速、加深，并且这种破坏性存在极大的不确定性和时间的不稳定性。

从技术系统的实践过程看，全社会需要将生态发展理念全面渗入整个生产和生活消费过程，并形成统一的共识，在生态发展理念的支配下，调整现有的生产体系和技术体系，规范技术系统运行规则、程序，实现技术系统的生态化，从而修正和引导发展的生态化。

三、发展的生态化

谈到发展这个概念，其内涵十分广泛。第一，它是一种社会现象和形态，且具动态性。第二，它是一种理念，强调的是一个事物或者整体的变化，并且这种变化是由小到大、由简单到复杂、从低级向高级的演变。第三，它是对事物变化的概括和形容，是事物的变化及其价值判断和普遍共识。

发展在当代的语义中是以褒义为主，强调事物正向的变化，是一个宏观性、一般性的概念。在社会学领域中，所说的社会发展其实就是正向的社会变迁。根据我国著名的社会学家陆学艺的理解，"社会发展是社会整体系统的生产、变化和更新过程"[1]，社会发展有着显著的方向性、目的性、合理性、整体性、多样

---

[1] 陆学艺，苏国勋，李培林. 社会学 [M]. 2版. 北京：知识出版社，1995：380.

性、阶段性六个基本特征。

对发展的理解，特别是社会发展的理解，有以下几种：第一种，社会发展涵盖全部社会子系统的发展，并且强调的是社会整体性的发展，包含政治、经济、文化、科技、教育等方面；第二种，将社会发展与经济发展并列，社会发展主要指代民生、环境、社保等方面；第三种，将政治、经济、文化、科技、社会等加以区别，用不同的指标来衡量发展，其中社会发展以人口的出生率与死亡率，人的素质水平、寿命等为指标进行衡量；第四种，将社会发展认为是服务于经济发展的保障，以消除阻碍经济发展的社会因素为主要目的。对于发展的理解，要以系统的观点加以认识和把握，注重研究对象的整体性和系统性，发展指的是整体性的正向变化，并且呈现出明显的实践性和理念性，是理论与实践相结合的产物。

发展的生态化包括发展理念、发展理论、发展实践的生态化，是发展的正向变化。发展理念的生态化强调的是人类实践活动的目标计划、指导思想、路径设置的生态化，突出的是人、技术、社会、自然四者和谐、永续。发展理论的生态化强调的是系列指导人类实践活动的理论要符合社会发展规律、自然发展规律和人类发展规律。发展实践的生态化强调的是人类实践活动的过程、手段及结果的生态化，突出的是技术系统的生态化和人类对技术使用的生态化。人类作为实践主体，通过技术与自然客体发生关系，在这个过程中，人类不断认识和发现自身本质，并进一步确证人与技术、自然的关系，从而调整和变革发展理念、发展理论和发展实践，并推进发展的生态化，实现人与自然和谐、永续。

第三节　高度区域化与高度全球化的融合模式：区域生态发展范式的建构

高度区域化与高度全球化融合模式的建立是在全球化背景下以生态化发展为目标展开的区域发展模式的构建，是共性与个性相互作用的结果。从生态范式视角看，高度区域化与高度全球化融合是生态范式在区域社会运行的重要模式，是区域社会实现生态化发展的有效途径。

一、高度区域化和高度全球化融合的机理

在全球化背景下，高度区域化与高度全球化，是宏观社会视野下的高度分化与高度整合。技术的区域化与区域的技术化、经济的区域性运行与全球化的经济运行等，鲜明地体现了宏观社会视野下分化与整合的过程和形态。社会的变迁是社会分化与整合的产物。分化与整合的矛盾运动推动着社会的变迁，分化为社会带来了新质，增强了社会发展的活力，同时社会自身通过有效整合来制约分化，限制和消除由于分化过度产生的系列负面影响和作用。区域社会正向的发展，需要分化与整合辩证的融合，保持相对的平衡和张力，从而确保社会发展秩序相对的有序、稳定，实现社会发展的目标和效果。

高度区域化与高度全球化融合模式是宏观社会视野下高度分化与高度整合的辩证融合形态，是区域社会与宏观社会发展的两个轮子，一方面突出区域自身的优势和特征，另一方面契

合国际的宏观形势。技术区域化、经济的区域性运行是分化所展现的具体实践，两者共同推进区域社会生产力发展，同时作用于区域的政治、文化和社会其他组成要素形成区域化；区域技术化、全球化的经济运行是区域作为一个整体并针对全球化而言的整合，从区域社会运行角度，以全球化模式进行技术性整合，促进区域与国际的融合发展。通过技术手段对资本、贸易、人才、技术等要素的优化配置，强化区域模式与全球化模式的切合度，从而实现发展。从分化与整合角度研析区域化与全球化的关系，阐释区域化与全球化的融合机理更为客观、全面。

第一，高度分化与高度整合的辩证融合机理。高度分化即在特定区域内，社会分化以增强社会发展活力为目标，系统产生系列新质，加大新质扩散、转移，加速社会系统演变，以增强区域社会发展的竞争力和创新发展能力。高度整合即在特定区域内，针对高度分化展开对分化方向，新质数量、质量以及扩散转移方向和程度的控制，确保正向发展秩序稳定、发展实践有序，并对区域内外系列要素及组织进行优化配置组合，形成有利于高度分化和区域整体社会正向发展的区域社会发展体系和形态。

考察历史发展的纵向性和横向性，我们能发现分化与整合在不同历史阶段和区域里的状态：第一种状态，社会分化度很高，而社会整合度不高；第二种状态，社会分化和社会整合度都低；第三种状态，社会分化度低，但社会整合度高；第四种状态，社会分化度和整合度都高。这四种状态也就涵盖了所有的社会分化与整合的形态。

迪尔凯姆的一个观点十分值得注意，即社会分工的突出作用在于其使分工后的系统功能的紧密结合，从而形成社会的有机团结。但笔者认为，这种社会分工本身就具备整合的功能，并且是针对分化而作出的有效整合。社会的有机团结依赖于社会分化适度性与整合有效性的辩证融合，一方面强调分化既要充分，也要适度，这是社会活力产生的重要来源；另一方面强调整合在组织单元配置、体系结构合理、系统运行顺利和功能有效实现上的作用，以确保实现发展目标及效果。只有适度分化、有效整合的社会，才能有序地推进社会发展，并有效实现发展目标。

第二，内外协同、系统发展机理。对于区域社会而言，区域社会的发展是内外部因素共同作用的系统正向演进历程。区域社会发展需要在综合考量区域内外部环境以及区域自身实际的基础上，系统展开对包括发展思路、发展方式、发展路径、发展目标以及技术体系等的调整和构建，以确保与宏观社会协同发展。

从区域与全球角度看，区域作为世界的一个子系统与宏观世界之间在发展上是协同关系，同时也凸显区域作为单独系统的社会变迁对全球社会演变的作用。一方面区域社会变迁必须适应世界社会生产力发展要求，并与世界主流发展形态保持必要的协同关系；另一方面区域作为世界子系统，既要对全球化模式作出技术应对，从生产实践到体制结构，通过技术手段进行调整和融合的同时，还要注重区域自身实际，突出发展思路及技术体系的区域性特征，构建具有一定创新性的区域系统发展形态。

第三，稳定性与变异性协调演变机理。稳定性与变异性都是社会的特征，两者在社会变迁过程中呈现辩证统一的关系，并且稳定性是以总体形态呈现，变异性往往以区域或者局部形态呈现，这与耗散结构理论中局部与整体、涨落与秩序之间的相互关系极为相近。任何时期，社会都不会停留在一个固定的状态，社会的稳定性与变异性相互作用，促成社会的发展。

社会分化就是社会系统内异质、新质不断产生的过程，即变异的产生和形成；社会整合则是为保障社会系统整体性功能得以实现，不断改变种种纽带，组织协调系统运行的过程，是维持社会秩序的实践，即稳定的实践。"从马克思到卢曼，都肯定并认同社会变迁发展及人与人的关系史首先是一部不断分化的历史，社会分化既是社会发展的一种结果又是一种杠杆。同时，他们又主张社会发展是社会分化与社会整合的统一。这里有必要从马克思的观点角度阐释其区域化和全球化的思想，自然，在马克思那个时代还没有全球化、区域化的概念，但是其论述中对工业社会、资产阶级社会的表述以及对共产主义社会的建构思想，就是一种以全球为背景的理解，而着重于对英国等资本主义国家的论述则是其区域化思想的体现，工业技术体系、资本阶级体系等都是立足于区域现实而展开的分析。分化作为社会结构性变迁的动力极大地促进了社会发展，同时，相对于分化而言，社会结构功能分化又必须以相应的社会控制和整合为前提，社会整合所提供的是相对的社会稳定和秩序化。"[1]

社会分化的确会给社会带来诸多或者极大的不稳定性，但并不必然导致社会系统解体或者社会混乱。社会分化是在特定的社会秩序中产生和形成，在该过程中也会孕育与其相适应或

---

[1] 杨建华，等．分化与整合——一项以浙江为个案的实证研究［M］．北京：社会科学文献出版社，2009：463．

者作为稳定机制的社会整合方式，是从一种范式向另一种范式演变的过程。历史上文明的变革并非社会秩序被打破形成的社会混乱，而是文明的内质和外壳协同变迁的过程。这种系统的演变，是以稳定性和变异性相互协调为基础，经历一定阶段的相互作用而逐步实现的。

高度区域化与高度全球化融合模式是一个活力极强、系统优化的社会发展模式。高度的分化会为社会带来大量的新质，而高度的整合能为社会在高度分化所带来的诸多新质作用的基础上，形成更为有效和适应的秩序。高度区域化与高度全球化的高度融合，是现代化社会向生态化社会转变的关键。这种高度融合，从逻辑上看，是人类通过对人类发展的历史和经验的概括、推理、判断而形成的新的发展指导思想，同时，它也是当代社会实践的发展趋向，是当代技术体系和发展思路的建构逻辑，是生态范式建构的内涵。

二、区域生态化发展模式的建构

在现有的学术论著及论文中，生态范式是一个新颖和热门的词汇，甚至出现"新生态范式"的说法，生态范式是相对于现代范式而提出的。陈红兵研究员认为："现代思维方式是一种立足于主体的理性思维，生态思维则是古代直觉体悟思维与现代科学理性思维的结合；世界观的转变表现为由机械论向建立在复杂性理论基础上的有机整体论的转变；现代文化价值取向是一种立足于人的人本主义价值取向，生态文化则从人与自然的双重视角选择文化价值取向，追求人与自然、人与社会协同发展；主客体关系方面，由主客二分、主客关系工具化向主客体协调发展方向转变。"❶ 在这里，陈红兵将生态范式与现代范式进行了比较，提出了生态范式的内涵，并分别从思维方式、世界观、文化价值、主客体关系几个角度对生态范式进行综合性的阐释。

从生态范式视角看，生态化实践即人类在生态危机不断爆发的现实中反思过去的人类实践，而重新确立的人类实践的框架和规则。以生态技术为主体构建技术体系，形成共同的价值观和世界观，推进人类实践的生态化；理论即生态发展的相关理论，以科学技术理论和系统论相结合，突出生态化和可持续化，从现象背后找出其本质的同时，着重探索隐序（隐序，在现象世界背后存在一个更深层面的秩序，现象世界透过它构成相互关联的整体，每个事物在一定意义上都隐含着整体的秩序，但这一秩序并不是静态的结构，而是动态的秩序）❷。

高度区域化与高度全球化区域发展模式的建构着重于宏观全球社会发展的共性与区域社会发展的特殊性两者的有效结合。生态发展是全球所共同倡导的发展模式，是从发展思路、发展理论、发展实践三个层面进行实践的。同时，生态发展也是区域社会发展的核心理念，是区域社会通过修正和变革区域发展模式实现区域生态化实践过程。从技术论视域看，区域生态化就是区域技术的生态化和区域发展理念的生态化实践过程以及形态。

发展思路即生态化发展思路，以生态文明观和生态发展路径为核心，强调人、社会、自然协同发展的重要性，强化主客

---

❶ 陈红兵. 论现代范式向生态范式转型 [J]. 山东理工大学学报（社会科学版），2005（1）：19.

❷ 卡普拉. 转折点——科学、社会和正在兴起的文化 [M]. 卫飒英，李四南，译. 成都：四川科学技术出版社，1988：75-80.

体协调，形成共同的发展理念和发展目标。从这三个角度进行理解，能更加明确生态范式的内涵，更为切合社会具体的形态，包括生产和生活实际、人类与自然共同秩序、人类理性的回归以及发展理念。

区域发展模式的构建也同样可以从以下三个方面进行。

第一，生态化发展思路建设。生态文明观的论述已经明确了生态文明的定义：生态文明是指人类遵循人、自然、社会和谐发展这一客观规律而取得的物质与精神成果的总和；是指人与自然、人与人、人与社会和谐共生、良性循环、全面发展、持续繁荣为基本宗旨的文化伦理形态。人类的实践活动在漫长的人类发展史中对自然进行改造和利用，理性和非理性的人类活动都给整个自然环境带来种种影响，导致生态危机的不断产生，从而倒逼人类反思和修正人类的活动。由于区域性的存在，每个区域的发展水平的不同以及对生态危机认识的不同，极大地阻碍了发展共识的建立，这将会给整个生态发展带来极大的不稳定性和区域间的发展冲突。这就十分有必要从区域发展的共性之中突出发展的生态化理念与实践的倡导，进一步形成宏观社会发展、区域社会发展与个人发展的生态化共识的形成，从生产、消费乃至文化等角度推进生态化进程。

就目前国际环境而言，发达国家与发展中国家之间的矛盾就有一部分源自发展理念的冲突，经过大工业化成长起来的发达国家在当今却限制发展中国家工业化的道路，从而引起发展中国家极大的不满。在这种现实面前，发达区域就需要与发展中区域建立一定的机制，以平衡这种发展理念的冲突，这种机制也就是生态补偿机制，生态补偿机制的实现则更需要这种发展共识的建立，并且强化"地球村"的概念和意义。

第二，生态化理论建设。首先，突出强调科学技术理论与系统论相结合。社会系统和自然系统都是一个巨系统，科学技术理论在一定程度上揭示了自然和事物的发展规律，突出科学技术理论应用的适应性，强化科学技术理论的实用性，着重从生态化角度对现有社会实践进行宏观的统筹和修正。只有该理论在相适应的系统内加以利用和控制，才能使该理论为人类的生存与发展服务。在我国今后科学技术理论及社会实践指导的研究中，需要进一步建构动态化的研究体系，从创新驱动战略视角出发，进一步结合国际和区域发展实践形成我国自身发展的特色，在创新中突出生态化，在驱动中强化生态化。其次，将生态化与可持续化植入到发展理论之中，促使人类在发展理论的指导和应用中进行实践，先从理论层面规避非理性因子的作用，再在理性层面上重新建构价值观和方法论，避免人类主观上的失范。最后，理论建设中需要进一步强化隐序的探索。由于系统的复杂性，或者说任何一项结果都不能从单一维度进行全面有效的分析和解释，科学实验也只能在特定的实验环境和前提条件下才能完成，社会和自然界都存在大量的偶然性，在探究现象背后本质的同时，更需要去探索其隐序，这种潜在的秩序和关联会直接影响人类实践的结果。

结合我国发展实践，需要从三方面促进我国生态化理论建设。一是充分认识我国区域经济与社会发展的历程和意义，同时深刻反思我国发展实践中的经验与教训，以辩证的思维对待发展与保护两者之间的矛盾；二是在推进生态化理念发展的过程中，进一步结合我国发展的特点，以可行性和实践性为根本导向形成更为有效的区域发展理念；三是从国家层面进一步倡导区域生态化建设理念，从宏观（全国）、中观（区域）、微观

（个人）三个层面细化建设理论全面推进我国生态化发展进程。

第三，生态化发展的实践建设。生态化发展的实践建设着重从主客体关系及主体实践等角度展开。从技术论视域看，生态化发展的重点是技术的生态化发展和生态化技术的使用，这是人类的理念和实践的重要载体，也是生态化发展得以实现的重要基础和保障。一是主客体的协调统一，即人类在实践中消除主客二分与主客关系工具化；二是工具与价值的统一，即工具使用及实践价值必须与生态价值相统一；三是生态技术系统和技术环境的构建。在构建技术系统过程中，优先考虑技术系统运行结果可能带来的非目标性产物的种类、性质及其影响，同时进一步强化技术应用规范以及强制措施，通过优化技术环境为生态技术系统的建构和发展提供优良的土壤。

生态范式构建需要结合具体的区域实际进行，并在区域间形成统一的共识和标准，以避免由于相互差异及分歧而导致范式的失效。从国家层面看，由于不同区域发展水平的不同，建构生态范式需要更为全面地衡量各区域间发展的优势和劣势，在形成统一共识的同时，在不同区域内形成自身的实践路径，根据不同生产实际，应用相适合的技术系统，在共同的发展理念下，实现生态化的发展目标，强化其动态性、多元化的发展路径和实践方式。

第四节　生态化技术环境的建设与永续的发展

生态化技术环境是生态范式实践的重要基础，也是宏观社会生态化发展的重要保障，同时还是人类永续发展的宏观技术外壳。从资源配置、市场秩序、文化、科技等方面宏观构建生态化技术环境,通过技术环境的生态化规范和制约技术活动,强化技术系统功能的正向发挥和发展,推进社会的和谐与永续发展。

一、生态化技术环境的建设框架

技术环境是指一个国家和地区的技术水平、技术政策、新产品开发能力以及技术发展动向等。这种理解还停留在技术中心论思想范畴。对于技术环境的认知,需要进一步从自然、社会系统出发加以把握。

生态化技术环境建设以生态化为核心理念,围绕构建符合生态化发展的总体技术体系运行环境,对系列组成要素及系统进行重新配置,以实现对技术活动和技术应用的规范和制约,并将生态化意识及发展理念植入社会发展系统。生态化技术环境主要需要从文化、政策、市场与资源配置等方面进行宏观建构。

(一) 开放与包容的文化

开放与包容的文化是一个社会发展的内在动力和支撑。社会分化在不同区域、领域都在不同程度地持续进行。社会分化所带来的种种新质,或是正向地促进社会的正向发展,或是阻碍社会正向发展甚至导致社会负向的发展。但在看待同一个事物时,由于不同的文化和价值取向,就会产生极大分歧,这也就是意识和理念的分化,这种分化甚至会成为价值观的斗争,导致社会秩序的混乱。

开放与包容的文化是文化的一种现象，主要指善于汲取、吸纳和融合的文化，具有宽厚包容的文化特质。对于社会发展而言，开放与包容的文化有助于新质的产生和扩散。科学技术的发展的确为人类社会的进步作出了极大的贡献，但同时，由于这种"人造物"在人类非理性的活动中所产生的种种危机与矛盾，逼迫人类不得不重新审视科学技术的价值。一项技术的发明到应用、扩散，都需要作为技术的使用主体以及技术实践的相关者共同加以客观审视和综合评估。如当前"技术—经济体系"成为经济和技术领域热衷的话题，但更多的学者以及研究人员却往往更为重视技术的经济价值，而忽略了其他价值的存在以及更为重要的人类生存和发展的本质所在。此外，在这个团体中，还相对排斥哲学、伦理等领域研究的介入，这对技术、经济发展带来的是一个向度，在某种程度上就是"技术—经济"领域带有封闭色彩的范式形态，缺乏了开放性和包容性。在生态化发展的过程与结果中，生态价值的体现是极为关键的，生态化过程和结果评价需要综合各方面因素，并形成统一的价值体系判断标准。

(二) 战略性与前瞻性的政策导向

战略性与前瞻性的政策导向是理性技术环境建设的关键要素。当前国际竞争指的是综合国力的竞争，其中极为重要的是科学技术能力的竞争。从宏观层面看，科学技术发展是国家在科学技术与技术环境建设等方面的竞争，由于科学技术发展是建立在经济、人才、资源三者的基础上，这就需要国家通过整合等手段来促进科技的发展。

战略性着重于制胜的方法与路径。战略性政策是指在具体的实践中，以政策为主导，构建全局性与长远性发展的方法与路径。前瞻性着重于挖掘发展潜力，构设发展思路、策略及路径推动未来发展。前瞻性政策是指在具体的实践中，紧紧围绕中长期发展目标，突出预测评估能力建设，立足现实，构设符合发展规律和需要的发展思路、策略、举措及路径。战略性与前瞻性政策的制定和实施很大程度上决定了社会发展的方向和未来社会的图景。但在建立战略性与前瞻性的政策时，需要政策制定者有着极为敏锐和综合的能力，这种预判不仅要深知自然和社会的发展规律，还要具备超验的把握能力，因为一旦政策失败，将会给整个体系的发展带来极大的灾难或者危机。

在建立战略性与前瞻性的政策时，还需要有效的应急措施的建立，以避免政策实施过程中偶然因素产生所造成的阻碍与破坏。

（三）稳健的市场秩序与优化的资源配置

任何技术的发明与应用都需要得到市场和资源的支撑。市场秩序是市场规范运行的基础，一旦市场运行失范，将会对创新主体和技术应用主体的企业带来极大的伤害，甚至导致经济崩溃、社会失序。市场秩序的稳定能极大地促进市场功能的有效发挥，优化资源的配置，促进社会发展。

从技术系统看，经济活动与技术活动是密不可分的。经济活动的规范和稳定是技术活动的重要保障，也是技术功能得以实现的重要基础。考察当代技术发展现状，技术的生命力就在于其对社会的作用，或者较为片面地认为一项技术是否能得到广泛应用或者具备极大的价值。在一定程度上，市场就是当前技术的主要实践和价值体现的场所，一个稳定、有序的市场有利于技术系统的发展和技术功能的整体实现。

二、生态化技术环境建设的意义

技术环境建设是技术体系建设的重要内容之一，生态化技术环境建设是技术生态化运行和功能实现的一个重要基础，同时，它也是社会系统分化与整合的实践之一，它能极大地促进整体社会生态化的发展。技术范式的演变在于技术系统的变迁与发展思路的变革，宏观社会范式演变则是技术范式的变迁带来的全局性的范式变革，而技术环境就是技术系统运行和发展的场所，同时也是新质产生与发展的土壤。生态化技术环境是生态发展理念、文化与价值统一的土壤。

（一）生态化技术环境是技术生态化运行及其生态功能实现的基础和保障

技术系统的发展与运行必然依赖于特定的技术环境，包括技术的发明、应用和扩散等。技术的自然属性与社会属性限定了技术产生与发展的基本性质及规律，技术来源于人类的实践，源自自然规律和社会规律，是人造的自然。技术系统功能的实现首先需要系统结构的完整性，其次是系统运行的规范性和有序性，最后是系统的整体性。

技术环境是技术系统构建的基础和土壤，离开技术环境，任何一项技术都无法实现其价值与功能。更为重要的一点，生态化技术环境是技术系统生态运行与功能合理发挥的重要基础，它犹如一个外在的规制，能规范和限制技术活动，防止技术活动的失范而带来不必要的问题及危机。理性技术环境本身就涵盖了技术的水平、文化、价值取向以及宏观的政策与市场,而生态化将直接作用于技术系统和人类的实践。换言之,生态化技术环境建设既是一种宏观的规制性建设,同时还是一种文化与实践规范的建设,以生态理念为导向制定政策与构建技术系统发展框架,科学、有机地组织、规范技术活动,从而实现人类实践活动的科学性与合理性。

从生态发展理念看,当代社会全然是一个以科技为主流的世界,而人类作为使用者,生态化需要着重体现在人类实践的生态化导向、过程和效果。生态化技术环境是技术实践生态化的基础和场所,因此,生态化技术环境建设是生态发展的一个重要建设环节。

(二)生态化技术环境建设是区域社会形态和功能生态化发展的实践

区域社会的形态是由区域社会分化与整合的共同作用形成的。区域社会形态和功能的生态化,需要区域内形成生态化发展的秩序,这就需要从区域的经济、政治、文化和环境等方面的秩序共同促成,而这些秩序的形成和协同都离不开技术以及技术环境。技术生态化对于当代而言是生态化社会结构和社会形态形成的主要推力,无论从社会分化角度看还是整合角度看,都离不开技术生态化。生态化技术环境是这个宏观区域社会生态化实践的基础,或者说生态化的技术环境建设是区域社会的生态化发展的重要实践之一。

生态化技术环境建设是人类生态文明宏观形态建设的基础部分,通过生态化技术环境的建设形成统一的文化价值观,一方面是实践的规范和限制,另一方面是共同发展的目标与准则,同时，直接作用于社会的整体运行，从而推动社会的生态化发展。

（三）生态化技术环境建设是生态范式、生态价值观形成和统一的土壤

范式的演变是人类实践与发展理念共同的演变，并且是形成新的人类文明的重要途径。价值观可以说是全人类共同发展的标识，形成统一的价值观才能纠正和完善人类的活动。范式和价值观的形成与发展都离不开宏观的技术环境。

从生态文明出发，生态价值观是人类反思历史，审视和处理生态与人之间关系的价值观，是生态价值的表现形式。技术作为当代世界的特征，贯穿于人类活动的所有领域，并且植根于社会发展的本质之中。如此看来，技术的生态化就显得至关重要，而孕育和发展生态化技术的环境就是生态文明实现的重要基础。生态化的技术环境包含了人类的生产实践与消费实践，好比我们在电路、电脑与网络所共同组成的技术环境下进行生产与消费一样，我们无形之中已经成为技术化的人，包括我们自身的思想和具体的实践。我们沉溺于这种信息网络所带来的快捷和效率，并使之逐步成为我们生产和生活的惯习。人类范式的演变与价值观的演变也是如此，不断演变的技术与技术环境推动了整个社会的变迁，人类的文明成为一个个技术系统与技术环境的标识，而人类则是在这些标识中不断地演变和发展。生态化的技术环境是生态范式、生态价值观形成和统一的土壤，是人类理性和文明进步的基础。通过技术环境建设，进一步助推生态文明和生态世界的建成，这已成为全球性的课题。

三、永续发展的宏观技术外壳

(一)和谐永续发展的内涵

永续发展的内涵着重于人与自然和谐永续的生态发展理念塑造和生态发展共识的形成,立足于历史和当代,放眼于未来世界的发展。一方面进一步反思人类实践的历史和后果,另一方面人类理性的修正与回归,形成生态化发展思路,构建作为人类生态化实践的宏观生态发展体系。生态发展的目标是构建一个和谐永续的发展体系。

和谐在于人与自然之间主客体关系的统一,通过对人的生态位的确认和实践,实现主客体关系的和谐共生,形成人类发展与生态环境保护的辩证统一;和谐在于人与人之间共同发展进步,强调全人类的平等发展,以减少人与人之间恶意的竞争甚至破坏性的发展;和谐在于社会整体运行的公平与公正,从而减少社会内部的矛盾和问题,大力推进社会正向变迁和超越。

永续在于自然环境和资源的永续、人类生存和发展的永续、社会发展的永续。自然环境和资源是人类生存与发展的根本,永续的意义在于保护环境、节约资源、降低欲望。永续的发展既是一种社会形态,也是一种社会理念,更是一种社会实践。永续发展的环境建设是永续发展得以实现的基础。

(二)永续发展的环境建设

永续发展的环境建设主要包含生态环境的建设、生态社会的建设。生态环境的建设着重于自然环境和人工环境的生态化建设，一是自然环境的维护和发展，二是人类活动领域和性质的限制，三是人类生产、消费活动的规范化。对于当代社会而言，后两者是生态化建设的重点，人类实践的控制和规范是杜绝一切不良后果的根本。生态社会的建设着重于社会系统结构和社会系统运行的生态化建设，这里社会系统结构的生态化建设是社会系统运行的基本前提，也是社会系统功能整体实现的基础。

社会系统结构的生态化建设着重于构建更为紧密的社会分工，通过社会分工形成广泛而紧密的网络来组织和协调社会的具体实践，形成有机的结构。社会就像生物体一样，只有内部结构之间有机地结合才能健康地生存和发展；社会系统运行的生态化建设着重于社会行为的规范化和生态化。以往时代的工业化和效率化，一方面需要进一步加以规制和修正，这是人类从理念和意识上的生态化重建，另一方面重构当代社会系统运行模式和发展路径，这是人类实践方式、路径的生态化重建。

（三）生态化实践规范建设

人与自然的和谐发展，需要人类规范和限制自身的实践，而这种规范和限制是意识理念与实践环境共同作用形成的。意识理念的统一需要人类不断地反思、纠正，形成统一共识。实践环境的理性建设是指对生产结构、消费结构以及人文环境等方面的理性化、生态化建设。理性的技术环境建设指的是具体的规范和制度建设、文化和价值观的统一以及发展思路及技术体系的修正与重建。

意识理念统一的可能性一方面来自人类预想的结果和人类具体实践后果之间矛盾与差异的反思，另一方面是人类自身实践中对种种失范本质的认知。生态发展理念就是意识理念的统一化建设，不断地反思历史、不断地纠正错误的发展理念、不断地宣传生态化的思维，通过统一化的导向性思维，在全球范围内形成普遍的共识，或者说是一种信念，从而指导人类当前和未来的实践。

实践环境的理性建设是指通过建构理性生产和消费的结构，逐步规避人类生产、生活中的失范现象。实践环境的理性建设需从实践客体理性化建设来规制和引导实践主体理想化，推动实践主体理性提升以及惯习养成，最终形成理性的价值观。形成理性的价值观是实践环境的理性建设的最终目标。对于技术环境而言，价值观是一种明确的导向，技术活动需要技术环境支撑，价值观是技术活动产生、过程、结果的重要指导和评判标准，工业时代的价值观就与生态文明时代的价值观存在明显不同，两者对发展的认知存在差异，生态文明价值观是建立在工业时代的价值观之上，是对工业化的反思和对发展的修正。和谐、永续以及理性技术环境的建设和完善不仅是生态发展的基础，更是人类走向另一个文明的根基。理性的技术环境带来的是人类自我规制的世界，同时明确地指引人类朝着更为和谐的方向进步发展。

第七章

技术变迁视野下长江三角洲区域的变迁（2004~2013 年）

第一节　长江三角洲区域的概况

2008年9月7日，国务院颁布的《国务院关于进一步推进长江三角洲地区改革开放和经济社会发展的指导意见》（国发〔2008〕30号），明确了进一步推进长江三角洲地区（上海、浙江、江苏）改革开放和经济社会发展的重要意义、总体要求、主要原则和发展目标；加快发展现代服务业，努力形成以服务业为主的产业结构；全面推进工业结构优化升级，努力建设国际先进制造业基地；统筹城乡发展，扎实推进社会主义新农村建设；大力推进自主创新，加速建成创新型区域；走新型城市化道路，培育具有较强国际竞争力的世界级城市群；积极推进重大基础设施一体化建设，增强区域发展的支撑能力；推进资源节约型和环境友好型社会建设，全面提高可持续发展能力；加强文化建设和社会事业建设，促进经济社会协调发展；着力推进改革攻坚，率先建立完善的社会主义市场经济体制；健全开放型经济体系，全面提升对外开放水平；加强组织协调，全面落实各项任务。共12大项，42小项。2010年5月24日，国务院正式批准实施长江三角洲区域规划，这是全面贯彻和落实该指导意见强化长江三角洲区域整体实力、突出长江三角洲区域发展优势和竞争力的重大举措和部署。在强调进一步改革开放和经济全面发展的同时，更为深入地贯彻和落实我国区域发展总体战略，实现全社会快速、平稳、和谐的发展。

长江三角洲区域改革发展战略实施是我国针对社会快速发展和国际新形势而展开的对长江三角洲区域发展的战略部署,同时也确定了长江三角洲地区发展的方向和具体的路径。这也是历史演变和世界宏观形势变化对我国区域,特别是对长江三角洲区域发展实践转型的要求,是我国适应国际环境变化和进一步强化区域发展实力和竞争能力的总体要求和发展方向。随着全球化和知识经济时代的不断深入,我国区域转型发展刻不容缓,实现我国转型发展是中华民族立于世界民族之林,并获得发言权的重要基础和实力的保障。

一、长江三角洲区域的自然条件概况

地理学上,长江三角洲的界定与当代所定义的长江三角洲区域有所区别,早期界定是自西向东,从镇江到扬州,直至临近大海,包括上海市、江苏东南沿海与浙江杭嘉湖部分,总面积约四万平方公里。在经济地理学上,长江三角洲的地理位置界定发生了较大的变化,总面积扩大至约十万平方公里,并且形成了以上海、南京、杭州为核心城市的经济区、城市群,成为"世界第六大城市带",由长江中下游平原与华东平原组成。相对狭义的长江三角洲区域,其所涵盖的城市主要有江苏省的南京、镇江、扬州、苏州、南通、泰州、无锡、常州,浙江省的杭州、宁波、嘉兴、舟山、台州、绍兴、湖州,以及上海全市。

我们当代所提的长江三角洲区域是广义上的长江三角洲区域,总面积约为21.07万平方公里,包括一个直辖市、两个沿海省份,即上海市、浙江省全省和江苏省全省,这也是国务院在2008年作出正式界定的地理边界。长江三角洲区域整体自然条件较为优越,土壤肥沃、水系发达、腹地广阔。自古以来,沿长江水系附近地带农业发展良好,沿江沿海港口发达。地势以丘陵、平原为主,气候稳定适宜,属于亚热带季风气候,温差小、降水充分、四季鲜明、水资源丰富、水质条件优越、河道开阔,水稻、油菜产量居我国前列,水产品丰富,是我国重要的粮食生产基地。在长江三角洲区域,旅游资源丰富,名胜古迹众多。宏观上的自然条件优越性为长江三角洲区域的区位优势奠定了坚实的基础,丰富的自然资源也是长江三角洲区域得到进一步发展的重要基础。2010年5月24日,国务院正式批准实施长江三角洲区域规划。同年6月,国家发展和改革委员会正式印发《长江三角洲地区区域规划》,该规划明确规划时限,并提出于2020年,要建成"一核九带"的长江三角洲区域空间格局。一核指以上海市为核心,九带指沿沪宁线、沪杭甬线、宁湖杭线、东陇海线、运河、温丽金衢线以及沿江、湾、湖、海构建发展带。至此拉开全面推进和贯彻落实《国务院关于进一步推进长江三角洲地区改革开放和经济社会发展的指导意见》,使长江三角洲区域成为我国重点区域改革和发展战略实施区域,并且成为具有强大整体实力和竞争力的现代化工业、商业、服务业中心,国际型的产业化发展基地和世界级城市群。

二、长江三角洲区域经济概况

(一)长江三角洲区域经济发展现状

改革开放以来,随着市场化的不断深入和科技的高速发展,长江三角洲区域发展迅速,特别是2004~2013这十年的高速发展,"它以全国1/50的土地、1/10的人口,创造了全国1/5的国内生产总值,近1/4的财政收入和进出口额,是我国乃至全世界经济发展最具活力的地区之一"❶。从表7-1可以看出,2004~2013年,长江三角洲区域的GDP占全国GDP的比例稳定于20%以上,且截至2013年年末,长江三角洲区域生产总值是2004的3.44倍。"此外,长江三角洲地区汇集了全国1/6的科技人才,集中了全国科研机构1/5、高等院校1/3和大中型企业1/4的科研经费。"❷ 截至2013年年末,长江三角洲区域的全社会固定资产投资总额为62 803.22亿元,是2004年的4.08倍;2013年长江三角洲区域的人均GDP是2004年的2.99倍,是全国人均GDP的1.72倍;长江三角洲区域进出口总额16 987.66亿美元,占全国进出口总额的40.85%。长江三角洲区域在全国约2.26%的土地面积上创造了20.12%的国民生产总值,同时也养育了全国11.94%的人口。

表7-1 2004~2013年中国、长江三角洲以及江、浙、沪GDP❸

年份	全国GDP（亿元）	长江三角洲区域GDP（亿元）	长江三角洲GDP占全国的比例（%）	江苏GDP（亿元）	浙江GDP（亿元）	上海GDP（亿元）
2004	161 840.2	34 725.13	21.46	15 003.60	11 648.70	8 072.83
2005	187 318.9	41 264.03	22.03	18 598.69	13 417.68	9 247.66

---

❶ 翁志伟,张永庆. 长三角区域经济发展现状及趋势研究 [J]. 当代经济,2009 (1):104.

❷ 周新宏,沈霁蕾. 长三角区域经济发展现状及趋势研究 [J]. 经济纵横,2007 (8):68.

❸ 数据源自国家统计局网站。[2020-01-20]. http://data.stats.gov.cn/easyquery.htm? cn = E0103.

续表

年份	全国GDP（亿元）	长江三角洲区域GDP（亿元）	长江三角洲GDP占全国的比例（%）	江苏GDP（亿元）	浙江GDP（亿元）	上海GDP（亿元）
2006	219 438.5	48 032.76	21.89	21 742.05	15 718.47	10 572.24
2007	270 092.3	57 266.22	21.20	26 018.48	18 753.73	12 494.01
2008	319 244.6	66 514.53	20.83	30 981.98	21 462.69	14 069.86
2009	348 517.7	72 494.10	20.80	34 457.30	22 990.35	15 046.45
2010	412 119.3	86 313.77	20.94	41 425.48	27 722.31	17 165.98
2011	487 940.2	100 624.81	20.62	49 110.27	32 318.85	19 195.69
2012	538 580.0	108 905.27	20.22	54 058.22	34 665.33	20 181.72
2013	592 963.2	119 328.11	20.12	59 753.37	37 756.59	21 818.15

（二）区域内江浙沪经济发展现状分析

根据表7－1数据，结合国家统计局最新数据，2013年年末，江、浙、沪国民生产总值分别为59 753.37亿元、37 756.59亿元、21 818.15亿元，分别占长江三角洲区域GDP比例为50.07%、31.64%、18.29%；江苏省常住人口总数约7 939万人、浙江省约5 498万人、上海市约2 415万人；人均GDP分别为75 354元、68 805元、90 993元；全社会固定资产投资分别为：36 373.32亿元、20 782.11亿元、5 647.79亿元。2013年年末，江、浙、沪进出口总额分别为5 508.02亿美元、3 357.89亿美元、4 412.68亿美元，分别占长江三角洲区域进出口总额比例为41.48%、25.29%、33.23%。从整体上看，2013年上海市占全国人口约1.8%，土地面积占全国总面积不足1%，但生产总值却占全国的3.68%，进出口总额占全国总额的

10.61%，人均GDP是全国人均GDP的2.08倍；人口和土地面积占长江三角洲地区仅为15.23%和6.3%，但是生产总值和进出口总额却占长江三角洲区域的18.29%和33.24%。此外，截至2013年年末，江浙沪农业、工业、服务业三大产业比重分别为6.10∶49.20∶44.70；4.80∶49.05∶46.15；0.60∶37.16∶62.24。从整体上看，上海"领头羊"地位依然十分明显，是长江三角洲区域的核心。

长江三角洲区域域内有六条主要的铁路，形成强大的铁路运输能力，它们分别是京沪高铁、合宁高铁、沪宁铁路、宁通铁路和沪杭铁路。同时拥有六条主要的高速公路，形成了网络化的公路运输系统，它们分别是沪杭高速、沪宁高速、杭甬高速、杭宁高速、合宁高速和苏嘉杭高速。在铁路系统与高速公路系统周边分别形成了城市带、产业带。长江三角洲区域内还有大大小小机场十几个，国际型机场有上海浦东国际机场、杭州萧山国际机场、南京禄口国际机场和宁波栎社机场；国内航班机场有舟山普陀机场、上海虹桥机场、衢州机场、义乌机场、南通机场等。在域内还有几个世界级港口，分别是宁波北仑港口、舟山港口（现宁波北仑港口与舟山港口合并组建成宁波舟山港口）、上海港口、南京港口、嘉兴港口。后又建成了几座跨海大桥，这些都直接为长江三角洲区域经济、社会发展打下了扎实的交通运输的基础。在长江三角洲区域内，产业带和产业中心是区域的典型特征，如江苏以南京、无锡、南通等为产业中心形成辐射型产业布局，浙江以杭州、宁波、温州等为产业中心形成辐射型产业布局。宏观上看，长江三角洲区域是以上海市为辐射中心，向浙江省与江苏省形成辐射，形成强大的经济链、产业链以及网络化的产业结构。

从整体上看，长江三角洲区域内，几大产业中心的产业发展呈现较强的自身优势，并且逐步形成互补型产业结构。但由于早期发展的同质性问题，江浙两省的产业结构趋同性明显，产品同质性较高，这样不利于两省自身优势的发挥，同时也带来了一系列发展和竞争的矛盾和冲突。在整个区域内，特别是民营经济的发展相对不够规范，投资较为分散，生产规范性低、产品质量及层次不齐等，极大地影响了区域的产业规范和产品标准，从而缩减了经济效益，并且重复性投资和建设在域内也是一个相对突出的问题，这直接导致资源的浪费以及经济生产能力的浪费。自2008年全球金融危机爆发后，长江三角洲区域的经济发展也在一定程度上受到了冲击，经济增速放缓，并且在局部地区出现较大的经济波动。由于宏观上市场经济体制不够完善以及区域内经济增长内质不纯，技术层次和产业水平不高等系列问题，也在金融危机中被充分地暴露。区域内实体经济强弱、虚拟经济泡沫程度直接决定了区域经济在此次金融危机中被冲击、破坏的程度，这是长江三角洲区域今后发展需要着重认识和把握的。

三、长江三角洲区域文化概况

（一）长江三角洲区域一体化之下的文化概况

长江三角洲区域一体化发展是在国家提出区域一体化发展战略的大背景下形成的，区域一体化发展中文化一体化的发展是软实力的重要组成部分，并且是区域发展的内生动力之一。关于长江三角洲区域文化的研究有很多，如陈柳、于明超、刘志彪对长江三角洲区域的经济一体化中的开放文化、创业文化和冒险文化的作用进行对比分析,认为作用显著的是创业文化和冒险文化,而作用不显著的是开放文化。[1] 汪后继、汪伟全、胡伟在对长江三角洲区域经济一体化演进规律的研究中,提出"文化相融的区域特征使长江三角洲地区的经济技术合作有了比较深厚的社会基础,更容易形成共同的行为方式、社会价值观和共同遵循的合作交流准则"[2]。吕方通过对宏观整体长江三角洲区域内的三种主体文化——吴越文化、楚汉文化和海派文化进行研究,认为长江三角洲区域文化要进一步推进其现代性的转变,并且要借鉴英国经验,从而推进长长江三角洲区域的经济发展转变。[3] 汪伟全认为"长三角区域文化融合受经济一体化水平程度、地区亚文化与区域文化的结构性矛盾、文化认同等因素制约。"[4]

从历史发展角度宏观考察长江三角洲区域的文化演变,文化的发展逐步从原先的"碎片化"向"一体化"转变,并且从浅入深,这极大地受到长江三角洲区域整体发展的影响。文化是人民大众在漫长的历史生活、生产实践中逐步积累和形成的,具有特定的区域特征,由价值观、道德观、伦理观、生活生产方式、思维模式和风俗习惯等共同组成。长江三角洲区域的文

---

[1] 陈柳,于明超,刘志彪. 长三角的区域文化融合与经济一体化 [J]. 中国软科学, 2009 (11): 53 - 63.

[2] 汪后继,汪伟全,胡伟. 长三角区域经济一体化的演进规律研究 [J]. 浙江大学学报 (人文社会科学版), 2011 (6): 105.

[3] 吕方. 长三角地区经济发展方式转变中的文化因素 [J]. 南通大学学报, 2008 (6): 18.

[4] 汪伟全. 长三角区域文化融合研究:基于区域一体化的思考 [J]. 现代管理科学, 2014 (4): 84.

化，以吴越、楚汉、海派文化为特征，在区域内不同地方有着自身的特征，随着一体化进程的不断推进，区域文化也逐步显现出一体化的特性。"兼容，即海纳百川、兼容并蓄；开放，即它不是封闭的，而是有着海洋文化的特征；多元，指对不同文化能相互尊重，平等相待，相互促进；创新，指超越自我，推陈出新，继往开来。"❶ 这是汪伟全对长江三角洲区域文化的总结。从总体上看，当代长江三角洲区域的文化是创新、现代、务实、开放、包容和多元等精神的综合体，既有对传统文化的继承和发扬，也有与时俱进的时代文化特征。

（二）江浙沪文化概况

1. 江苏文化概况

江苏文化以楚汉文化、吴文化与江淮文化为主要特征，有着极为特色的水文化内质。水文化着重于江海文化、运河文化、湖泊文化，这种文化的形成与江苏省的整体自然地理环境有直接关系。江苏的楚汉文化主要集中于苏北，以徐州、宿迁、连云港等城市为中心，文化特征表现为刚毅强悍、尊礼重义、质朴正统和尚武大气；吴文化以苏州、无锡、常州等城市为中心，文化特征表现为聪颖灵慧、商农并重、崇教尚文和开放兼容；江淮文化以南京、扬州、南通、盐城和连云港等城市为中心，文化特征表现为开放相融、海纳百川、崇敬重教、勇于开创。随着历史的发展，江苏文化也发生了较大的变化，改革开放为江苏省经济及社会都带来了极大的发展，生产、生活水平不断

---

❶ 汪伟全. 长三角区域文化融合研究：基于区域一体化的思考 [J]. 现代管理科学，2014（4）：84.

提高,对外交流、贸易等活动显著增多,吴文化逐步得到了更为广泛的传播,并成为当代江苏省的主导性文化。

2. 浙江文化概况

浙江文化即越文化,属于江南文化体系,但浙江省内区域都具有不同特征的商业文化传统。浙江文化可以划分为浙东北文化与浙西南文化。浙东北区域是江南文化中心地带,文化特征表现为稳健、精致、开放、求新,即水乡文化特点。浙东区域是滨海文化中心地带,包括宁波、舟山、温州、台州,有明显的海派文化特征,海洋贸易思想显著,文化特征表现为冒险、大气、创新。浙东北文化属于创新型文化,功利文化特征比较明显,强调实干与实效,有着开放性、包容性、与时俱进的特性。浙西南文化可以分为浙中盆地文化和浙西南山地文化。浙中文化带有明显的过渡性,是连接浙江东西南北经济、文化的中间地带,以商贸文化和农本文化为主,有着明显的商贸文化传统和学习精神。浙西南主要是指丽水、衢州两个地区,区域文化属于山地文化,有较明显的农业文化特征。衢州以南孔文化为主,丽水地区有着其特色的"丽水精神",精神内涵主要是勤劳质朴、坚忍不拔、负重拼搏、务实创新。由于农业文化的植根性,浙西南区域有着明显的因循守旧观念、内陆封闭意识、小农经济观念。

3. 上海文化概况

上海文化是海派文化与江南文化的融合体。一直以来,不少学者以及部分民众通常认为上海文化就是"海派文化",这是有失偏颇的。海派文化在目前还存在着较大的争议,而上海文化也不只有"海派文化"的内容。海派文化有着海纳百川、包容开放的特征。海派文化随着上海开埠,海外文化源源不断地涌入上海，西方的生活方式和文化就逐步在上海生根，并且融合了上海传统的文化形成新的上海文化。海派文化的根基是我国的传统文化，上海文化在当代的特征是商业性、开放性、创造性、扬弃性，是西方文化与中国传统文化的融合。在现代化进程中，上海精神主要表现为宽容、大气、求新、进取、争先等特征，在不断接收新文化、新思维的同时，也呈现出其原有江南文化的内质。随着社会发展，上海文化还在不断地发生变化，并且受国际环境变化的极大影响。

第二节　技术变迁视野下长江三角洲区域所呈现的优势和问题

长江三角洲区域的变迁是区域社会变迁的典型现象之一，从技术变迁视野分析和研究长江三角洲区域变迁中所形成的优势和问题，能更为客观地理解和把握区域社会发展的本质和规律，为区域社会发展的路径设计和规划提供依据。

一、长江三角洲区域技术变迁概况

改革开放以来，全国的经济和社会发展都得到了巨大的进步，特别是技术发展方面，在国家宏观的科教兴国战略和技术发展战略的总体布局和推进下，沿海区域以及中西部都在科技发展方面取得了长足的进步。技术进步对区域的发展作用极大，为长江三角洲区域的经济和社会发展带来极大的推动作用。长江三角洲区域的技术层级在国内处于领先水平，但江浙沪三地之间也存在着一定的差距。以下以2004~2012年长江三角洲区域中高校数量、学生数，规模以上工业企业科研活动、新产品研发活动以及专利数等作为分析样本，同时结合2004~2009年江浙沪三地的科技进步综合指数等来综合研究长江三角洲区域的技术演变情况。

由表7-2看，长江三角洲区域在2004~2013年，全区域内高校数量增加89所，招生数量扩大22.05万人，在校学生数增加116.56万人，增幅分别为：37.55%、35.27%、58.77%。高等院校数量截至2013年年末，江苏省有156所、浙江省102所、上海市68所。江苏省高校数量最多，招生数量和在校生数总数最大，第二是浙江省，第三是上海市。人才培养是区域发展的重要基础，高校是人力资源培育的基地。

表7-2　2004~2013年江浙沪高等院校数及招生数与在校学生数[1]

年份	高等院校（所）			招生数（万人）			在校生数（万人）			长江三角洲区域		
	江苏	浙江	上海	江苏	浙江	上海	江苏	浙江	上海	高校（所）	招生数（万人）	在校生数（万人）
2004	112	67	58	31.36	18.28	12.87	99.48	57.28	41.57	237	62.51	198.33
2005	114	68	58	36.15	19.79	13.18	115.98	65.13	44.26	240	69.12	225.37
2006	116	68	60	41.37	23.46	13.79	130.62	71.99	46.63	244	78.62	249.24
2007	118	73	60	40.95	23.07	14.46	147.23	77.80	48.49	251	78.48	273.52
2008	146	98	66	41.07	24.53	14.33	157.26	83.22	50.29	310	79.93	290.77
2009	148	99	66	42.98	25.25	14.35	165.34	86.65	51.28	313	82.58	303.27
2010	150	101	67	44.86	25.36	14.46	164.94	88.49	51.28	318	84.68	305.00
2011	151	102	66	43.61	26.75	13.78	165.94	90.75	51.13	319	84.14	307.82

---

[1] 数据源自国家统计局网站。[2020-01-20]. http://data.stats.gov.cn/easyquery.htm? cn = E0103.

续表

年份	高等院校（所）			招生数（万人）			在校生数（万人）			长江三角洲区域		
	江苏	浙江	上海	江苏	浙江	上海	江苏	浙江	上海	高校（所）	招生数（万人）	在校生数（万人）
2012	153	102	67	43.50	26.91	13.68	167.12	93.23	50.66	322	84.09	311.01
2013	156	102	68	43.95	26.89	13.72	168.45	95.96	50.48	326	84.56	314.89

由表7-3看，长江三角洲区域2013年年末，规模以上工业企业的R&D人员全时当量是2004年的5.59倍，R&D经费是2004年的6.97倍，新产品项目数是2004年的4.88倍，开发新产品经费是2004年的8.30倍，新产品销售收入是2004年的5.33倍，专利申请数是2004年的8.77倍。截至2013年年末，规模以上工业企业的R&D人员全时当量与2004年比较，增幅最大的是浙江省，增长了519.91%、江苏省465.57%、上海市321.60%；规模以上工业企业的R&D经费与2004年比较，增幅为江苏省709.88%、浙江省677.10%、上海市336.31%；规模以上工业企业的R&D项目数与2004年比较，增幅为江苏省667.64%、浙江省733.66%、上海市346.99%；新产品项目数（项）与2004年比较，增幅为江苏省518.60%、浙江省326.55%、上海市271.86%；开发新产品经费与2004年比较，增幅为江苏省1 045.45%、浙江省689.74%、上海市363.23%；新产品销售收入与2004年比较，增幅为江苏省613.30%、浙江省535.73%、上海市172.43%；专利申请数与2004年比较，增幅为江苏省1 215.30%、浙江省682.49%、上海市375.40%。这宏观上反映出，在长江三角洲区域，江苏、浙江、上海在近十年中开发研究、新产品研发、生产、销售等的总体情况，江苏的所有指标最高，浙江次之，上海第三。

表7-3 2004、2008、2009、2011、2012、2013年全国以及江、浙、沪规模以上工业企业科研、新产品开发及专利申请数[1]

	项目	2013	2012	2011	2009	2008	2004
	R&D人员全时当量（人年）	393 942	342 262	287 447	222 625	155 781	69 654
	R&D经费（万元）	12 395 745	10 803 107	8 998 944	5 707 105	4 808 289	1 530 561
	R&D项目数（项）	48 530	44 570	31 933	27 454	17 944	6 322
	新产品项目数（项）	58 353	53 973	38 009	31 985	23 579	9 433
江苏省	开发新产品经费（万元）	16 693 195	14 945 123	1 182 447	6 919 176	6 197 076	1 457 350
	新产品产值（万元）	—	—	137 552 098	100 156 458	72 901 516	29 233 039
	新产品销售收入（万元）	197 142 112	178 454 188	148 421 107	85 236 348	72 434 173	27 638 099
	专利申请数（件）	93 518	84 876	72 763	40 043	21 901	7 110

[1] 数据源自国家统计局网站. [2020-01-20]. http://data.stats.gov.cn/easyquery.htm? cn = E0103.

续表

项目		年份					
		2013	2012	2011	2009	2008	2004
浙江省	R&D人员全时当量（人年）	263 507	228 618	203 904	150 888	126 273	42 507
	R&D经费（万元）	6 843 562	5 886 071	4 799 069	3 301 031	2 757 063	880 654
	R&D项目数（项）	42 158	35 582	28 672	22 986	17 177	5 057
	新产品项目数（项）	47 778	41 874	34 186	32 537	27 423	11 201
	开发新产品经费（万元）	8 216 556	7 145 347	6 014 674	4 182 500	4 080 592	1 040 418
	新产品产值（万元）	—	—	107 495 792	68 011 970	67 532 379	24 148 446
	新产品销售收入（万元）	148 820 993	112 839 734	100 493 941	63 482 974	64 081 539	23 409 319
	专利申请数（件）	77 067	68 003	52 207	46 402	33 652	9 849

续表

项目		年份					
		2013	2012	2011	2009	2008	2004
上海市	R&D人员全时当量（人年）	92 136	82 355	79 147	67 420	43 815	21 854
	R&D经费（万元）	4 047 800	3 715 075	3 437 627	2 365 150	2 005 734	927 730
	R&D项目数（项）	13 441	12 833	12 378	9 667	6 998	3 007
	新产品项目数（项）	17 295	17 042	15 726	13 559	8 785	4 651
	开发新产品经费（万元）	5 282 586	4 840 036	4 476 248	2 991 877	2 038 746	1 140 386
	新产品产值（万元）	—	—	71 420 544	49 212 317	47 255 773	27 681 960
	新产品销售收入（万元）	76 883 835	73 999 056	77 721 952	54 440 825	48 948 483	28 221 766
	专利申请数（件）	25 738	24 873	19 365	15 472	8 288	5 414

第七章 技术变迁视野下长江三角洲区域的变迁（2004～2013年）

续表

<table>
<tr><th rowspan="2">项目</th><th colspan="7">年份</th></tr>
<tr><th>2013</th><th>2012</th><th>2011</th><th>2009</th><th>2008</th><th>2004</th></tr>
<tr><td>R&D人员全时当量（人年）</td><td>749 585</td><td>653 235</td><td>570 498</td><td>440 933</td><td>325 869</td><td>134 015</td></tr>
<tr><td>R&D经费（万元）</td><td>23 287 107</td><td>20 404 253</td><td>17 235 640</td><td>11 373 286</td><td>9 571 086</td><td>3 338 945</td></tr>
<tr><td>R&D项目数（项）</td><td>104 129</td><td>92 985</td><td>72 983</td><td>60 107</td><td>42 119</td><td>14 386</td></tr>
<tr><td>新产品项目数（项）</td><td>123 426</td><td>112 889</td><td>87 921</td><td>78 081</td><td>59 787</td><td>25 285</td></tr>
<tr><td>开发新产品经费（万元）</td><td>30 192 337</td><td>26 930 506</td><td>11 673 369</td><td>14 093 553</td><td>12 316 414</td><td>3 638 154</td></tr>
<tr><td>新产品产值（万元）</td><td>422 846 940</td><td>—</td><td>316 468 434</td><td>217 380 745</td><td>187 689 668</td><td>81 063 445</td></tr>
<tr><td>新产品销售收入（万元）</td><td>—</td><td>365 292 978</td><td>326 637 000</td><td>203 160 417</td><td>185 464 195</td><td>79 269 184</td></tr>
<tr><td>专利申请数（件）</td><td>196 323</td><td>177 752</td><td>144 335</td><td>101 917</td><td>63 841</td><td>22 373</td></tr>
</table>

长江三角洲区域

续表

项目	年份					
	2013	2012	2011	2009	2008	2004
全国 R&D人员全时当量（人年）	23 879	2 246 179.00	1 939 074.00	1 446 826.00	1 229 998.67	541 787.00
R&D经费（万元）	83 184 004.80	72 006 450.40	59 938 054.50	37 757 113.00	30 731 302.80	11 044 916.00
R&D项目数（项）	322 567	287 524	232 158	194 400	143 448	53 641
新产品项目数（项）	358 287	323 448	266 232	237 754	184 859	76 176
开发新产品经费（万元）	92 467 435.90	79 985 405.10	68 459 429.80	44 819 855.00	36 760 615.30	9 657 135.00
新产品产值（万元）	—	—	1 008 904 580.50	681 988 049.00	585 227 473.00	230 417 447.00
新产品销售收入（万元）	1 284 606 903.20	1 105 297 711.10	1 005 827 244.70	658 382 082.00	570 270 986.00	228 085 839.30
专利申请数（件）	560 918	489 945	386 075	265 808	173 573	64 569

由表 7-4 看，长江三角洲区域截至 2013 年年末，专利申请受理量 884 964 项，专利授权量 490 675 项，技术市场成交额 1 140.68 亿元，分别占全国总量比例为 37.23%、37.37%、15.27%，与 2004 年比较增幅分别为 1 177.06%、1 218.88%、2 568.64%，与上一年比较，增幅分别为 9.97%、-3.77%、13.96%。专利申请受理量与授权量都接近全国总量的四成，但技术市场成交额却只占全国的 15.27%，这也从侧面反映出，长江三角洲区域内新技术的市场认可度以及技术市场的运营能力存在较大不足。从江浙沪看，截至 2013 年年末，专利申请受理量与 2004 年比较，增幅为江苏省 2 043.89%、浙江省 1 062.39%、上海市 322.30%；与上一年比较，增幅为江苏省 6.74%、浙江省 17.90%、上海市 4.56%。专利授权量与 2004 年比较，增幅为江苏省 2 015.14%、浙江省 1 226.97%、上海市 358.16%；与上一年比较，增幅为江苏省 -11.22%、浙江省 7.37%、上海市 -5.49%。技术市场成交额与 2004 年比较，增幅为江苏省 487.48%、浙江省 40.15%、上海市 209.66%；与上一年比较，增幅为江苏省 31.58%、浙江省 0.23%、上海市 2.49%。总体上，浙江省在技术市场成交方面与江苏省和上海市差距较为明显，上海市技术成交额在总量上最高。

表 7-4 2004~2013 年全国以及江、浙、沪国内专利申请受理量、授权量及技术市场成交额[①]

项目		年份									
		2013	2012	2011	2010	2009	2008	2007	2006	2005	2004
专利申请受理量（项）	江	504 500	472 656	348 381	235 873	174 329	128 002	88 950	53 267	34 811	23 532
	浙	294 014	249 373	177 066	120 742	108 482	89 931	68 933	52 980	43 221	25 294
	沪	86 450	82 682	80 215	71 196	62 241	52 835	47 205	36 042	32 741	20 471
	长江三角	884 964	804 711	605 662	427 811	345 052	270 768	205 088	142 289	110 773	69 297
	全国	2 377 061	1 915 151	1 504 670	1 109 428	877 611	717 141	586 498	470 342	383 157	278 943
专利授权量（项）	江	239 645	269 944	199 814	138 382	87 286	44 438	31 770	19 352	13 580	11 330
	浙	202 350	188 463	130 190	114 643	79 945	52 953	42 069	30 968	19 056	15 249
	沪	48 680	51 508	47 960	48 215	34 913	24 468	24 481	16 602	12 603	10 625
	长江三角	490 675	509 915	377 964	301 240	202 144	121 859	98 320	66 922	45 239	37 204
	全国	1 313 000	1 163 226	883 861	740 620	501 786	352 406	301 632	223 860	171 619	151 328

① 数据源自国家统计局网站。[2020-01-20]. http://data.stats.gov.cn/easyquery.htm? cn = E0103.

续表

项目		年份									
		2013	2012	2011	2010	2009	2008	2007	2006	2005	2004
技术市场成交额（亿元）	江	527.50	400.91	333.43	249.34	108.22	94.02	78.42	68.83	100.83	89.79
	浙	81.50	81.31	71.90	60.35	56.46	58.92	45.35	39.96	38.70	58.15
	沪	531.68	518.75	480.75	431.44	435.41	386.17	354.89	309.51	231.73	171.70
	长江三角	1 140.68	1 000.97	886.08	741.13	600.09	539.11	478.66	418.3	371.26	319.64
	全国	7 469.13	6 437.07	4 763.56	3 906.58	3 039.00	2 665.23	2 226.53	1 818.18	1 551.37	1 334.36

根据国家制定的综合科技进步水平指数分类,第一类为综合科技进步水平指数高于60%的地区;第二类为综合科技进步水平指数低于60%,但高于全国平均水平的地区;第三类为综合科技进步水平指数低于全国平均水平的地区;第四类为综合科技进步水平指数低于40%以下的地区。从表7-5中可以看出,江浙沪综合科技进步水平,上海从2004~2013年都处于第一类地区,江苏从2010年起进入第一类地区,浙江从2012年起进入第一类地区。从科技进步环境上看,上海最为稳定,且居于全国第一或第二位,江苏相对稳定,浙江波动性相对明显。从高新技术产业化指数看,浙江的高新技术产业化水平在三地中最低,且指数差距较大,上海最好,江苏其次。但宏观上看,长江三角洲区域的整体科技进步水平及环境与高新技术产业化水平都在国内处于优势地位,这也是改革开放以来,发展转型的一个重要体现。

表7-5 2004~2013年江浙沪科技进步综合指数[1]

年份	指数及排名	综合科技进步水平指数			科技进步环境指数			高新技术产业化指数		
		江苏	浙江	上海	江苏	浙江	上海	江苏	浙江	上海
2004	指数	47.43	43.05	66.04	48.72	49.23	72.99	56.80	28.96	55.60
	排名	5	7	2	7	6	2	3	13	4
2005	指数	50.19	46.90	72.22	51.29	48.71	69.00	51.08	28.08	61.28
	排名	5	7	1	5	10	2	5	15	2
2006	指数	52.56	41.74	74.64	53.53	52.65	72.83	55.54	28.64	62.79
	排名	5	7	1	5	7	2	5	14	1
2007	指数	54.24	52.06	79.18	54.64	55.69	78.92	59.24	40.63	71.15
	排名	5	7	1	8	6	2	5	13	2

[1] 2004~2013年《全国及各地区科技进步统计监测结果》。

续表

年份	指数及排名	综合科技进步水平指数			科技进步环境指数			高新技术产业化指数		
		江苏	浙江	上海	江苏	浙江	上海	江苏	浙江	上海
2008	指数	58.49	55.47	78.58	60.37	56.46	81.67	61.45	43.76	71.24
	排名	5	7	2	5	10	2	4	13	2
2009	指数	59.90	56.42	78.80	60.53	59.88	81.86	61.30	45.63	72.45
	排名	5	7	1	8	9	1	5	11	1
2010	指数	61.33	57.21	80.50	64.18	61.42	78.30	63.99	47.09	72.88
	排名	5	7	1	6	8	2	6	12	2
2011	指数	64.47	57.19	79.81	65.12	54.67	75.41	67.18	49.52	73.57
	排名	5	8	1	4	11	3	4	11	1
2012	指数	69.97	62.37	82.18	74.75	65.94	79.21	76.69	56.92	76.74
	排名	5	6	1	4	6	2	2	8	1
2013	指数	72.06	63.92	82.37	77.60	64.96	86.49	68.66	49.90	70.86
	排名	4	6	1	4	8	1	4	16	2

数据源自：2004~2013年《全国及各地区科技进步统计监测结果》

二、技术变迁视野下长江三角洲区域的优势

技术的进步极大地推进了长江三角洲区域的整体发展，经济水平、人民生产和生活水平显著提高，整体区域社会秩序不断优化，并通过不断汲取外来精华结合本土的实践形成创新型发展，这是长江三角洲区域发展的真实写照。长江三角洲区域的发展具有着鲜明的区域化特色，产业层次和产业结构分明、产业链和产业网较为完善，有国际型区域发展模式的架构和特征。现代化发展理念和生态发展理念的进一步融合是宏观上长江三角洲区域发展理念的根基，长江三角洲区域的一体化发展已经逐步地走向成熟，市场一体化和政策一体化是其重要特征，

区域内政府之间的合作形成常态化，区域内文化的进一步融合，技术性的联合协作发展趋势更为突出，并且技术层次与规模都逐步呈现出世界级水平，域内产业中心与技术中心的建设更趋完善。

（一）现代化的生产方式

随着技术发展，区域内江浙沪三地的生产力水平都在较大程度上得到变革，特别是进入 21 世纪以来，技术创新能力得到了极大的提升，国外先进技术不断地引进，先进的现代化管理模式得以推广。宏观上，长江三角洲区域的技术水平与经济发展模式都发生了明显的变革。

从人力资源角度看，区域内人力资源得到了进一步优化培育，劳动者的知识和技能水平得到了显著的提升，从事技术型、知识型的工作人员比例明显高于其他区域，这可以直接从江浙沪劳动者在三大产业就业结构比例中得到展现。

从宏观的区域文化与政策角度看，长江三角洲区域开放的文化和鼓励引进外资的政策，也极大地促进了国外技术和资本向域内转移扩散，并形成良好的外商投资环境和氛围，在区域内逐步形成特色的产业中心和技术中心。

江浙沪的综合科技进步水平都处于全国的领先位置。技术创新的扩散和转移为长江三角洲区域内产业的整体变革带来了直接的动力，并且成为长江三角洲区域经济增长的重要生命力。先进的技术直接推动了区域的产业升级和优化，区域内生产组织也在不同类型的先进技术的引导下，逐步地演变升级，这是宏观上长江三角洲区域产业转型发展的过程。在种种规模效应、示范效应的刺激作用下，区域内整体生产结构和生产方式进一步地发生变革，形成区域内更为合理和时代化的发展模式："新苏南发展模式""杭州智慧新城模式""舟山海洋经济体发展模式"等。区域内生产模式分层、分批逐步从粗放型向集约型、劳动密集型向知识密集型转变。现代化生产方式、市场效应、规模效应是长江三角洲区域在新的时代背景下的重要优势，是区域比较优势与竞争优势结合的产物，也是区域转型发展的具体实践。

（二）优化的资源配置方式

（1）技术进步极大地提升了长江三角洲区域的交通运输水平。发达的交通系统为区域内以及区域间大规模的劳动力和资本的流动奠定了硬件基础，这对区域的经济发展是至关重要的，同时也为区域的经济贸易活动带来了极大的便利。发达的技术型物流网络成为当代区域社会发展的支撑性要素，通过优化的技术管理模式，特别是数字化管理模式为区域物流带来了极大的便利，同时也规范了区域的资源流动行为。

（2）技术进步极大地提升了区域内资源要素的利用效率。知识型、技术型人才大量使用以及先进技术设备和管理理念的大量引进，极大地推动了域内产业模式转型、技术层级的提升，整个区域生产体系和技术体系进一步优化，资源利用率、要素配置能力显著提升。

（3）技术进步在资源配置中有着明显的导向性作用。以产业中心和技术中心为核心，形成辐射模式。在长江三角洲区域内，从宏观上看，是上海为中心向江浙两省辐射；从中观层面看，是以上海、杭州、南京、宁波、苏州、温州、无锡、南通等中心向周边辐射，从而形成产业群和产业带，直接引导区域内外的资源要素向各个中心及周边流动，形成特色的地方产业模式。

（4）技术进步本身就是优化的资源配置方式的重要内容。技术本身就是资源，是特殊的资源要素。技术进步是资源内质提升的重要体现，同时技术进步为资源配置方式的优化提供手段支持，优化的资源配置是技术进步得以实现其价值的重要基础，也是宏观社会发展的重要手段。从整体看，长江三角洲区域资源配置的方式及能力都处于全国领先水平，这直接得益于长江三角洲区域的技术发展。

（三）相对理性的消费方式

消费即是生产，生产即是消费。从社会宏观角度看，消费与生产的互动作用越发明显，有消费需求变化引起的生产变化，也有生产引起的消费需求变化。消费中有生产性消费和生活性消费，生产性消费与技术的关系极为密切，先进的技术有利于节约化和高效化的生产模式的形成，提升生产资料有效利用率；生活性消费则直接关系老百姓的生活。技术进步一方面会提升产品的性价比，另一方面也会改变广大消费者的消费理念和行为模式。

长江三角洲区域是经济发展水平和人民生活水平较高的区域，技术进步一方面改变了长江三角洲区域的经济发展模式，特别是产业发展模式，以知识密集型为主体的产业发展模式在生产方式上强调以技术和智力为主体生产要素，以节约化和高效化的资源利用为目标，技术型和流水线的生产过程极大地减少了旧生产模式的生产性消费总量，也进一步优化了生产过程；另一方面技术进步的作用也直接体现在产品之中。一是技术进步能直接影响产品的产量、生产成本和交易成本,从而使产品的价格有一定幅度的下降;二是技术进步能提升产品质量或者说技术内涵,这也就直接提升了产品的价值。

长江三角洲区域是改革开放以来发展较快的区域。开放、包容的消费观念,国际一流大都市的消费环境,小城镇化的消费空间,多元化、层次化的消费行为是长江三角洲区域消费的重要特征。整体上,长江三角洲区域的消费方式是相对理性的。

(四) 多元的文化融合与有机的社会组成

长江三角洲区域有着多元文化的背景。楚汉文化、吴越文化、海派文化等是长江三角洲区域文化的代表性文化。长江三角洲区域一体化的发展是上海、浙江、江苏三个地区的联合一体化发展模式,而三地文化的融合是区域一体化发展的重要软实力,形成共同发展理念的同时也要突出自身发展的特点,从而形成优势互补的协同发展。

技术进步与多元文化的融合是互动的关系。技术进步在很大程度上促进了区域内外文化资源的流动和传播,通过有形和无形的方式进行融合。技术进步推进了长江三角洲区域的产业发展,产业的发展直接促成长江三角洲区域成为劳动力流动以及种种外来文化集聚的场所,劳动力的大规模流动就意味着不同区域的文化流动。技术进步也成为多元文化融合的手段,通过种种外在形式的文化交流和宣传,形成文化的共融,技术进步带来的技术文化也逐步地融入这种多元文化的融合体中,并在这种文化融合体中得到不断发展。这种互动关系在一定程度上就成为发展思路和发展实践的互动关系,或者说是区域发展理念与技术范式的互动关系。

长江三角洲区域的社会组成可以围绕其区域社会的分化与整合而展开讨论。随着技术的演变，社会结构更为细化和专门化，特别是对于产业结构而言，技术体系的演变以及技术的进步直接变革着区域产业结构的整体形态。技术的进步有着促进社会分化的作用，使社会分化逐步走向适度。经济体系、法治体系、文化体系等都在宏观的区域社会演变中发生变化，技术的演化对于整体的社会体系作用明显，这也是生产力决定生产关系、经济基础决定上层建筑的规律宏观体现。

长江三角洲区域一体化进程就是社会分化与整合的发展过程。技术进步支撑着社会分化，使社会结构的专门化、细化成为可能，同时也通过技术的手段使分化后的要素以及单元能形成紧密的联系，这也是社会整合的重要手段。技术的系统化功能进一步推进社会系统功能的发挥，技术化的经济运行、技术化的法治运行、技术化的政府合作、技术化的社会管理模式等，都是技术进一步服务于社会系统运行过程的实践体现。通过现代化技术的不断应用，长江三角洲区域的一体化发展模式会日趋成熟，并且区域社会整体运行的能力得到进一步强化，同时区域的功能在不断地演变中得到增强，这也是长江三角洲区域社会有机组成和有机运行的特征，同时也是长江三角洲区域发展的重要优势之一。

宏观上看，长江三角洲区域在技术进步的推动作用下区域优势不断地增强，同时区域的综合实力得到进一步地发展，技术进步为长江三角洲区域的发展提供了强大的动力，这是当代区域发展的重要内因，但在长江三角洲区域发展的实践中，同样也存在着一系列发展瓶颈和矛盾，需要长江三角洲区域在今后的发展中不断消除和解决。

三、技术变迁视野下长江三角洲区域发展的问题

长江三角洲区域在从传统向现代演变的过程中,生产方式、流动方式、消费方式、社会结构以及文化等都逐步发生演变,这是一个错综复杂的过程,且是整体性的社会系统的演变。技术作为贯穿于整个过程的特殊要素,技术进步及系统演变也同样是一个复杂的过程,并且受到种种因素的影响。长江三角洲区域的发展实践,特别是区域一体化发展战略从提出到实施阶段,系列问题和矛盾阻碍着区域的发展。

(一) 现代化生产方式的深度与广度存在较大不足

从宏观层面看,现代化的生产方式可以在一定程度上代表长江三角洲区域的整体生产模式。但是,从中观和微观层面看,特别是江浙两省内生产组织众多,现代化生产方式往往是大型或者规模以上知名企业的代号;而对于多数中小微企业而言,由于企业本身实力以及承受能力的有限,难以实现生产方式的现代化转型。从生产组织看,即便是大型或者规模以上知名企业,也存在内部不同部门或不同单元的现代化程度差异,且相对于国外同级别企业,现代化的质和量都有一定的差距,这点直接体现在我们消费者对一些技术产品的综合评价上,广大消费者普遍认为:美国、德国、日本等发达国家的产品质量要优于我国的同类产品,这一方面体现的是消费者对国内产品的技术认知和判断倾向,另一方面体现的是国内生产层次及技术水平与发达国家存在一定的差距,从宏观层面看,这就是我国整

体发展中现代化生产方式的深度与广度的不足。对于长江三角洲区域而言，由于区域产业层次性差异，企业主体规模和实力的不同，也就存在了差异极大的不同生产模式，即便在当代，长江三角洲区域内还存在很多劳动密集型和资源消耗型生产模式。技术进步的确为宏观上长江三角洲区域的发展带来了极大的推动作用，但在技术进步转移、扩散过程中，由于不同行业、层次的企业的发展意识以及综合实力的差异，技术扩散的深度和广度被大打折扣。此外，在生产过程中生产活动的规范性建设以及社会法治运行的不足，导致了系列失范或者违法现象的存在，这些都直接阻碍了产业整体以及生产方式的转型。如何有效整合中小微企业的发展和促进现代化生产模式的全面推进，是长江三角洲区域一体化进程中一个重要的难题，也是决定着长江三角洲区域内质提升的重要环节之一。

（二）市场体系尚不成熟直接影响着资源配置的有效性

长江三角洲区域一体化战略实施中一项重要举措就是大力推进市场一体化建设，市场一体化是资源配置有效发挥作用的重要途径。

改革开放以来，市场经济的兴起对江浙沪三地之间的要素流动和配置起到了极大的推进作用，这也是长江三角洲区域经济快速发展、规模效应产生的重要原因之一。但由于市场运行机制的不成熟和市场体系的不完善，区域整体的经济发展受到了较大的阻碍。从技术角度看，长江三角洲区域一体化发展是自然技术、社会技术和思维技术在特定的区域发展目标下形成的一体化发展模式，是区域发展的一种技术路径，且一体化的模式是优化区域资源配置、有效推进整个区域共同发展的重要方式。长期以来，由于江浙沪三地的发展模式和发展思维的不同，要有效地整合和统一三地发展，从理念到实践都存在种种的阻碍和实际的困难。

就以江浙沪各自产业而言，产业体系同构性和产品同质性现象明显，低水平重复性建设现象较多。技术层次和水平在特定行业中雷同性普遍，并且相互之间缺乏联系与合作，再加上地方保护主义的存在，因而整体区域的市场资源配置作用就显不足或者失灵。区域内同质性产品及市场存在较大程度的恶性竞争，这直接影响了区域产业的健康发展，同时也阻碍着统一发展共识的形成。

区域资源配置的有效实施需要三方面共同作用才能实现：第一，合理构建区域整体市场秩序，不断完善现有的市场体系；第二，区域内各地政府必须统一发展理念，形成更为广泛和深入的合作机制和调控层级结构；第三，以技术进步为载体，推进市场机制和政府合作的技术化运行，进一步规范市场行为。成熟的市场体系和理性的区域运行秩序是区域有效资源要素配置的重要前提，当前的长江三角洲区域一体化发展，在资源配置有效性方面还存在较大的不足，这也是区域中长发展必须全力解决的问题。

（三）奢靡消费、恶性消费现象的存在极大地影响区域社会的和谐心态

长江三角洲区域的经济水平和人民生活水平是全国领先的，并且区域内开放、多元的文化使域内消费观念和消费行为存在较大的差异性，多元化消费和层次化消费是长江三角洲区域消费的一个典型特征。

在长江三角洲区域发展过程中，域内不同地方存在一定程度的梯度性和差异性，域内贫富差距在一定范围内存在，且不断地加大，特别是对于一些城乡二元结构较为明显的地方，一方面要素集中于产业中心或者说若干个企业主体，这样也就直接导致贫富差距的产生；另一方面由于企业主或者要素拥有者自身理性的缺乏，在认知经济发展和财富积累方面的价值观歪曲和道德观缺失，又进一步恶性地作用于经济生产实践中，以降低劳动者劳动报酬和牺牲周边环境为代价，换取资本的增值，造成富者更富，穷者更穷，两极化越发明显，形成一种极为恶劣的氛围。

技术的进步，粗看与这种贫富差距的形成没有直接联系，但是从技术作为生产要素而言，技术被企业家利用，在企业家趋利意识的作用下，技术成为剥削劳动者的手段，劳动者被技术限制在特定的劳动岗位之上。技术的进步特别是当代先进生产设备的应用，以机器代替人力，直接导致了一部分劳动者失业，或者是压榨劳动者报酬，从而财富分配悬殊。在这种贫富差距加大的现实面前，财富拥有者自身理性的缺失，有以奢靡消费为荣的消费心态，也有以攀比性为目的的消费心态，在这种非理性甚至恶性的消费行为之下，广大劳动者对宏观社会政治制度产生质疑，在一定程度上，这也是当代社会产生仇官仇富心态的根本原因之一，这极大地影响着区域社会的和谐发展秩序，甚至会导致更严重的社会后果。

（四）社会分化与整合仍然不充分

宏观上看，长江三角洲区域社会的分化与整合，在改革开放以来取得了很大的进步，社会分化程度加深，特别是在技术不断创新和扩散的带动下，社会分工不断细化、专门化，这为长江三角洲区域的发展带来了更多的活力，激发和释放了更多发展动力。资源在宏观上得到一定程度的整合，这极大地有利于长江三角洲区域的整体社会发展。但就当前长江三角洲区域发展实践看，社会分化和整合仍然不充分。

从科技角度看，在长江三角洲区域一体化发展战略的实施下，区域创新体系的基本合作框架已经初步建成，但整体的功能还不够完善，且功能发挥还不够全面、有效，特别是在整合区域内各地区的科技能力方面，无法形成有效地跨区协调和合作，难以形成互动关系，从而直接导致大量的科技资源浪费以及无效重复的科技基础设施建设。

从产业角度看，由于技术同质性现象普遍，再加上地方保护主义作用，长江三角洲区域内产业同构现象明显，分化严重不足，这也就直接导致了各地区之间甚至地区内部企业的无序、恶性竞争的发生。此外，宏观上地方政府在制定产业布局与规划时，缺乏与其他地方政府的沟通和联系，从而造成产业布局和建设的同化，产业相对于宏观区域而言就是同构化分散，这一方面不利于该产业的发展，另一方面也导致区域资源配置的困难，产业缺乏互补性。

从中小企业的发展看，由于中小企业自身的实力与承受力有限，往往在转型升级方面缺乏技术与资金的支持，从而导致只有大型或者规模以上企业才能实现技术升级和生产方式升级。但在长江三角洲区域内，中小企业是一个极大的群体，同时也是极具活力的经济组织单元，是长江三角洲区域经济发展极为重要的组成部分，这需要域内各级政府共同合作制定有效的整合措施，建立中小企业协同发展的专门机构，从而正确引导和辅助中小企业的健康发展。

从长江三角洲区域环境角度看，环境问题一直以来就是长江三角洲区域内各级政府社会治理中的一个难题，也是长江三角洲区域一体化发展中必须有效解决的问题。区域环境的共同性和容量有限性是长江三角洲区域环境的根本特征，各地区根据自身具体的实际进行发展规划和布局，由于采取的生产技术和模式的不同，对环境的影响也存在较大的差异。然而区域环境的共同性，特别是相邻的地方之间必然会因为地区间环境污染和治理问题产生分歧甚至冲突，这也就需要长江三角洲区域建立专门的环境治理协调机构，形成统一的环境治理机制和体系，从而推进长江三角洲区域环境保护和治理工作。

第三节 构建生态型长江三角洲区域社会，强化国际型区域发展

在新的历史背景下，长江三角洲区域的发展所面临的机遇和挑战都是前所未有的，也是无从借鉴的。国际环境的剧变、国家实力的不断增强，整个宏观的环境都在快速地变化。随着长江三角洲区域一体化发展战略的实施，区域整体的经济、政治、文化、社会以及自然环境等方面的建设都在宏观的统筹下得到长足的发展，但鉴于长江三角洲区域发展的实践，在一体化进程中，问题和矛盾还是凸显的，甚至有些问题和矛盾是深层次阻碍一体化发展进程的。长江三角洲区域一体化发展是一个需要时间和实践不断促成的过程，也是长江三角洲区域走向

国际型区域发展中心的曲折过程。长江三角洲区域一体化发展需要我们从理论和实践双重维度推进：一是统一发展共识，营造良好的一体化发展环境；二是加快形成分化与整合高度融合的区域社会；三是以现代化技术为基础，强化催生新质，实现国际型发展。

一、统一发展共识，构建生态化技术系统和技术环境

（一）发展理念的生态化共识与范式的选择

在长江三角洲区域发展共识上，全区域要深度结合经济、文化、制度、历史等诸多因素加以整合。长江三角洲区域一体化发展战略的实施，发展共识的统一十分重要，并要从深层次上形成统一的发展理念，以此消除区域内各个地方的发展权力之争和环境治理问题之争。

发展理念的生态化共识培育和宣传需要区域内江浙沪三地政府全力推进，这是精神文化层面的统一化建设，强调共同发展的同时，兼顾各地自身发展实际，以共识为主体，协调合作解决发展中产生的矛盾和冲突。生态化是生态文明发展理念的核心内容之一，强调人与自然和谐永续发展。在这种宏观的理念下，需要结合长江三角洲区域实际进行深化、具体化，一是强调共同的发展，在发展中以生态效益评价为首要指标；二是突出生态安全的发展模式，重在域内地区间协同发展和治理；三是突出时空的公平、正义，形成相互的制约和辅助。这里需要长江三角洲区域以政府为主体，构建区域共同发展领导机构，以制度和行政手段固化发展理念，推进共识的深度和

广度。

在当前的发展实践中,长江三角洲区域的范式选择极为重要,范式是阶段性的发展共识,由于地方发展实际和基础的不同,对于整体的发展理念把握往往会立足于自身具体情况而产生差异,这就需要长江三角洲区域根据现状,提炼出普遍性的发展需求,构建适合当前发展实际的范式,并以该范式为基础,引领地方发展实践。在现代化进程中,长江三角洲区域的范式应该是突出现代化发展需求,以现代化技术为基础,全面推进长江三角洲区域的整体技术型发展,以生态化技术为根本手段,重构产业结构和生产模式。这是从根本上转变发展模式的手段,也是当前长江三角洲区域发展基础升级的重要手段。

(二) 技术系统和技术环境的生态化建设

技术系统是区域发展实践的手段系统,技术环境是技术系统演变的基础环境。宏观上看,长江三角洲区域的技术层次和技术结构存在较大的差异,有国际领先的,也有低层次的,这对整体区域生产模式和产业转型升级发展带来极大的阻碍。

从企业角度看,技术层次和技术结构往往决定着企业的生命力,企业发展转型往往以技术转型升级为基础,改变生产方式,提升生产水平,变革企业内质。而当前众多中小微企业的生存环境是十分恶劣和困难的,一方面缺乏技术支撑,另一方面缺乏转型资本。但是中小微企业却是区域内产业的重要组成部分,所以产业的转型升级就必须以企业全面地转型升级为基础。从区域内各地区发展实践看,由于各地区历史传统以及资源条件的差异,要完全快速实现统一化的发展模式几乎是不可能的,但可以逐步推进,根据各地区的自身实际和优势,通过互补、协同、合作形式实现共赢发展,这种互补、协同、合作就需要宏观上进行资源的配置和技术系统的地方性构建,并且从构建技术系统和配置资源之时就形成技术之间的互补和资源的互补。这一方面可以解决发展中的争议,另一方面可以形成较为稳定的发展秩序,有助于地区间形成共同的发展理念。

长江三角洲区域要实现一体化发展,首要的是区域发展手段的生态化,也就是技术系统的生态化,技术系统的生态化又极大地依赖于技术环境的生态化。长江三角洲区域的生态化发展必须以技术系统和技术环境的生态化为基础,逐步实现全域生态化发展。

二、以生态化技术为基础,构建高度区域化与高度全球化融合的区域社会

(一) 高度区域化与高度全球化:高度分化与高度整合

当前长江三角洲区域的社会发展正处在分化加速和整合提升的阶段,区域社会的分工、分层以及功能分化的速度都是以往历史中所未见的,同时随着社会发展的需要以及技术的进步,社会整合的手段、路径、内容都在不断地变化。在全球化背景下,长江三角洲区域的高度区域化是其典型的特征,也是长江三角洲区域变迁的综合性结果。随着科技、经济的全球化进程的不断深入,长江三角洲区域的发展也进一步体现出了全球化的特征,技术模式和经济模式进一步发生演变,并更深层次地作用于区域发展的本质之中,一方面是高度的区域社会分化,社会分工更为细化、专门化;另一方面是高度的区域社会整合,

在现代化背景下，长江三角洲区域通过不断变革生产方式、调整运行形态、整合资源配置及优化区域结构等推进现代化进程。通过域内高度的社会分化与整合的不断融合，推进现代化社会结构生成和现代化功能优化实现。

高度的区域化（高度的分化）是区域社会发展的动力，是释放社会发展活力的重要方式，一方面不断地促进社会新质的产生，从而推进社会发展；另一方面通过高度的分化进一步使社会各系统内部的结构细化、专门化，使分工之间的协作、依赖和联系更为紧密，这也是整体区域社会内质提升的重要方面。从当前长江三角洲区域现状而言，整体系统功能的分化还存在较大不足，由于我国尚处于从传统向现代、从计划时代向市场时代深度转变的过渡性阶段，虽然长江三角洲区域在这方面的转变处在全国前列，但也同样处在这个过渡阶段。宏观上，政治、经济、文化、社会系统的分化都不充分，"规则社会"和"制度社会"形态并未完全形成，政治权力仍然是社会权力的主体，市场要素配置的决定性作用还不够充分，从而导致政府与市场、政府与社会的关系存在一定程度的畸形，无法真正形成"社会各部门、各群体参与，民众自我约束和管理的一种多元化社会治理结构"❶，这是阻碍区域社会健康发展的一个重要原因。高度分化的区域社会是强化资源配置合理优化、权力界线清晰、监督系统完善、社会各系统功能充分发挥的一种社会状态。技术区域化与区域技术化有效融合是高度分化的区域社会的重要特征，以技术作为手段，进一步细化和专门化区域社会各子系

---

❶ 杨建华，等. 分化与整合——一项以浙江为个案的实证研究［M］. 北京：社会科学文献出版社，2009：392.

统，形成更为有效、紧密的系统联系和运行秩序，并通过技术特有的规范性和客观性遏制种种失范行为的产生。

高度的全球化（高度的整合）是确保区域社会秩序稳定和发展有序的重要手段，也是区域社会发展在技术与经济发展模式上跨入国际水平的重要手段。技术发展的国际化水平实现，既突出区域技术体系特征，更为关键的是能有效吸收和引进国际领先的技术，实现区域与国际之间的技术性融合，强化区域的竞争优势发挥。从长江三角洲区域实际看，分化过度、整合不足现象普遍，主要包括经济利益分化过度、社会断裂、文化分化过度以及社会排斥等几个方面。经济利益分化过度主要体现在贫富差距、城乡和地方之间以及行业间收入差距，这几种差距直接导致不同群体之间的关系紧张化；社会断裂主要体现在社会阶层关系的断裂、利益集团的形成，社会断裂会直接导致社会劳动关系恶化、政府管理失序、政府与民众矛盾激化等结果；文化分化过度主要体现在社会认同感消失、社会信任度下降、社会价值丧失等方面，这对宏观的世界观和价值观造成严重的影响；社会排斥主要体现在政治、政策、经济和文化排斥等方面，民众的政治参与积极性下降、政策的不赞同感增强，经济活动的不公正带来的参与排斥、文化冲突的激化增多。这些现象是当前区域社会中严重影响区域社会发展和秩序稳定的因素，高度的整合是以维持区域社会稳定的发展秩序为目标，通过有效的技术手段，强化区域社会治理、组织和统筹能力，形成全域层面的多元主体治理形态，实现区域内各系统、各阶层之间紧密的相互依赖和相互协作的关系，同时进一步使区域发展水平与国际发展水平保持同步，推进区域的健康发展。

(二) 技术化的融合

高度区域化与高度全球化的融合是宏观社会发展的需要，是区域发展技术化的过程和结果，同时也是社会发展的手段。长江三角洲区域的一体化、现代化发展是区域社会向高度区域化与高度全球化的融合模式发展的实践。现代社会中，公平与正义是社会发展总体趋势，也是发展导向。社会的公平正义直接影响着社会生产和生活秩序，是社会发展的深层次问题。生产力的发展得益于科技，生产关系的发展同样需要科技，生产力、生产关系的动态适应、互动发展是社会发展的根本运动形态。高度区域化与高度全球化是高度分化与高度整合的具体实践。对于当代社会而言，要实现社会的公平与正义，就需要在高度分化与高度整合的融合中，全面深入地应用现代化技术，通过客体的建设来杜绝由于主观等因素造成的种种失范现象的产生，通过技术的社会建构功能，技术的区域化与区域的技术化，增强区域社会与国际社会间的有效互动。

第一，以现代化技术为基础，构建多元主体综合治理体系。在长江三角洲区域发展问题中，如何实现社会多元主体参与社会治理是一个突出的问题。地方政府之间的协作发展的有效程度以及社会组织等多元主体参与治理的效果，这些都直接影响区域社会秩序的稳定。在一体化发展的宏观框架下，政府一体化协作发展以及社会组织等多元主体的参与，都需要以现代技术为基础。首先，现代化技术是提升治理有效性和效果的重要手段，特别是信息技术的深度推进，通过信息网络，实现全区域的信息互通，使政府之间的合作能公开、透明化，社会参与更为深入和广泛；其次，现代化技术的应用可以极大地提升政府行为能力和效果，特别是在区域内地方间的政府合作方面，有效的技术手段直接决定着合作效果，这也是政府公信力的重要保障；最后，广泛吸收社会组织参与治理，通过现代技术手段收集研析社会热点、难点问题及原因，广泛听取群众意见诉求，发动社会组织等参与相关问题研究治理，即"问政于民、问计于民"，发挥好群众路线工作优势，并有效发挥监督和宣传作用，提升政府行为的科学性和规范性，进一步凝聚社会力量，为区域发展服务。

第二，以信息技术为基础，强化资源、市场运行的信息化、公开化，优化市场资源配置作用。区域市场体系的完善和有效运行，必须以市场的信息化和公开化为前提，这也是市场规范和有效发挥资源配置作用的重要基础。长江三角洲区域的市场体系还处于发展阶段，市场机制并未成熟完善，市场中种种失范的现象也是当前区域发展中引起系列问题和冲突的重要根源之一。以信息技术为基础，构建信息化、公开化的市场运行体系，使一般商品市场、生产要素市场、金融市场、劳动力市场等在社会的监督下规范、有效、健康的发展，使资源流动在各个行业或领域内得到有效、规范的管理和支配，防止资源因利益分化过度、社会断裂等社会分化过度或整合不足的环境下被不法占据。同时根据市场一体化发展需求，统一协调各地区产业结构，形成产业互补，并根据各地区发展实践构建中小企业发展机构以促进中小企业转型升级发展。

第三，强化法治运行的技术化，突出法治效果。长江三角洲区域的社会必须在法治之下运行，邓小平指出："我们的国家已经进入社会主义现代化建设的新时期。我们要在大幅度提高社会生产力的同时，改革和完善社会主义的经济制度和政治制度，发展高度的社会主义民主和完备的社会主义法制。"❶ 法治运行的有效性是社会发展成果得以确保的重要前提。法治体系的健全和完善以及法治运行的有效性都离不开技术，特别是现代技术的作用。从法治运行的过程和结果看，技术手段的先进性直接决定着法治的效果，技术化的监督体系、取证体系、治理体系等，这些都是技术法治体系的组成部分，也是确保法治效果的重要基础。突出法治的技术化运行是体现社会公平、正义的价值观的重要手段，也是长江三角洲区域发展秩序稳定和有序的重要保障。

第四，以现代化技术为主体，构建一体化发展环境，强化国际型发展特色。长江三角洲区域一体化发展体系的构建必须以现代化技术为主体，以现代化生产体系、流动体系、消费体系、法治体系、文化体系等有机组成。系统构建以生态化技术为基础的区域生态发展整体性框架以及实践路径是长江三角洲区域一体化、长远发展的前瞻性和战略性的规划和布局，更是生态文明理念的实践。通过现代化与生态化的体系构建，特别是科技创新合作体系的构建，以理念为导向、以科技为手段、以政府为引导、以社会组织为运行主体，构建生态化产业和生态化生活模式，统一全域的发展共识，形成特定的文化理念，从生产到生活，全面覆盖人民生产、生活实践领域，以实践带动意识转变，同时再以理论引导实践不断地修正和完善的发展，这是长江三角洲区域突出区域发展特色，成为国际型发展区域的重要路径，也是我国区域生态化发展的科学路径之一。

---

❶ 邓小平. 邓小平文选：第二卷 [M]. 中共中央文献编辑委员会编. 北京：人民出版社，1994：208.

结　语

一、研究观点

全书紧紧围绕着技术与区域变迁的相互关系和作用展开研究，并结合科技哲学相关理论和区域发展相关理论进行探讨和分析，从多个角度阐释了技术变迁对区域结构、形态、功能演变的作用，同时也从伦理学、生态学和社会学角度，分析区域社会对技术演化的制约和支配作用。全书剖析了技术对区域社会系统的作用，并从生产方式变革、资源配置演变、消费方式变化、社会结构以及文化变迁等角度，宏观展现区域变迁的现象、规律以及技术与区域变迁相互作用的机制。通过论述和分析，得出以下观点。

（一）形成共同的区域生态化发展理念

区域变迁是一个复杂的过程，是静态与动态相结合的演变过程，其中包含了区域的经济、政治制度、文化、社会及环境等组成要素的变迁。当前区域内及区域间发展的矛盾及争议等问题，要通过将时空的公平、正义意识和理念植入区域发展共识中，紧紧围绕区域的共同发展、生态发展展开探讨研究，并提出符合全人类发展规律的解决路径和方式，实现全人类的共同进步。区域发展是全人类共同的权利,是每个区域都具备的权利,也是人类代际发展的根本权利。科学技术作为极其重要的区域发展手段和内生动力,直接影响区域发展的形态和功能。区域生态化发展以技术生态化为根本的实践基础,技术生态化发展理念是人与自然和谐、永续发展的基础理念。技术生态化是人类理念和实践手段的生态化,是生态化发展理念的重要实践载体,直接指导我们生产、生活实践,直接作用于区域发展实践,推动区域生态化发展。

（二）理性、辩证地认知技术的发展

技术是社会发展的重要动力,技术的发展直接影响生产力的发展和人类生产、生活方式的变化,同时技术的演变也直接影响我们人类理念和生存环境的变化。但技术的"双刃剑"特性,需要我们人类更为理性、辩证地加以认识和把握。第一,从历史演进中,考量技术演变对社会变迁、环境变化的影响,以生态发展范式为基础,加快生态化技术范式构建;第二,以经济效益、社会效益和生态效益"三效"共同发展为基本理念,加快构建技术活动评测体系及生态化指标体系;第三,优先发展生态化技术,进一步规制技术活动,推动人类实践生态化。

（三）构建生态化的区域技术选择、应用和发展体系

根据区域自身实践、区位优势以及整体社会的具体发展情况,以生态发展为根本导向,以生态化技术为基础,加快推进技术系统生态化建设,加速构建生态化的区域技术选择、应用和发展体系。通过匹配、有效和正向的技术效应,引导和推动区域发展,进一步消除或者减少技术的负向效应。综合宏观社

会与区际间发展现状,突出区位优势,分层次、分维度地推进技术发展,一方面实现技术区域化,另一方面突出区域技术化。着力于区域全面发展和区际间平衡发展,通过区域内部及区域间体系化建设进一步强化各区域竞争力同时,加强一体化实践体系建设。

(四)构建生态化的区域技术环境

区域技术环境的生态化建设是技术生态化发展和应用的基础,能有效规制技术活动,推动技术进步,实现区域生态发展。生态化的区域技术环境建设,第一,开放和包容的文化建设,这有助于对先进技术与发展理念的吸收、借鉴和创新;第二,战略性和前瞻性建设,生态化技术环境的战略性和前瞻性建设是技术创新发展的重要策略,对技术活动的走向和趋势有着极强的引导性作用;第三,结构化、体系化建设,技术环境的结构化、体系化是技术生态化功能实现的基础,是稳定社会秩序、优化资源配置的重要手段和方式,推动着区域秩序和区域经济生态化发展。

(五)政府对区域发展的宏观调控

从宏观层面看,区域发展之间的差距以及争议必须通过政府层面进行宏观地调控和协调。要使区域间形成有效的协同与合作,推进区域共同发展,政府就需要在区域合作的制度、政策、体制、机制、文化等层面等进行建设,通过形成区域间政府协同和合作来实现区域一体化发展,转变政府职能的同时,积极发挥非政府组织的社会功能。在全球化背景下,区域社会的发展适合以高度区域化和高度全球化融合模式推进,突出区域优势的同时，有效融入国际环境，进一步优化和变革区域发展形态。区域政府在确保区域协同发展的同时，更需要有效运用创新手段（技术创新），全面推进经济、文化、社会和环境的共同发展，通过政府的宏观调控促进区域间资源的优化配置、催生区域间有效纽带生成，从而实现全社会的全面发展。

二、需要进一步研究的内容

（一）理论层面

在当前区域发展理论研究中，特别是经典的区域发展理论，都是以西方社会为背景，而以发展中国家和社会主义国家为主体的经典区域发展理论还相对不多，并且在相关研究理论中，多数以单维度进行论述，综合、系统、全面性的区域发展理论还不够多。

在技术论方面，目前除了技术进步系统论、技术系统论等以外，甚少发现有结合当代社会发展实践而展开的关于这个时代的技术论。本书只是以区域变迁为背景，以技术变迁为主线，以技术论形式展开研究论述。今后有必要以宏观的社会变迁为背景研究宏观社会与技术演变的相互关系和作用，从而形成中观与宏观两个层次的技术论研究体系。

（二）实践层面

本书是从哲学视域出发，以技术论形式阐释和探讨区域变迁形态、方式以及与技术演化之间的关系，主要通过区域生产方式、流动方式、消费方式、社会结构及文化的演变来整体反映区域变迁的情况,同时通过技术作为贯穿于区域发展的关键因子,对区域变迁展开分析和研究。从相对的共性上,构建区域发展的理性模型,但在具体的区域问题上,则需要切实根据特定的区域实际进行调整,这就有必要在今后的研究中,根据区域的实际对不同区域进行归类,同时需要根据具体的区域发展实践来构建区域发展模型,同时在技术发展的策略和路径上,同样也需要更为客观地结合区域的自身优势和宏观社会发展概况来进行设计。在今后区域发展问题研究中,从可行性角度考虑,需要我们构建更为具体化和可操作化的区域发展模型以及相应的技术路线。

参考文献

一、中文专著与译著

[1] G. 多西，C. 弗里曼，R. 纳尔逊，等. 技术进步与经济理论[C]. 钟学义，沈利生，陈平，等，译. 北京：经济科学出版社，1992.

[2] 约瑟夫·阿洛伊斯·熊彼特. 经济发展理论[M]. 叶华，译. 北京：中国社会科学出版社，2009.

[3] 理查德·R. 纳尔逊，悉尼·G. 温特. 经济变迁的演化理论[M]. 胡世凯，译. 北京：商务印书馆，1997.

[4] 大卫·C. 莫厄里，理查德·R. 纳尔逊. 领先之源[M]. 胡汉辉，沈华，周晔，译. 北京：人民邮电出版社，2003.

[5] 柯武刚，史漫飞. 制度经济学：社会秩序与公共政策[M]. 韩朝华，译. 北京：商务印书馆，2000.

[6] 道格拉斯·C. 诺斯. 经济史的结构与变迁[M]. 陈郁，罗华平，等，译. 上海：上海三联书店，1991.

[7] 马歇尔. 经济学原理[M]. 北京：商务印书馆，1964.

[8] 尤尔根·哈贝马斯. 理论与实践[M]. 郭官义，李黎，译. 北京：社会科学文献出版社，2004.

[9] 陈昌曙. 自然辩证法概论新编[M]. 沈阳：东北大学出版社，2001.

[10] 吴贵生，王毅. 技术创新管理[M]. 2版. 北京：清华大学出版社，2009.

[11] 马克思，恩格斯. 马克思恩格斯全集：第23卷[M]. 中共中央马克思恩格斯列宁斯大林著作编译局，译. 北京：人民出版社，1972.

[12] 邹珊刚. 技术与技术哲学 [M]. 北京：知识出版社，1987.

[13] 卡尔·米切姆. 技术哲学概论 [M]. 殷登祥，曹南燕，译. 天津：天津科学技术出版社，1999.

[14] 马克思，恩格斯. 马克思恩格斯全集：第 2 卷 [M]. 中共中央马克思恩格斯列宁斯大林著作编译局，译. 北京：人民出版社，1965.

[15] 刘满强. 技术进步系统论 [M]. 北京：社会科学文献出版社，1994.

[16] 李喜先. 技术系统论 [M]. 北京：科学出版社，2005.

[17] 安虎森，等. 新区域经济学 [M]. 2 版. 大连：东北财经大学出版社，2010.

[18] 陆学艺，苏国勋，李培林. 社会学 [M]. 2 版. 北京：知识出版社，1995.

[19] 陆学艺. 社会学 [M]. 北京：知识出版社，1995.

[20] 马克思，恩格斯. 马克思恩格斯全集：第 47 卷 [M]. 中共中央马克思恩格斯列宁斯大林著作编译局，译. 北京：人民出版社，1979.

[21] 黄顺基. 自然辩证法概论 [M]. 北京：高等教育出版社，2004.

[22] 杨建华，等. 分化与整合——一项以浙江为个案的证实研究 [M]. 北京：社会科学文献出版社，2009.

[23] 马克思，恩格斯. 马克思恩格斯选集：第 1 卷 [M]. 中共中央马克思恩格斯列宁斯大林著作编译局，译. 北京：人民出版社，1995.

[24] 亚当·斯密. 国民财富的性质和原因的研究 [M]. 郭大力，王亚南，译. 北京：商务印书馆，1994.

[25] 约翰·伊特韦尔，默里·米尔盖特，彼得·纽曼. 新帕尔格雷夫经济学大辞典 2 [M]. 编译委员会，译. 北京：经济科学出版社，1999.

[26] 卡尔·马克思. 资本论：第一卷 [M]. 法文版中译本. 中共中央马克思恩格斯列宁斯大林著作编译局，译. 北京：中国社会科学出版社，1983.

[27] 乔万尼·阿瑞吉, 贝弗里·J. 西尔弗. 现代世界体系的泥沌与治理 [M]. 王宇洁, 译. 北京: 生活·读书·新知三联书店, 2003.

[28] 马克思, 恩格斯. 马克思恩格斯全集: 第6卷 [M]. 中共中央马克思恩格斯列宁斯大林著作编译局, 译. 北京: 人民出版社, 1961.

[29] 杜肯堂, 戴士根. 区域经济管理学 [M]. 北京: 高等教育出版社, 2004.

[30] 于刃刚, 戴宏伟. 生产要素论 [M]. 北京: 中国物价出版社, 1999.

[31] 威廉·配第. 政治算术 [M]. 陈冬野, 译. 北京: 商务印书馆, 1978.

[32] 马克思, 恩格斯. 马克思恩格斯全集: 第46卷（下）[C]. 中共中央马克思恩格斯列宁斯大林著作编译局, 译. 北京: 人民出版社, 1980.

[33] 马克思, 恩格斯. 马克思恩格斯全集: 第46卷（上）[C]. 中共中央马克思恩格斯列宁斯大林著作编译局, 译. 北京: 人民出版社, 1980.

[34] 吴传钧, 刘建一, 甘国辉. 现代经济地理学 [M]. 南京: 江苏教育出版社, 1997.

[35] 亚当·斯密. 国富论 [M]. 唐日松, 等, 译. 北京: 华夏出版社, 2005.

[36] 让·波德里亚. 消费社会 [M]. 刘成富, 全志刚, 译. 南京大学出版社, 2000.

[37] 马克思, 恩格斯. 马克思恩格斯全集: 第12卷 [M]. 中共中央马克思恩格斯列宁斯大林著作编译局, 译. 北京: 人民出版社, 1956.

[38] 教育部社会科学研究与思想政治工作司. 自然辩证法概论 [M]. 北京: 高等教育出版社, 2004.

[39] 马克思, 恩格斯. 马克思恩格斯选集: 第2卷 [M]. 中共中央马克思恩格斯列宁斯大林著作编译局, 译. 北京: 人民出版社, 1972.

[40] 马克思,恩格斯. 马克思恩格斯全集:第 22 卷[M]. 中共中央马克思恩格斯列宁斯大林著作编译局,译. 北京:人民出版社,1965.

[41] 陈昌曙. 技术哲学引论[M]. 北京:科学出版社,1999.

[42] 刘大椿. 技术哲学导论[M]. 北京:中国人民大学出版社,2000.

[43] 托马斯·库恩. 科学革命的结构[M]. 金吾伦,胡新和,译. 北京:北京大学出版社,2003.

[44] 金吾伦. 托马斯·库恩[M]. 台北:远流出版公司,1994.

[45] 马克思,恩格斯. 马克思恩格斯全集:第 42 卷[M]. 中共中央马克思恩格斯列宁斯大林著作编译局,译. 北京:人民出版社,1972.

[46] 埃米尔·涂尔干. 社会分工论[M]. 渠东,译. 北京:生活·读书·新知三联书店,2000.

[47] 怀特. 文化科学——人和文明的研究[M]. 曹锦清,等,译. 杭州:浙江人民出版社,1988.

[48] 缪家福. 全球化与民族文化多样性[M]. 北京:人民出版社,2005.

[49] 尼尔·巴雷特. 数字化犯罪[M]. 郝海洋,译. 沈阳:辽宁教育出版社,1999.

[50] 罗马俱乐部. 增长的极限[M]. 李宝恒,译. 成都:四川人民出版社,1984.

[51] 苏国勋. 理性化及其限制[M]. 上海:上海人民出版社,1988.

[52] 于光远. 自然辩证法百科全书[M]. 北京:中国大百科全书出版社,1995.

[53] 乔纳森·特纳. 社会学的理论结构(上)[M]. 邱泽奇,张茂元,等,译. 北京:华夏出版社,2001.

[54] 谢立中. 西方社会学名著提要[M]. 2 版. 南昌:江西人民出版社,2007.

[55] 卡普拉. 转折点——科学、社会和正在兴起的文化[M]. 卫飒英,李四南,译. 成都:四川科学技术出版社,1988.

[56] 邓小平. 邓小平文选：第2卷 [M]. 中共中央文献编辑委员会编. 北京：人民出版社，1994.

[57] 詹姆士·J. 海克曼. 提升人力资本投资的政策 [M]. 曾湘泉, 译. 上海：复旦大学出版社，2003.

二、中文期刊、辞典、报纸与电子文献

[1] 吴敬琏. 经济增长模式与技术进步 [J]. 中国科技产业，2006 (1)：23-29.

[2] 郑海航. 国外中小企业发展促进措施比较及借鉴 [J]. 首都经济贸易大学学报，2006 (5)：13-18.

[3] 朱岩梅. 我国创新型中小企业发展的主要障碍及对策研究 [J]. 中国软科学，2009 (9)：23-31.

[4] 佚名. 哲学大辞典 [K]. 上海：上海辞书出版社，1992.

[5] 乔瑞金. 马克思技术批判思想的精神实质简析 [J]. 哲学研究，2001 (10)：21.

[6] 吴敬琏. 经济增长模式与技术进步 [J]. 中国科技产业，2006 (1)：23-29.

[7] 阎康年. 技术定义、技术史和产业史分期问题探讨 [J]. 科学学研究，1984 (3)：26.

[8] 浙江省统计局. 创业创新 科学发展——浙江省第十二次党代会以来经济社会发展成就 [N/OL]. (2012-05-25). http://www.zj.stats.gov.cn/tjxx/tjkx/201205/t20120525_127125.html.

[9] 谢富胜. 马克思主义经济学中生产组织及其变迁理论的演进 [J]. 政治经济学评论，2005 (1)：91.

[10] 唐振龙. 生产组织方式变革、制造业成长与竞争优势：从工厂制到温特制 [J]. 世界政治与政治论坛，2006 (3)：63.

[11] 江德森，孙庆峰，任淑霞. 当代几种典型市场经济模式对比分析 [J]. 社会科学战线，2005 (5)：71-75.

［12］张鹤. 欧洲经济模式评析——从效率与公平的视角［J］. 欧洲研究，2007（4）：1-17.

［13］吴敬琏. 中国经济转型的困难与出路［J］. 中国改革，2008（2）：8-13.

［14］杨勇华. 技术变迁演化理论的研究述评［J］. 经济学家，2008（1）：18-24.

［15］义旭东. 论生产要素的区域流动［J］. 生产力研究，2009：16-17.

［16］陈恩，于绯. 马克思主义经济学与西方经济学劳动力迁移理论的比较［J］. 贵州社会科学，2013（8）：108-113.

［17］赵海月，韩冰，康喜彬. 凯尔纳"技术资本主义"的生成背景、主要内涵和理论究底［J］. 中共贵州省委党校学报，2013（2）：30-34.

［18］吴敬琏. 思考与回应：中国工业化道路的抉择（上）［J］. 学术月刊，2005（12）：38-42.

［19］陆大道. 关于"点—轴"空间结构系统的形成机理分析［J］. 地理科学，2002，22（1）：1-6.

［20］王宛秋，张永安. 企业技术并购协同效应影响因素分析［J］. 北京工业大学学报（社会科学版），2009（1）：16-20.

［21］陈海声，辜团力，曹晓丽. 分步并购在技术协同效应中的期权价值分析［J］. 华南理工大学学报（社会科学版），2008（5）：21-25.

［22］范叙春，贾德铮. 技术溢出理论与实证：一个文献综述［J］. 中国集体经济，2010（4S）：91-92.

［23］李平. 技术扩散中的溢出效应分析［J］. 南开学报（哲学社会科学版），1999（2）：29-34.

［24］张文伟. 美国"消费主义"兴起的背景分析［J］. 广西师范大学学报（哲学社会科学版），2008（1）：104-109.

［25］董天策. 消费文化的学理内涵与研究取向［J］. 西南民族大学学报（人文社科版），2008（10）：47-50.

［26］孙春晨. 符号消费与身份伦理［J］. 道德与文明，2008（1）：7-10.

[27] 高尚荣. 马克思的技术伦理思想及其当代价值 [J]. 云南师范大学学报（哲学社会科学版），2011（1）：105-110.

[28] 班然，门瑞雪. 跨国公司中国区域消费者行为差异研究 [J]. 现代商业，2010（11）：69.

[29] 王宁. 传统消费行为与消费方式的转型——关于扩大内需的一个社会学视角 [J]. 广东社会科学，2003（2）：148-153.

[30] 尹世杰. 略论优化消费结构与转变经济发展方式略论优化消费结构与转变经济发展方式 [J]. 消费经济，2011（1）：3-9.

[31] 李克强. 深刻理解《建议》主题主线，促进经济社会全面协调可持续发展 [N]. 人民日报，2010-11-15（01）.

[32] 蒋云飞，罗守贵. 改革开放以来中国城镇居民消费结构变动及区域差异 [J]. 经济地理，2008（3）：415-418.

[33] 梅其君. 埃吕尔的技术环境论探析 [J]. 江西社会科学，2008（2）：52-56.

[34] 斯梅尔塞. 变迁的机制和适应变迁的机制 [J]. 国外社会学，1993（2）：29.

[35] 李勤德. 中国区域文化简论 [J]. 宁波大学学报（人文科学版），1995（1）：40-46.

[36] 罗能生，郭更臣，谢里. 我国区域文化软实力评价研究 [J]. 经济地理，2010（9）：1502-1506.

[37] 沈昕，凌宏彬. 提升区域文化软实力研究：概念、构成、路径 [J]. 理论建设，2012（4）：5-11.

[38] 冯鹏志. 时间正义与空间正义：一种新型的可持续发展伦理观——从约翰内斯堡可持续发展世界首脑会议看可持续发展伦理层面的重建 [J]. 自然辩证法研究，2004（1）：73-75.

[39] 冯鹏志. 从混沌走向共生——关于虚拟世界的本质及其与现实世界之关系的思考 [J]. 自然辩证法研究，2002（7）：44-47.

[40] 张明国. 论"技术—文化"的普遍性与特殊性：关于技术转移深层

问题的哲学分析［J］．自然辩证法研究，2000（5）：22-25．
［41］曹克．生态伦理视野中的技术理性批判［J］．南京财经大学学报，2007（2）：82-85．
［42］赵建军．超越技术理性批判［N］．学习时报，2006-07-07（007）．
［43］吴长春，王洪彬．马尔库塞技术理性的批判与反思［J］．河南师范大学学报（哲学社会科学版），2012（6）：29-33．
［44］李彭．对技术理性的价值分析［J］．重庆科技学院院报（社会科学版），2009（7）：34-35．
［45］陈红兵．论现代范式向生态范式的转型［J］．山东理工大学学报（社会科学版），2005（1）：19-23．
［46］翁志伟，张永庆．长三角区域经济发展现状及趋势研究［J］．当代经济，2009（1）：104-105．
［47］周新宏，沈霁蕾．长三角区域经济发展现状及趋势研究［J］．经济纵横，2007（4X）：67-69．
［48］陈柳，于明超，刘志彪．长三角的区域文化融合与经济一体化［J］．中国软科学，2009（11）：53-63．
［49］汪后继，汪伟全，胡伟．长三角区域经济一体化的演进规律研究［J］．浙江大学学报（人文社会科学版）．2011（6）：104-112．
［50］吕方．长三角地区经济发展方式转变中的文化因素［J］．南通大学学报，2008（6）：18-21．
［51］汪伟全．长三角区域文化融合研究：基于区域一体化的思考［J］．现代管理科学，2014（4）：84-86．

三、中文学位论文

［1］张雄辉．技术进步、技术效率对经济增长的贡献研究［D］．济南：山东大学，2010．
［2］刘凌．论专利·技术进步与经济增长方式［D］．乌鲁木齐：新疆大

学,2012.

[3] 刘津汝.制度变迁下的技术进步与区域经济增长[D].兰州:兰州大学,2011.

[4] 龚炜.科学技术进步与政治理论发展研究[D].武汉:华中师范大学,2008.

[5] 董金华.科学、技术与政治的社会契约关系研究[D].杭州:浙江大学,2008.

[6] 程宇.虚拟技术与政治[D].长春:吉林大学,2008.

[7] 卫才胜.技术的政治[D].武汉:华中科技大学,2011.

[8] 吴虹.技术负荷政治的哲学追问[D].沈阳:东北大学,2006.

[9] 叶娇.文化差异对跨国技术联盟知识转移机制的影响[D].大连:大连理工大学,2012.

[10] 徐江.我国中小企业国际化影响因素及其对国际化绩效的影响研究[D].长春:吉林大学,2012.

[11] 义旭东.论区域要素流动[D].成都:四川大学,2005.

[12] 李丽辉.技术进步对劳动力流动的效应研究[D].西安:西北大学,2007.

[13] 董立清.消费社会人的价值观的偏失与重建[D].北京:北京交通大学,2012.

四、外文文献

[1] AUDRETSCHA D B, LEHMANNB E E. Doses the Knowedge Spillover Theory of Entrepreneurship Hold for Regions [J]. Research Policy, 2005 (34):1191–1202.

[2] HANNAN M T, CARROL G R. Dynamics of Organizational Populations: Density, Competition, and Legitimation [M]. New York: Oxford University Press, 1992.

[3] TUSHMAN M L, SMITH W. Organizational Technology [J]. Blackwell

Companion to Organizations, 2017: 386-414.

[4] BASALLA G. The Evolution of Techinology [M]. London: Cambridge University Press, 1988.

[5] GROSSMAN G M, HELPMAN E. Innovation and Growth in the Global Economy [M]. Cambridge: The MIT Press, 1993.

[6] ELLUL J. The Technological Society [M]. New York: Alfred Abraham Knopf, 1964.

[7] ELLUL J. The Technological System [M]. Translated by Joachim Neugroschel. New York: The Continuum Publishing Corporation, 1980.

[8] WINNER L. The Whale and the Reactor: A Search for Limits in an Age of High Technology [M]. Chicago: University of Chicago Press, 1986.

[9] HOOVER E M, GIARRATANI F. An Introduction to Regional Economics [M]. 3rd ed. New York: Alfred Abraham Knopf, 1985: 264.

[10] BALDWIN C Y, CLARK K B. Managing in an Age of Modularity [J]. Harvard Business Review, 1997 (5): 84-92.

[11] POPPER K. Objective Knowledge: an Evolutionary Approach [M]. Oxford: Oxford Press, 1972.

[12] KELLNER D. Herbert Marcuse and the Crisis of Marxism [M]. London: Macmillan and University of California Press, 1984.

[13] KELLNER D. New Technologies, Technocities, and the Prospects for Democratization [N]. 2004-02-11

[14] CONSTANT E W. A Model for Technological Change [J]. Technology and Culture, 1973 (20): 554-558.

[15] CHRISTENSEN C M. The Innovator's Dilemma [M]. Boston: Harvard Business School Press, 1997.

后　记

　　《区域变迁的技术论研究》一书是深入结合当前全球区域发展以及我国具体发展实践而展开写作的。该书以马克思主义的立场、观点、方法为基本指导，通篇结合了马克思主义哲学、科技哲学、社会学、经济学等相关理论，以区域变迁与技术变迁为核心概念进行综合性地分析与研究。通过这种综合性地分析和研究，使我们能够更为科学和客观地掌握相应的理论和方法，并形成关于区域变迁现象和规律的分析研究体系，为今后区域问题的研究和解决提供一定的理论依据和参考方法。

　　该书的写作是一个相对综合和漫长的过程，从选题、框架结构的拟定到成稿，都极大地凝结了博士生导师冯鹏志教授的心血。每一次修改和调整，恩师都从各个方面给予系统和深入的指导和帮助，这是本书得以顺利完成的关键。在此，笔者再次向恩师表示最真挚的敬意与感谢！

　　成长之路上，家人的支持和鼓励是我最大的后盾，正是家人的这份理解和宽容，给予了我奋进的决心。言语无法表达笔者内心的感恩之情，点滴的心血都饱含了父母兄弟的这份恩情。笔者衷心地感谢中央党校（国家行政学院）王克迪老师、赵建军老师和付立老师等，诚挚地感谢浙江警察学院各位帮助笔者成长的教授、老师们。

　　最后，笔者非常感谢知识产权出版社对本书的厚爱，尤其是责任编辑以极其认真负责的态度为本书的编辑出版付出了极大的努力。

恬静之中，深思人生之路；情谊如海，永感点滴之恩！

朱建一

2020 年 05 月于杭州